給

豫、諾

You Belong to Jesus

聖經通識叢書

逆轉人生的上帝之子

路加福音析讀

孫寶玲 著

基道出版社

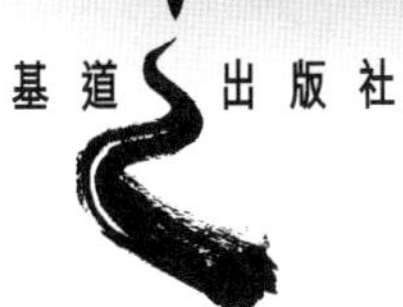

▼

聖經通識叢書

逆轉人生的上帝之子

路加福音析讀

Rediscovering the Bible
Book of Luke

作者
孫寶玲 Sun, Po-ling

責任編輯
許寶瑩

內文設計
莫可雅

封面設計／封面製作
胡立強／李贊海

■

出版／發行
基道出版社
香港沙田火炭坳背灣街 26 號富騰工業中心 10 樓 1011 室
LOGOS PUBLISHERS
Unit 1011, 10/F, Fo Tan Ind. Centre, 26 Au Pui Wan St., Shatin, Hong Kong
電話：(852) 2687-0331　傳真：(852) 2687-0281
網址：https://www.logos.com.hk

承印
陽光（彩美）印刷有限公司

●

9/2005 初版
Cat. No. LP159C
ISBN-10: 962-457-294-1
ISBN-13: 978-962-457-294-0

刷次	13	12	11	10	9	8	7	6	5	
年份	2031	2030	2029	2028	2027	2026	2025	2024	2023	2022

聖經書卷析讀

「聖經書卷析讀」是「聖經通識叢書」的進深課程，以本叢書之「聖經書卷要領」為基礎，進深分析每本聖經書卷的內容和信息。傳統註釋書縱使包含豐富的釋經資料，但其可讀性非常低，只能作參考之用。「聖經書卷析讀」各冊的內容既反映個別學者嚴謹的學術研究，又務求深入淺出地解釋每卷書的每一段經文；此外，各書依然保留本叢書的特色：活潑和生動。

為更配合內文的討論，避免花不必要的篇幅討論翻譯等問題，這叢書所引用的聖經譯文全取自《現代中文譯本修訂版》(聯合聖經公會，1995；以下簡稱《現修》)。《現修》的翻譯不一定比教會傳統採用的《和合本》更好，然而，相對於《和合本》而言，《現修》的確是用普羅大眾較易明白的現代漢語寫成，而且大致上能夠頗為準確地表達經文的意思。不過，在《現修》與其他主要譯本有顯著出人的地方，本書都會有特別註明，並內文中常附有《和合本》或其他譯本的經文，以作比較。此外，在處理一些關鍵性的經文翻譯時，我們都會扼要地討論原文的意思，讓讀者無論使用甚麼譯本，都能對經文有準確的理解。

「聖經書卷析讀」的讀者若能先閱讀有關書卷的「聖經書卷要領」，以及《聖經鳥瞰——基礎篇》和《聖經鳥瞰——進深篇》，自然更能循序進入「聖經書卷析讀」較深入的討論；當然，本課程各冊亦可獨立使用，供資深信徒作研經材料。簡言之，「聖經書卷析讀」的對象是信主已有一段日子，對聖經有基本認識的基督徒，適合主日學和查經班使用。

「聖經通識叢書」的特色是要兼顧學術研究的精確和執著，與教會信徒的生活實踐，因此，每冊所討論的內容務求達到學術上的嚴謹，又以平易、通達的詞句表達。我們的目的，是要建立一個真正能夠反映聖經學術研究的普及聖經文化，讓信徒和教會可以享受歷代教會先賢和當今學者努力鑽研的成果，更勇敢地面對聖經研究在21世紀學術上的新發現和新理論，從而培養對追求聖經真理的認真和熱誠，並能在真理的基礎上對自己的信仰有更深層和謙卑的反省。

從不敢面對新的真理的懦弱，
從滿足於對真理一知半解的懶惰，
從自以為通曉一切真理的驕傲，
噢，真理之主，拯救我們！

——古代禱文

序言

基督教是承先啟後的信仰。初代教會留下的足迹，已說明先賢如何藉記憶和詮釋舊約聖經，以及有關耶穌的生平事迹和講論，向後世的羣體表述上帝的恩情和救贖。路加福音就是其中一個這樣的見證。路加所致力的，正如他在序言中所說：「目的是讓你【讀者】知道你所學的道是正確的。」（路一4）

我相信路加的目的也是每一個傳道者的呼召和責任。事實上，繼往的傳道者無非是站在先賢的肩膀上努力地向接著來的讀者和會眾解說，使得上帝藉著耶穌成就的生命和心意，得以再次展現。《逆轉人生的上帝之子——路加福音析讀》就是這個巨流中的一滴小水點，希望達致的，同樣是讓讀者們能辨識和實踐自己所信的。

這書的初稿有賴香港浸信會神學院的幾位校友周佩珊、朱慧貞、周雅文、彭君成和陳建超的協助完成。他們的支持加強我對自己寫此書的信心。最後，我必須感謝許寶瑩姊妹在編輯和校對上所下的功夫。她的查找和核對，修補了我不少的粗疏和錯誤；她的提問和討論，既潤飾了文稿，也澄清了思路。當然，如果讀者在閱讀過程中仍然發現有任何錯誤之處，這還是我個人的責任。

孫寶玲

目錄

附錄

專欄目錄

第一章

路加福音導論

- 作者和讀者的處境
- 材料、體裁、風格與目的
- 結構和主題
- 如何閱讀路加福音
- 參考註釋書

路加福音雖然在章數上比馬太福音的少，但從內容篇幅上，它仍是4卷福音書中最長的一卷，若再連同另一本被公認為是**出自與路加福音同一位作者的書卷——使徒行傳**——一起看，這兩部作品更是新約27卷書中篇幅最長的書卷。

路加福音和使徒行傳的序言是互相呼應的（比較路一1～4及徒一1～2），而且整卷書在修辭和寫作特色上亦非常相近，因而推論兩部作品是同一作者所寫的。

按現時最通行的新約希臘文聖經版本，*United Bible Societies' Greek New Testament*（《聯合聖經公會新約希臘文聖經》），路加福音與使徒行傳的正文分別有2,500行和2,320行，而13卷保羅書信正文的總和則約3,270行（摘錄自本叢書由張達民、黃錫木合著的《風起雲湧的初代教會——使徒行傳析讀》，頁3）。

雖然作者路加不是第一代使徒，**但他的作品在2世紀已備受重視**。所以，路加福音對教會的貢獻，並不在於其篇幅長短，而是在於其內容、結構和信息。路加福音的序言反映出路加對讀者的重視，同時亦提示讀者研讀路加福音時的目的：

> 1提阿非羅閣下：已經有好些人從事寫作，報導在我們當中所發生的事。2他們的報導是根據那些從開始就親眼看見這些事，並且曾經傳佈這信息的人所敘述的。3這一切我都從頭仔細查考過了，所以我想按照次序向你報告，4目的是讓你知道你所學的道是正確的。（一1～4）

早期教父或作品引用路加福音的有殉道士游斯丁（Justin Martyr）、《十二使徒遺訓》（Didache）、《彼得福音》（Gospel of Peter）等。異端分子馬吉安（Marcion）單單接受路加福音、使徒行傳和保羅書信為正典，這更是廣為人知的。

這序言清楚表達出作者寫此書的資料來源，並寫書的對象、手法和目的。由此看來，掌握這幾方面的資料，對研讀和分析這卷福音書是極其重要的。所以，在了解路加福音的內容之前，讓我們先探討這幾方面的事情。

1.1. 作者和讀者的處境

上文已提及過，要了解路加福音，必須先掌握作者寫此書所用的材料，並寫書的對象、手法和目的。除此之外，作者的身分和處境也極為重要。在接著的篇幅裏，會按次討論這類問題，而首先探討的是作者的身分和寫作時間，進而會探究讀者的背景和寫此書的材料。

1.1.1. 路加是誰？

新約正典的4卷福音書並沒有清楚交代作者身分及他個人的資料，但路加福音的內容卻為讀者提供了作者個人背景的某些線索。

1.1.1.1. 路加福音的提示

從研讀路加福音可知，福音書內容的用詞和修辭，顯示了作者路加不僅滲入希臘文化的元素，也有猶太民族的色彩。就此書的背景而言，最合理的推論是作者深受外邦和猶太文化所影響。如果路加是外邦人，他對猶太信仰和經書（舊約）的掌握與了解，極可能來自猶太會堂的培育和塑造。如此，路加可能是新約作品中所描述的那些對猶太信仰十分積極的「敬畏上帝的外邦人」（徒十三16）。

如果說路加福音的內容為讀者勾畫出作者的背景，福音書的序言就更進一步提示路加並不是第一代的基督徒。作者很明顯對信仰的了解和經驗，是有賴於「傳佈這信息的人」（一2）的傳遞和教導。而這些人應該是耶穌的早期門徒或與他相關的人。作者所提及的「有好些人從事寫作，報導在我們當中所發生的事」（一1），正顯示作者所身處的時代，已出現有關耶穌傳道事迹的記載和作品，而這些作品亦在基督教羣體中間流傳。由於第一代的見證人相繼離世，而有關基督生平的作品亦早已面世，此福音書不可能屬於太早年代的作品。由此可見，路加至少應該是第二代的基督徒。

對我們了解作者路加，福音書內容所提供的線索，大概只能推論出以上的資料。若再根據路加的另一本著作使徒行傳，許多新約學者亦能從中發現作者身分某方面的寶貴資料。

1.1.1.2. 使徒行傳的提示

如果使徒行傳與路加福音的作者是同一個人的話，使徒行傳十六章9至10節可能會就作者的背景，提供進一步的資料：「當天晚上，保羅得到一個異象，在異象中他看見一個馬其頓人，站著懇求他説：『請到馬其頓來幫助我們！』保羅一有了這個異象，我們立刻準備往馬其頓去，因為我們知道上帝呼召我們去傳福音給當地的人。」這是使徒行傳第一次使用「**我們**」這代名詞的。它既暗示作者加入了保羅宣教的行列，也披露了作者是馬其頓人。因此，最直接的結論應該是使徒行傳的作者是保羅宣教的同伴。

「我們」段落（徒十六10～17，二十5～二十一25，二十七1～二十八16〔另參徒二十5～15，二十一1～18，二十七1～二十八16〕）。但也有學者認為「我們」是古代寫作的一種手法，並不一定表示敍述者參與其中。

按此論據，就路加福音和使徒行傳的作者的尋索，自然要從保羅的宣教組合裏著眼。然而，保羅的宣教同伴不少，從中找出寫路加福音和使徒行傳的作者，雖不至於是大海撈針，卻也著實不是件易事。如果要進一步探索作者的身分，非得要從新約聖經以外的資料尋索不可。

早期的教父及其後的教會傳統，往往提出一些補充的資料。這些資料的準確性雖然不能夠完全肯定，但仍有它的參考價值。

1.1.1.3. 教父的見證

路加作品和1世紀末並2世紀初期的教父的關係，參Barbara Shellard, *New Light on Luke: Its Purpose, Sources and Literary Context* (JSNTSS 215, UK: Sheffield Academic Press, 2002), 23～31。

公元2世紀往後的文獻，就為路加福音的作者身分提供更多的描繪。2世紀的教父愛任紐(Irenaeus)說：「保羅的同伴路加在他的一部作品裏記錄了保羅所宣講的福音。」(參《駁異端》〔*Adversus Haereses*〕3.1.1；另參優西比烏〔Eusebius〕的《教會歷史》〔*Historia Ecclesiastica*〕5.8.3)與愛任紐差不多同期的作品《穆拉多利殘篇》(*Muratorian Fragment*)亦有類似的記述：

> 第三卷福音書，是路加的……這位醫生路加，在基督升天以後，由保羅帶同他在路上作伴，以自己的名字，按他的思想寫作。然而他也未曾親自見過主本人，只按他能確定的，由約翰的出生開始講述故事。

有另外一些文獻亦提出相似的資料，但也不乏歧異之處。《反馬吉安序言》(*Anti-Marcionite Prologue*)同樣見證路加是醫生並福音書的作者，但卻說他是安提阿人。他是使徒保羅的學生、單身未娶。他寫完福音書和使徒行傳後歿於亞該亞，終年84歲。誠然從保羅書信的資料可見，路加是保羅的同工(參西四14；提後四11；門24節)，但明顯視路加醫生為路加福音(並使徒行傳)的作者，畢竟是聖經以外的傳統。

2世紀一份手抄本除包含路加福音的文本外，它的書尾還有「路加福音」這標題的出現。參Papyrus Bodmer XIV (P^{75})。

自3世紀開始，路加寫成福音書和使徒行傳這說法漸漸廣為教會所接受。事實上，**這卷福音書的標題「路加福音」也是2世紀末才開始出現的**。在此以前，福音書只有內容而沒有標題。「路加福音」這個標題的出現，固然單純為了反映作者的身分，但同時亦可能是教會以這位作者是保羅的同伴和學生這身分，嘗試確立這卷福音書的來歷和權威。

總結以上的資料和討論，福音書的作者路加並不是第一代的信徒。如果路加福音和使徒行傳出自同一位作者的講法是可以成立的話，則路加與保羅曾經有伙伴和同工的關係。從福音書的內容推論，路加既有一定的教育背景，對舊約聖經和猶太信仰更有深度的理解。

1.1.2. 寫作日期

上述的討論雖然間接指出路加福音的寫作日期不可能太早，但實際的日期仍須從作品的內容探索，才能掌握其寫作時間。路加福音的內容提供了一些重要的線索，其中最明顯的是描述耶路撒冷被毀的預言（十九43～44，二十一24）。就耶路撒冷的情況路加所刻畫的具體細節，與**約瑟夫**筆下的《猶太戰記》（*Jewish War*）所記述，猶太人在公元64至70年間對抗羅馬人的戰況甚為接近。由此看來，路加福音寫成的日期，不會早於羅馬人和猶太人戰爭的期間（即公元70年）。

約瑟夫（約公元37～100年）這位猶太歷史學家經歷了公元1世紀中期猶太人與羅馬人的爭戰。就時間而言，他活在早期使徒和初代教會的時期當中，因此他的作品對研究1世紀巴勒斯坦的猶太社會和信仰、新約作品，以至初代教會極為重要。

有關路加福音和使徒行傳的徵引，始見於2世紀中期的教父和典外文獻。而福音書內容所提供的線索亦僅屬有限。眾所周知，無論是福音書抑或使徒行傳，路加筆下的羅馬政權是比較正面的。如果路加作品所反映的情況，正是如實的政治文化氣候，那麼路加福音書和使徒行傳的寫成時期，應該是基督教還未因羅馬政權推動君王崇拜而受逼迫的時候。一般講法都以羅馬皇帝多米田（Domitian，統治期公元81～96年）為推動君王崇拜而逼迫基督徒的第一個皇帝。根據上述路加對羅馬政權溫和的態度，他的作品應該在多米田在位的早期、甚至即位之前寫成（即公元80年代）。

以上的推論雖有立腳點，卻不能説是無懈可擊。這根本的問題是，路加筆下的羅馬政權果真沒有迫害基督徒嗎？還是路加以避重就輕的筆觸，嘗試締造信任和了解的空間？從歷史看，羅馬政權對基督徒大規模的迫害，要到2世紀才發生，在此以前，基督教會所遭遇的迫害是零散和處境性的。從另一角度看，由耶穌傳道的第一天開始，他和他的跟從者就遭受壓迫。由此可見，以作品內容未能顯示迫害的存在而推斷寫作日期並不全然可靠。但有學者認為，根據教會傳統，保羅早於公元60年代中期在羅馬殉道。使徒行傳沒有記述保羅殉道的事迹，可能因為作品在保羅殉道之前完成的。所以，路加福音和使徒行傳都是公元70年前的作品。這看法或許是對的，只是，仍有理由相信路加福音是屬遲於公元70年的作品，它之沒有報道保羅殉道的事迹，甚至以不太負面的筆觸描述羅馬政權，是有特別的用意(參1.3.2.「路加福音的主題」之「路加的世界觀和倫理觀」)。

最後，路加作品內信仰羣體所面對和關注的問題，呈現出1世紀末教會的處境。使徒的道統、教會羣體合一的重要、信徒的恆忍和回轉、諾斯底主義可能的威脅，甚至羅馬的司法制度，都顯示1世紀末至2世紀初期的背景。以此推論，路加福音的寫成似乎不應晚於1世紀末，公元70至85年間是比較合理的推算。

1.1.3. 讀者的身分和處境

路加以哪一個族羣組合為寫作對象呢？以下我們將會從橫面的方向思考，探索路加作品是否針對不同種族而寫作。與此同時，我們亦會從縱面的角度考慮，看看路加的作品會否披露社會不同階層羣體的生活狀況。

1.1.3.1. 以外邦人為對象

長久以來，路加福音一直被看成是寫給外邦人的福音書。無可諱言，上帝的救恩延伸至外邦人的主調確實貫穿整卷福音書，以至使徒行傳。無論在路加福音裏西面預言耶穌「就是你【上帝】為萬民所預備的：他要成為啟示外邦的亮光，成為你子民以色列的榮耀」(二31～32)，抑或使徒行傳裏所說的福音要由耶路撒冷、猶太全地、撒馬利亞及至傳到天涯海角，外邦的世界都是等待著福音。再者，就如上述討論已經指出，路加筆下的羅馬並非蠻不講理或邪惡的政權，而是通達和明理的受眾。從滿有信心的羅馬軍官(七1～10)，到惟一回頭感謝耶穌的撒馬利亞人(十七11～19)，甚至多次申述沒法查證耶穌是有罪的羅馬總督彼拉多(二十三4、14、22)，以至在十字架下的羅馬軍官，看見耶穌受苦的情況時讚頌上帝說：「這個人真是義人！」(二十三47)都清楚顯示路加相當肯定外邦人在路加福音裏的重要性。在路加的敘述裏，耶穌的職事和講論比其他福音書的都是較顯明和突出外邦人的地位。路加福音第四章的家譜便是另一個例子，它與馬太的記載截然不同。馬太福音的家譜是將耶穌連結至猶太人的祖宗亞伯拉罕(太一1～17)，而路加福音卻追溯至人類的始祖亞當(三23～38)。

1.1.3.2. 以猶太人及熟悉猶太信仰的人為對象

若細讀福音書的內容，不難發覺路加福音所針對的讀者，可能並不僅限於外邦人。整卷福音書其實充滿了猶太人的宗教傳統和他們所關注的事。退一步說，即使路加福音的讀者不是猶太人，他們也不應是對猶太信仰和傳統一無所知的族羣。整卷路加福音雖然不像馬太福音般直接和明顯地引用舊約聖經，但卻以種種方式使用舊約，或以主題來作對比(如撒母耳記上的哈娜對比伊利莎白，兩位都是在不育的情況下產子的婦人；比較撒上一章及路一5～25），或預指耶穌是上帝應許的實現（如西面看見小嬰孩耶穌時所發出的頌歌；參二29～35），或直指舊約和耶穌的關係：

> [44]然後耶穌對他們說：「這一切事就是從前我和你們在一起的時候告訴過你們的：摩西的法律、先知的書，和詩篇所敘述關於我的每一件事必須實現。」[45]於是他開啟他們的心智，使他們明白聖經的話，[46]又對他們說：「聖經記載：基督要受害，第三天從死裏復活……。」（二十四44～47）

從福音書的內容可見，路加的讀者羣似乎不僅是外邦人。事實上，敘述似乎假設了讀者對猶太人的宗教傳統和經書，必定有相當的掌握。從另一個角度看，要明白甚至欣賞路加福音，必須先了解猶太人的信仰。

根據這個觀察，路加福音的讀者，必須包括猶太人，或者熟習猶太信仰的外邦人。而這些讀者，可能是散居巴勒斯坦以外、在猶太會堂裏學習或受教的猶太人和／或外邦人。

除了有不同的種族，路加福音同樣重視社會不同階層的受眾。在路加福音中，最突顯這個關注的地方就是耶穌的「平原寶訓」：

> [20]耶穌轉向他的門徒，對他們說：「貧窮的人多麼有福啊；你們是上帝國的子民！[21]現在飢餓的人多麼有福啊；你們要得到飽足！現在哭泣的人多麼有福啊；你們將要歡笑！[22]為了人子的緣故，有人懷恨你們，棄絕你們，侮辱你們，把你們當作邪惡的，你們就有福了！[23]從前他們的祖宗也是這樣對待先知。在那日子，你們要歡欣雀躍，因為在天上將有豐富的獎賞為你們保存著。[24]但是，你們現在富有的人要遭殃了，因為你們已經享夠了安樂！[25]現在飽足的人要遭殃了，因為你們將要飢餓，現在歡笑的人要遭殃了，因為你們將要哀慟哭泣！[26]人人都稱讚你們的時候，你們有禍了，因為他們的祖宗對假先知也曾說了同樣的話。」（六20～26）

1.1.3.3. 以社會邊緣人為對象

我們可以說，路加福音是為貧窮人而寫作的。事實上，若細心對比路加福音和其他福音書，讀者不難發現，除了外邦人以外，社會裏飽受忽略甚至排斥的邊緣人，如撒馬利亞人、罪人、婦女、稅棍、小孩等等，都是耶穌要服事的對象。誠然，路加心繫的讀者，並不僅限於猶太人和非猶太人民族；整個福音書所涵括的，還有因社會、種族、性別、貧富、強弱種種障礙而受分隔的人。細閱福音書的內容，貧窮和社會邊緣人在故事敍述裏總是佔著重要的地位。打從耶穌出生始於不為社會重視的少女，其誕生的喜訊由不為人尊重的牧羊人傳頌，甚至耶穌整個生平中的職事，處處顯示出貧窮和被棄絕的人就是傳福音的對象。

1.1.3.4. 以富有上層的人為對象

事實上，路加福音卻又是比其他4卷福音書出現更多富有或有權勢的人物。無論他們性情品格如何，都會面對耶穌宣講的邀請或審判，例如：羅馬軍官的僕人（七1～10）；會堂的主管葉魯（八40～56）；無知財主的比喻（十二13～21）；財主和拉撒路的比喻（十六19～31）等。從閱讀和聆聽的角度説，路加的讀者也該包括了富有和有權勢的人。

從上文的討論看，路加福音既是寫給社會上層的人士，同時也為貧窮的讀者而寫的。若是如此，我們可以推想路加的讀者羣包含社會裏富有和貧窮的人。所以，路加所傳講的道，不僅是知識，也是實際生活的指引和教導。

如果「究竟路加是向猶太人還是外邦人傳講福音？」成了一個重要的問題，那麼「**路加寫作的對象是貧窮人還是富有人？**是尊貴的？還是被人輕視的？」就是另一個重要的問題。就如路加沒有為第一個問題提供便捷的答案，也沒有就第二個問題提出簡單的答案。當我們説路加福音是為貧窮人而寫的時候，也不應忽略它的序言清楚説明路加的寫書對象是

「提阿非羅」一詞直譯是「上帝的朋友」。這詞固然可能是某人的名稱，也可以是帶象徵意義的代號。換言之，提阿非羅意指那些敬虔和尋求上帝的人。無論是真名還是代號，「提阿非羅」的稱謂「閣下」或「大人」(《和合本》)，已顯示讀者的身分並不是普通百姓。

「提阿非羅閣下」(一1)，一個代表社會上層人士的稱謂。

1.2. 材料、體裁、風格與目的

路加福音一章1至4節的序言為了解路加福音的緣起、寫作特色和目的，提供了幾個重點。首先，它的序言說明了路加福音之寫成，極可能是按照當時已有的資料加以發展而寫成的。

1.2.1. 路加寫作的資料

路加是第二代的基督徒，在寫福音書的過程中，他必定如他在序言所說，是經過詳細考察、參考和比較手頭的資料的。根據新約學者的研究，路加福音所採用的藍本，其中一個可能是馬可福音。根據這個理論，路加福音的內容綱領基本上是建基在馬可福音的大綱之上。除了馬可福音之外，學者亦發現路加福音有部分耶穌的講論，亦見於馬太福音，但卻不在馬可福音之內，例如：八福篇(太五3～12；路六20～26)；責備不悔改的城(太十一20～24；路十13～15)等。這份被學者稱為「**Q底本**」的資料，是構成路加福音的另一份重要材料。除了馬可福音的內容和「Q底本」外，學者亦指出路加福音裏有好些其他福音書所沒有的材料，例如：耶穌與施洗者約翰的誕生，以及敍述耶穌童年事迹(一5～二52)；浪子的比喻(十五11～31)等。這些路加獨有的資料(稱為「L 底本」)，基本上就是組成路加福音的另一份資料。

「Q底本」中的Q其實取自德文Quelle(意指「源頭」)的頭一個字母。認同以馬可福音和「Q底本」為寫成此福音書的基本材料的，就是「二源説」，這是研究符類福音問題的重要理論。

有關路加福音背後材料的探索，仍有許多研究的空間，甚至可以成為一個專門的研究方向，此書只作簡略概述。至於要了解路加福音的主旨和風格，就必須先研讀和討論路加的敍述，隨後就馬太、馬可和路加3卷福音書作相互的比較，這比較的進路不是要探索歷史的先後次序和書卷彼此的關係，而是要藉此來突出路加使用和詮釋材料的特色、神學、主旨和風格。

1.2.2. 路加福音的體裁

福音書在古代是創新的文學體裁。在新約福音書出現之前，希羅和猶太世界裏沒有所謂的「福音書」這類的作品。與之相近的是希羅世界中的傳記、歷史，或猶太人的辯護傳説。若基於路加福音的序言來分類，它應屬歷史類的作品。無論從資料的搜集、比較和鋪陳，以至路加寫書的目的，無不顯示他是經過慎密的分析和思考。細讀整部作品的內容，不難發覺福音書內容的結構和縷述，是要將耶穌的出生、工作以至受死與猶太人的歷史相連起來。這個宛如故事的敍述，與遠古的猶太人歷史和1世紀巴勒斯坦地的歷史舞台相互輝映，以此襯托出敍述中人物的身分和職事，同時亦帶出作品的主旨目的，不僅在於縷述過去所預言的應許得以成就，也描寫當下的福音和遠眺這福音的未來。

1.2.3. 路加福音的風格和寫作目的

路加福音所運用語文的風格是3卷福音書裏至為突出的。路加的語文能力和特點明顯見於3卷福音書共有的記敍裏。相對於馬可福音用語之簡樸，路加福音則是華麗的；而對比馬太福音平實的表達，路加福音更顯得不乏姿采。路加的敍述風格和表達技巧最突出的其中一點，是敍述裏滲透著歷史意識。無論路加福音一章1至4節裏所提到的「按照次序」是否指歷史的次序，在他的作品裏有清晰的歷史指標，這是不容置疑的事實（參一5，二1～2，三1～2，三23；另參徒十八2、12）。在這方面，他似乎比其他的福音書都更著重歷史的參照。無怪乎有研讀新約的學者視路加為歷史撰寫者。然而，儘管路加可能比其他福音書作者更重視歷史的背景，這並不表示現代讀者，應該用今日所謂研究歷史的標準來閱讀和評斷路加這些記錄和縷述的歷史性。

「救恩歷史」指從基督教信仰角度來看人類歷史，認為某些歷史事件之所以會在人間發生，乃是基於上帝的主導，目的是要拯救人類。又由於聖經所展示的歷史都以上帝的拯救為中心，所以在很大程度上，「救恩歷史」也就是聖經中所展示的歷史（參《風起雲湧的初代教會——使徒行傳析讀》，頁11）。

與其說路加福音記載歷史，就不如更正確地說路加是以神學的角度來審視歷史。從這個觀點看，現代讀者自然會明白路加為何要如此選擇性地取材和鋪陳其內容，因為他所記述的是上帝所成就的「**救恩歷史**」，而不是一般歷史學所介定的歷史或編年史。事實上，路加並不是為記述而記述，他往往是為突出他的主題，襯托他的思想而記述。

路加福音的主題和中心思想就是耶穌基督的身分和職事：耶穌成就了舊約的預言，以上帝兒子的身分施恩惠，亦是救贖世人的恩主。路加的記載，莫不以此為經緯。從這角度看，路加所記述的耶穌與猶太文化和宗教有密切的關係和連續性。

路加其中一種寫作風格是，他使用猶太人的舊約聖經是有其獨特的方式。相對於馬太福音明顯的徵引：「應驗主藉著先知所說的話……」（太一22，二15），路加用了含蓄和委婉的方法，他以猶太宗教傳統裏的人物和場景，來襯托出他所縷述的福音敍事。以路加福音第一章預言施洗者約翰出生的記述為例，內中的主題和場景就有不少與撒母耳出生的記敍互相呼應。此外，「以利亞－以利沙」的傳統在路加福音裏亦是一個相當明顯的主題：九章54節對比列王紀下一章9至16節；九章61節對比列王紀上十九章20節。又如七章1至16節（耶穌醫治一個羅馬軍官的僕人，以及叫一個寡婦的兒子復活）耶穌成就了他自己在四章25至27節所言先知的職事，這職事對應了列王紀下五章1至14節所記載以利沙醫治敍利亞軍隊的統帥乃縵，以及列王紀上十七章17至24節所述以利亞叫一個寡婦的兒子復活的事迹。耶穌升天前曾應許門徒將領受聖靈（路二十四51～53；徒一9～11），亦與以利亞祝福以利沙頗有相同之處（王下二1～14）。

路加寫作的技巧亦是出眾的，「*撮要*」的表達手法就是其中的一種，目的是要以簡短的句子為讀者提供重要的信息或事件的背景資料。每當故事內容告一段落之際，路加就會以撮要作簡短的總結：一章80節，二章52節，四章14至15節，七章21節，八章1至3節，十三章22節，十九章47至48節，二十一章37至38節上。此外，「內容表達含糊的地方」還會加上「*引介*」，目的是為所敍述的事件作另一個提示。這特別出現於耶穌的比喻中，路加常常為比喻的意義和方向作提示，使讀者能掌握其意義：十章36至37節，十六章9至13節，十三章1至6節，十四章7節，十五章1至3節，十八章1節。最後，就是「*地理方向旅程*」的表達。作者描述耶穌的生平事迹是由耶路撒冷開始，而他的職事亦是向著耶路撒冷這目標進發。

路加福音的起頭是以耶路撒冷的聖殿作開始，及至耶穌降生、被呈獻，上**耶路撒冷**過節，莫不以聖城為中心。而在加利利的職事，耶穌仍以耶路撒冷為發展的方向，這配合了旅途的敍事發展。「旅途敍事」（Travel Narrative）就是指九章51節至十九章44節這段經文，其中提示這段經文是屬「旅

在路加的作品裏，「耶路撒冷」一詞出現的次數是所有新約作品之冠。連同使徒行傳在內，這詞共出現超過80次之多。

途敘事」的有：九章51、53、56、57節，十章1節，十三章22、31、33節，十四章25節，十七章11節，十八章31、35至36節，十九章1、11、28節。及至耶穌人生最後的旅程——被釘十架，是以耶路撒冷為中心。他復活之後，仍留在耶路撒冷。

路加的作品同時非常強調耶穌職事應驗舊約聖經的預言。這說明耶穌應驗了舊約所描述的盼望，這些預言不僅成就在耶穌身上，甚至也成就在他的跟從者——教會和門徒——身上，也即是救恩歷史的延續。

1.3. 結構和主題

1.3.1. 路加福音的結構

路加福音的結構是清晰的。全書可分為3個大段落：

1. 從耶路撒冷至加利利的職事（一1～九50）
2. 朝向耶路撒冷的旅途（九51～十九44）
3. 在耶路撒冷的職事（十九45～二十四53）

第一段落是從一章1節開始直至九章50節，所描述的事件是從耶路撒冷開始輾轉至耶穌在加利利一帶的事工，再朝向耶路撒冷為止。第二段落以朝向耶路撒冷的旅途開始（九51），一直至到達耶路撒冷城（十九44）。這段可稱為「旅途敘事」。第三段落是耶穌在進入耶路撒冷後的事工到最後他受難、復活，以至向門徒顯現（十九45～二十四53）。從受苦至復活升天，耶路撒冷都是極重要的環節。直至初代教會的建立亦是以耶路撒冷作起點，再從此處擴展出各城各鄉（參徒一章）。

1.3.2. 路加福音的主題

1.3.2.1. 猶太信仰與耶穌基督：連續與非連續性

從路加作品中多次提及耶路撒冷並從上文所列出此書的結構，可以知道耶路撒冷在路加福音中必定是一個不可忽視的主題。耶路撒冷在路加福音的地位，已說明了猶太人的信仰以及耶路撒冷對於路加所看的福音是很重要的。對路加福音而言，可以肯定的是，猶太人的律法和宗教傳統對猶太人的信仰是有其重要意義和價值的，而同時讀者也必須要藉著猶太人的信仰才能了解並詮釋耶穌的身分和工作。從預言耶穌的降生(一26～38)，直至復活的主在往以馬忤斯的路上向兩位門徒顯現(二十四13～32)，都是基於律法和先知所宣講的應許。

另一方面，儘管猶太的律法和宗教傳統是如此重要，但卻非完全能夠保證人能體會和接受上帝的救贖。路加一而再地指出，猶太人的信仰得以成全和達致完全，是在於其所終極指涉的耶穌：「**摩西的法律、先知的書，和詩篇所敘述關於我【指耶穌基督】的每一件事必須實現。**」(二十四44)猶太人即使有他們的宗教傳統，但若不接受耶穌，他們同樣無法真正體會律法和先知所宣告的應許和盼望，也無從領受上帝藉著耶穌基督帶來的恩惠。因此，在路加福音裏，那些熟悉以色列律法但拒絕耶穌的猶太領袖，是無法接受上帝救贖的。

路加常以「必須」一詞強調上帝在所發生的事件背後掌權(參九22，十七25，二十四7)。

1.3.2.2. 普世的外邦人與耶穌基督

在路加福音裏，猶太人之所以拒絕耶穌，很大程度與耶穌所展示的救恩衝破了猶太人的框架有關。路加福音突出了耶穌是接納外邦人和社會的邊緣人，這些事是拘泥宗教傳統的猶太人所難以接納的。在傳道肇始，耶穌曾在拿撒勒城的會堂用以賽亞書六十一章的應許宣講他的職事（四17～19）；而與耶穌同鄉的人拒絕耶穌是因為他以舊約先知以利亞和以利沙救助異族這傳統的記載，説明外邦人領受上帝恩惠的信息（25～30節）。

耶穌復活後向門徒顯現時所吩咐的使命，同樣亦以外邦異族得嘗救恩為主題。福音書的一首一尾互相呼應，説明了普世的外邦人是在上帝救贖計劃之內這主題，而其中的內容更不乏耶穌接觸外邦人的片段，或借用外邦人作為他宣講的內容，如治好羅馬軍官的僕人（七1～10）、好撒馬利亞人的比喻（十25～37）。由此可見，耶穌對普世外邦人的關愛是路加福音非常重要的一個主題。

1.3.2.3. 被社會遺棄的邊緣人

如果猶太人所嫌棄的外邦人是受重視的對象，那麼社會裏被遺棄的人無論是猶太人抑或外邦人，同樣是路加福音裏的耶穌所關愛的。讀者也許會發現，路加福音似乎比任何一卷福音書敍述更多有關耶穌與社會所嫌棄的人接觸的故事。這些人包括貧窮人、税棍、罪人、婦女、小孩子、病患者、撒馬利亞人，甚至外邦人。在路加福音裏，這些社會的邊緣人往往比其他人更願意接待和親近耶穌。在路加福音裏，這些不被人接納的低下階層的人，反而是最能相信耶穌和享受上帝恩惠的人。而那些富有的權貴和上等人，反而在上帝國度之外徘徊。

1.3.2.4.「大逆轉」：貧富、喜哀、強弱、貴賤、福禍的扭轉

路加福音裏貧窮和富足交織，形成了其中一個神學的主題，也是整部福音書裏的其中一個特色：「大逆轉」（The Great Reversal）。其

實這個大逆轉早於福音書開首的段落已經藉著講論引帶出來。上帝福音的宣講，無疑是要挑戰世界所提供的安全感和滿足感。富足、有權勢、自以為是的人將會發現他們所自恃的，其實不能為他們帶來甚麼。如果他們不能回轉和悔改，將自己的信心和安全感完全置放在上帝和祂的福音之上，他們的結局將會是個徹底的逆轉（由富有變為貧乏）。相反，在世界裏的貧窮人、社會邊緣低下階層的人、罪人、婦女、撒馬利亞人、甚至外邦人，他們一無所恃，而惟一的倚靠便是上帝的恩眷和保守。這些人的終局將會是另一個大逆轉（由貧乏變得富有）。在此，路加福音裏真正的「貧窮」和「富足」的意義就呼之欲出了（一53，四18，六20～25，七22，十四13、21，十六19～31）。富足的人就是那些因為擁有社會地位，以及經濟、政治，甚至宗教的本錢而不需要上帝憐憫的人。這些人既拒絕上帝，也拒絕上帝所派來的先知；貧窮人既倚仗上帝的恩眷，也接納上帝所差來的人和先知。當然，路加福音裏最大的逆轉就是耶穌，這位被釘死在十字架上的耶穌，至終卻成為復活的主。他的復活説明死亡的權勢和能力都被上帝的大能、恩慈和赦免所扭轉。上帝的介入和救贖是一個指標，讓人可以了解耶穌身分和生平職事，並如何面對歷史的盼望。

1.3.2.5. 未然與已然：路加的末世論

福音書對貧窮和富裕人的關注，説明路加重視具體和實際的生活。換言之，路加相信上帝可以透過社會及文化而工作；現今的世界便是上帝救贖和啟示的地方。耶穌在拿撒勒的會堂第一次的宣講中（四17～21），就是以這樣的宣告作結束：「今天，你們所聽見的這段經文已經應驗了。」（21節）在面對法利賽人質問有關上帝國度和主權來到的時間，耶穌的回答是「上帝的主權是在你們心裏【或中間】」（十七

21）。這樣看來，傳統猶太信念所說，終末時期上帝國度和主權的降臨，已經實現了（現在，「已然」already）。就終末的重點而言，它似乎將遠眺終末的眼光投射在當下的處境裏。這是說對於時間和生活，路加的重點不僅是放在將來，亦同時重視實質的現在。

這並不是說路加沒有終末的盼望，因為這個世界亦將要（在未來，「未然」not yet）面對上帝的審判。在路加福音裏，耶穌非常著重人要預備「未來」（參11.1.1.「為未來預備的管家」）。當然，人為「未來」的預備並不是從人自身的貪念、旨趣或計劃作出發點的（如「無知的財主」；十二13～21）。耶穌所說的預備，是從上帝的角度和所關注的事而說：人要如何「計劃」、「預備」自己，才不至於貧窮和無知，可以在上帝面前得到富足和智慧呢？從「已然」到「未然」，路加所呈現的，是以一個平衡的終末觀來對待時間和生活。事實上，當路加肯定當下的生活和文化是重要之時，並不表示他無條件地接受當下的一切，反而是要批判當下的價值觀和生活取向。當注意的是路加每次提及歷史背景時，往往都是立刻從信仰的角度作出指引（參一5、二1～2、三1～4的「釋經短註」）。而在「已然」和「未然」這時期之間，路加的世界觀和倫理觀就顯得格外重要了。

1.3.2.6. 路加的世界觀和倫理觀

路加的平衡終末觀引申出他對世界和倫理的憧憬。路加福音既沒有像約翰福音般，顯示耶穌與猶太人和世界的對立；就連猶太信仰的色彩，也是用委婉的手法帶出，不像馬太福音般明顯。所以，儘管路加提及猶太的族羣和信仰，不是與耶穌排斥和對立的。而面對外邦的世界就更是如此。一般而言，路加對世界和其上的人，即使是被世界所遺棄、鄙視和不信任的人，路加仍然是抱開放和積極的態度。路加不僅是對人有這種態度，就是對政權和文化，也呈現這種態度。他沒有看羅馬政權是撒但那惡者的工具，而是上帝行事的地方甚至是祂的工具（不可忘記路加將所敍述的事全都放在「歷史」的框架裏）。路加所運用的文學手法技巧不乏希羅文學特徵，這就更充分顯示他認為人類的文化實在可以正面地成為傳遞上帝信息的工具。

路加對信仰的實踐是非常執著的。路加福音清楚說明，從福音信仰的內容產生出來的倫理觀，可在信仰生活上呈現，換言之，一個人在上帝面前的光景如何，他在生活實踐上，甚至往後的結局也必如何。從這個架構閱讀路加福音，便不難理解為何耶穌在宣講中斥責富有的人（六24～26）。耶穌絕對不是討厭富有或有權勢的人，事實上在耶穌的跟從者中不乏富有和有社會地位的人，提阿非羅就是最好的例子，此外，還有羅馬的軍官。耶穌所指斥的富有人是那些只知為自己打算的「無知的財主」（十二16～21）、無視貧窮人需要的財主（參11.1.3.「不懂得為未來預備的財主」）、視財物過於一切的（「財主的難題」；十八18～23），甚至是那些虛有其表但為錢財侵吞剝削弱小的宗教領袖（參12.3.1.「責備與稱許」）。

當然，路加所說的好行為並不是建基在「積善積德」的動機上，而是要遵循耶穌榜樣，學效他的生活型態。照顧和幫助貧窮人和其他有需要的人（社會或民族），是源於認識這些被照顧的人也是上帝的子民，是上帝恩惠要臨到的對象，具體說明上帝國度的降臨和彰顯（參四16～19）。

1.3.2.7. 路加福音中的耶穌：禱告與聖靈

從以上討論可見，路加福音中的耶穌非常著重弱小和邊緣的族羣。這是教會歷來描述路加福音的耶穌時多指它強調耶穌的「人性」的原因，也是他的跟從者所要仿效和見證的(參二十四48)。另一方面，路加福音比其他福音書更在意描寫耶穌與父上帝的關係如何密切，而這關係是以「禱告」表達出來，因此禱告在路加福音裏就是一個重要和明顯的主題。在路加福音裏，耶穌職事的關鍵時刻中，路加都不厭其煩地報道耶穌的禱告：受洗的時候禱告(三21)、挑選門徒時禱告(六12)、獨自禱告以昭示身分(九18)、上山禱告時面容改變(九28)、禱告以至教門徒禱告(十一1～4)、教導人禱告不可灰心(十八1～8)、在客西馬尼園禱告(二十二39～44)、教導門徒警醒禱告(二十二45～46)、在十字架上禱告(二十三34、46)。

與此相連的另一主題就是聖靈。聖靈的描述説明上帝的工作從未間斷，這是路加從福音書開始就強調的：天使加百列向撒迦利亞預言他的兒子施洗者約翰要被聖靈充滿(一15)；天使加百列向馬利亞預言聖靈要臨到她身上，她要受孕生下上帝之子(35節)；撒迦利亞被聖靈充滿而稱頌上帝，並且預言自己的兒子施洗者約翰的職事(一67～79)；聖靈臨到耶路撒冷城的義人西面(二25～27)；施洗者約翰預言耶穌以聖靈和火更新百姓(三16)；聖靈在耶穌受洗時降臨(21～22節)；耶穌被聖靈充滿引領到曠野(四1～2)；耶穌在拿撒勒會堂第一次宣講(18節)；耶穌被聖靈感動(十21)；天父應許將聖靈賜予人(十一13)；聖靈指教受逼迫的信徒如何申辯(十二11～12)；應許聖靈降臨使跟從者得能力見證悔改赦罪的信息(二十四48～49)。

1.4. 如何閱讀路加福音

路加的序言(一1～4)已經清楚表達作者對讀者的期望。路加透過資料的搜集、剪裁和鋪陳，盼望使讀者的信心得到堅固。當然，所謂的信心得堅固不僅是頭腦知識上的獲取，同時亦是指信仰生活上的操守和表達，以及信仰羣體的身分、價值觀和使命的確立。

路加相信，讀者信心的堅固和塑造，是由認識上帝之子耶穌基督的生命而來的。所以，路加從耶穌基督降生至受死的生平事迹，向讀者曉示耶穌的身分和職事，並以此向讀者啟示上帝之子的生命意義。

耶穌是個百分之百的歷史人物，是生長在一個固定的歷史空間和文化土壤裏的人。更準確的説，耶穌是生長在公元1世紀巴勒斯坦地的猶太人。猶太文化、宗教傳統和舊約聖經，都是耶穌生活和工作的背景。與此同時，耶穌時代的巴勒斯坦是羅馬政權下的殖民地，是猶太傳統和希羅文化交匯下的社會結構。新約時代的社會羣體所依附的社會結構和價值觀、特色和型態，與強調個人的今日社會，無論在運作和實踐上相去可謂甚遠。現代讀者要掌握路加福音的信息，不能忽視這些歷史和文化處境的因素。

路加福音以敍述的方式表述耶穌的身分和工作。所以，除了要了解路加的信息外，同樣亦要注意路加的筆觸和寫作技巧。福音書裏所描述事件情節的鋪排和轉折點，以及人物的塑造和人物之間互動的關係，並所提及的地點、時空和主題等等，都是閱讀時不應忽略的。

1.5. 參考註釋書

一般參考書

孫寶玲，黃錫木合著。《耶穌生平與福音書要領》。香港：基道出版社，2002。

黃錫木著。《聖經鳥瞰——基礎篇》。香港：基道出版社，2002。

黃錫木著。《聖經鳥瞰——進深篇》。香港：基道出版社，2002。

路加福音註釋書

陳嘉式著。《中文聖經註釋（第十三卷）：路加福音》。香港：基督教文藝出版社，1996。

楊克勤著。《路加的智慧——文學、神學及生命》。香港：卓越使團，1995。

Tannehill, Robert C. *Luke*. Abingdon New Testament Commentaries. Nashville, TN: Abingdon Press, 1996.

Bock, Darrell L. *Luke*. Baker Exegetical Commentary on the New Testament. 2 Vols. Grand Rapids, MI: BakerBooks, 1994, 1995.

Bovon, Francois. *Luke 1*. Hermeneia. Mineapolis, MN: Augsburg Fortress, 2002.

Craddock, Fred B. *Luke*. Interpretation. Louisville, KY & Westminster: John Knox, 1990.

Culpepper, R. Alan. "Luke," *The New Interpreter's Bible*. Nashville, TN: Abingdon, Press, 1995. pp. 3~490.

Evans, Craig F. *Saint Luke*. TPI New Testament Commentaries. Harrisburg, PA: Trinity Press International, 1990.

Fitzmyer, Joseph A. *The Gospel According to Luke*. AB. 2 Vols. New York, NY: Doubleday Books, 1981 & 1985.

Johnson, Luke Timothy. *The Gospel of Luke. Sacra Pagina*. Collegeville, MN: Liturgical Press, 1991.

Nolland, John. *Luke 1~9:20; Luke 9:21~18:34; Luke 18:35~24:53*. WBC. 3 Vols. Waco, TX: Word Publishing, 1989, 1993.

Stein, Robert H. *Luke*. New American Commentary. Nashville, TN: Broadman & Holman Publishers, 1992.

第一部分

從耶路撒冷至加利利的職事

（一1至九50）

第一篇

上帝之子的降生和預備

（一1至四13）

在遠古的時候，許多君王偉人都被稱頌為上帝之子。對路加福音的讀者而言，「上帝之子」應該不是一個聽所未聽、聞所未聞的詞彙。然而，稱耶穌為上帝之子，這究竟又是甚麼意思呢？此外，當福音傳至外邦的時候，路加福音的讀者可能知道耶穌是個猶太人，那麼，猶太人的信仰和宗教傳統有沒有對此作出陳述或解說呢？當然，耶穌以至初代教會都是身處在羅馬政權所統治的世界裏。路加稱耶穌為上帝之子又有甚麼含意呢？最後，耶穌之為上帝之子，又與讀者何干？讓我們仔細看看路加的敍述。

第二章

上帝之子：舊約應許的終極實現（一1至二52）

- 引言
- 舊約的應許、終末的實現

經文

序言

1 [1]提阿非羅閣下：已經有好些人從事寫作，報導在我們當中所發生的事。[2]他們的報導是根據那些從開始就親眼看見這些事，並且曾經傳佈這信息的人所敘述的。[3]這一切我都從頭仔細查考過了，所以我想按照次序向你報告，[4]目的是讓你知道你所學的道是正確的。

預言施洗者約翰的出生

[5]希律王統治猶太的時候，有一個祭司，名叫撒迦利亞，是屬於亞比雅祭司一班的；他的妻子叫伊利莎白，也是亞倫家族的後代。[6]在上帝眼中，他們兩個都是正直的人，嚴謹地遵守主一切的誡命和條例。[7]他們沒有孩子；因為伊利莎白不能生育，而兩人都已經老了。

[8]有一天，撒迦利亞值班，在上帝面前執行祭司的職務。[9]按照祭司慣例，抽籤的結果，他得以進入主的聖殿上香。[10]他上香的時候，民眾在外面禱告。[11]忽然，有主的天使站在香壇右邊向他顯現；[12]撒迦利亞看見了，驚惶害怕。[13]可是那天使對他說：「撒迦利亞，不要怕！上帝垂聽了你的禱告；你的妻子伊利莎白要給你生一個兒子，你要替他取名叫約翰。[14]你要歡喜快樂；許多人也要為他的誕生而喜樂。[15]在主的眼中，他將是一個偉大的人物。淡酒烈酒，他都不可喝；在母胎裏，他①就要被聖靈充滿。[16]他要帶領許多以色列人歸回主——他們的上帝。[17]他要作主的前驅，堅強有力，像先知以利亞一樣。他要使父親和兒女重新和好，使悖逆的人回頭，走上義人明智的道路；他要幫助人民來迎接主。」

[18]撒迦利亞對天使說：「我憑甚麼知道這事呢？我已經老了；我妻子也上了年紀。」

[19]天使說：「我是侍立在上帝面前的加百列；我奉派向你傳話，報給你這喜訊。[20]但是，因為你不相信我所說、在時機成熟時會實

①「在母胎裏，他」或譯「他一出母胎」。

現的那些話，你將變成啞巴，直到我的應許實現的那一天才能說話。」

[21]這時候，大家等待著撒迦利亞，不明白他為甚麼在聖殿裏耽擱這麼久。[22]到了他出來，不能跟他們說話，大家才曉得他在聖殿裏看見了異象。他不能說話，只好打手勢向大家示意。

[23]在聖殿裏供職的日期一滿，撒迦利亞就回家去。[24]過了不久，他的妻子伊利莎白果然懷了孕，五個月之久沒有出門。[25]她說：「主終於這樣厚待我，除掉了我在公眾面前的羞辱。」

預告耶穌誕生

[26]在伊利莎白懷孕的第六個月，上帝差遣天使加百列到加利利一個叫拿撒勒的城去，[27]要傳話給一個童女，名叫馬利亞；這童女已經跟大衛家族一個名叫約瑟的男子訂了婚。[28]天使到她面前，說：「願你平安！你是蒙大恩的女子，主與你同在！」

[29]馬利亞因為天使這話，十分驚惶不安，反覆思想這問安的含意。[30]天使對她說：「馬利亞，不要害怕，因為上帝施恩給你。[31]你要懷孕生一個兒子，要給他取名叫耶穌。[32]他將成為偉大的人物，他要被稱為至高上帝的兒子。主—上帝要立他繼承他祖先大衛的王位。[33]他要永遠作雅各家的王，他的王權無窮無盡！」

[34]馬利亞對天使說：「我還沒有出嫁，這樣的事怎麼能發生呢？」

[35]天使回答：「聖靈要降臨到你身上；至高上帝的權能要庇蔭你。因此，那將誕生的聖嬰要被稱為上帝的兒子。[36]看你的親戚伊利莎白，她雖然年老，人家說她不能生育，可是她現在已經有了六個月的身孕。[37]因為在上帝沒有一件事是做不到的。」

[38]馬利亞說：「我是主的婢女；願你的話成就在我身上。」於是天使離開了她。

馬利亞訪伊利莎白

[39]不久，馬利亞動身，急忙往山區去，到了猶大一個城。[40]她進了撒迦利亞的家，向伊利莎白請安。[41]伊利莎白一聽見馬利亞的問

安，腹中的胎兒就跳動了。伊利莎白被聖靈充滿，[42]高聲呼喊：「你是女子中最蒙福的；你所懷的胎兒也是蒙福的！[43]我主的母親前來探望我，我怎麼敢當呢？[44]我一聽見你問安的聲音，我腹中的胎兒就歡喜跳躍。[45]確信主傳給她的信息必定實現的女子多麼有福啊！」

馬利亞的尊主頌

[46]馬利亞說：

我心尊主為大；

[47]我靈以上帝——我救主為樂；

[48]因為他顧念他卑微的婢女。

從今以後，萬民將稱我有福，

[49]因為大能的上帝為我成全了大事。

他的名神聖；

[50]他向敬畏他的人廣施仁慈，

代代無窮。

[51]他伸出權能的手臂，

驅除狂傲者心中一切的計謀。

[52]他把強大的君王從寶座上推下去；

他又抬舉卑微的人。

[53]他使飢餓的人飽餐美食，

叫富足的人空手回去。

[54]他向我們的祖先信守諾言，

扶助他的僕人以色列。

[55]他顧念亞伯拉罕，向他大施仁慈，

並且及於他的後裔，直到永遠！

[56]馬利亞跟伊利莎白住了約三個月，然後回家。

施洗者約翰的出生

[57]伊利莎白分娩的日子到了，生了一個兒子。[58]她的鄰居和親戚

聽見了主賜給她這樣大的恩慈，都跟她一同歡喜。

59孩子出生滿一星期，他們來為他行割禮，並想沿用他父親的名
字叫他撒迦利亞。60可是他母親說：「不行！他要叫約翰。」

61親友對她說：「你親族中並沒有叫這名字的。」62他們就向他的
父親打手勢，問他要給孩子取甚麼名字。

63撒迦利亞要了一塊寫字板，寫上：「他的名字是約翰。」大家都
非常驚訝。64就在這時候，撒迦利亞又能夠說話了，他就開口頌讚上
帝。65鄰居都很驚訝。這消息傳遍了全猶太山區；66聽見的人都在想：
「這孩子將會成為怎樣的人物呢？」因為顯然有主的權能與他同在。

撒迦利亞的預言

67約翰的父親撒迦利亞被聖靈充滿，就傳達上帝的信息，說：

68讓我們歌頌主——以色列的上帝！
他眷顧他的子民，釋放了他們。
69他從他的僕人大衛家中，
為我們興起了一位全能的救主。
70古時候，他藉著聖先知們說過：
71他要拯救我們脫離敵人，
擺脫一切恨惡我們的人的權勢。
72他要向我們的祖宗大施仁慈，
並記住他神聖的約。
73-75他應許我們的先祖亞伯拉罕，
立誓要拯救我們擺脫仇敵，
使我們一生一世，
坦然無懼地在他面前，
以聖潔和正直事奉他。
76我的孩子啊，
你要被稱為至高上帝的先知。
你要作主的前驅，為他預備道路；

[77]要告訴他的子民：
由於他們的罪蒙赦免，
他們將獲得拯救。
[78]我們的上帝慈悲柔和；
他使救恩的曙光照耀我們，
[79]又從高天光照
一切生活在死亡陰影下的人，
引導我們走上和平的道路。

[80]孩子漸漸長大，身心強健。他住在曠野，一直到他在以色列人中公開活動的時候。

耶穌誕生

2 [1]那時候，羅馬皇帝奧古斯都頒佈命令，要羅馬帝國的人民都辦理户口登記。[2]這頭一次的户口登記是在居里扭任敍利亞總督的時候。[3]大家都回本鄉去辦理登記。

[4]約瑟也從加利利的拿撒勒城往猶太去，到了大衞的城，叫伯利恆；因為約瑟屬於大衞的宗族，[5]他要跟他訂了婚的馬利亞一起登記。馬利亞已經有了身孕，[6]當他們在伯利恆的時候，她的產期到了，[7]生下頭胎兒子，用布包起來，放在馬槽裏，因為客棧裏沒有地方讓他們住。

牧羊人和天使

[8]在伯利恆郊外，有些牧羊人夜間露宿，輪流看守羊羣。[9]主的天使向他們顯現；主的榮光四面照射他們，他們就非常驚惶。[10]可是天使對他們說：「不要害怕！我有好消息告訴你們；這消息要帶給萬民極大的喜樂。[11]今天，在大衞的城裏，你們的拯救者——主基督已經誕生了！[12]你們會看見一個嬰兒，用布包著，躺在馬槽裏；那就是要給你們的記號。」

[13]忽然，有一大隊天軍跟那天使一起出現，頌讚上帝說：

[14]願榮耀歸於至高之處的上帝！
願和平歸給地上他所喜愛的人！

15天使離開他們回天上去的時候，牧羊人彼此說：「我們進伯利
恆城去，看主所告訴我們那已經發生了的事。」

16於是他們急忙趕去，找到了馬利亞、約瑟，和躺在馬槽裏的嬰
兒。17牧羊人看見以後，把天使所說關於嬰兒的事告訴大家。18聽見
的人對牧羊人的話都很驚訝。19馬利亞卻把這一切事牢記在心裏，
反覆思想。20牧羊人回去，為他們所聽見所看到的事讚美歌頌上帝，
因為所發生的事跟天使所告訴他們的相符。

取名耶穌

21八天後，嬰兒行割禮的日子到了，就為他取名叫耶穌；這名字
是他未成胎以前天使替他取的。

奉獻給主

22按照摩西法律的規定，潔淨的日期滿了以後，約瑟和馬利亞帶
小孩子上耶路撒冷去，要把他奉獻給主。23這是依照主的法律所寫：
「頭胎的男孩都要奉獻給主。」24他們也要依照主的法律所規定的，
獻上一對斑鳩或兩隻小鴿子作祭品。

25當時，在耶路撒冷有一個人，名叫西面。他是敬畏上帝的義人，
一向盼望以色列得到拯救。聖靈與他同在；26他得到聖靈的啟示，
知道自己在離世以前會看見主所應許的基督。27由於聖靈的感動，
他來到聖殿。這時候，耶穌的父母剛抱著孩子耶穌進來，要履行法
律所規定的事。28西面把孩子抱在懷裏，頌讚上帝說：

29主啊，你已實現了你的應許；
如今可讓你的僕人平安歸去。
30我已親眼看見你的拯救，
31就是你為萬民所預備的：
32他要成為啟示外邦的亮光，
成為你子民以色列的榮耀。

33孩子的父母對西面所說關於孩子的事覺得驚訝。34西面給他們
祝福，並且向孩子的母親馬利亞說：「這孩子被上帝揀選，是要使

以色列中許多人滅亡，許多人得救。他要成為許多人毀謗的對象，
35並因此揭露了這些人心底的意念。憂傷要像利劍刺透你的心。」

36有一個女先知，名叫安娜，是亞設支族法內力的女兒。她已經
很老了，曾結過婚，跟丈夫一起生活了七年，37以後寡居，現在已
經八十四歲②。她沒有離開過聖殿，日夜敬拜上帝，禁食、禱告。
38正在這時候，她也來了，頌讚上帝，並且向所有期待上帝來救贖
耶路撒冷的人宣講這孩子的事。

回拿撒勒

39約瑟和馬利亞按照主的法律履行了一切所規定的事，就回加利
利，到他們的本鄉拿撒勒去。40孩子漸漸長大，健壯而有智慧；上
帝的恩寵與他同在。

孩童耶穌在聖殿

41耶穌的父母每年都上耶路撒冷守逾越節。42耶穌十二歲的時候，
他們照例前往守節。43節期完了，他們動身回家，孩童耶穌卻逗留
在耶路撒冷；他的父母不知道這事，44以為他在同行的人羣中，走
了一天的路程才開始在親友當中尋找他。45他們找不到他，就回耶
路撒冷去找。46三天後，他們才在聖殿裏找到他。他正坐在猶太教
師們中間，邊聽邊問；47所有聽見他的人都驚奇他的聰明和對答。
48他的父母看見他，覺得很驚異。他的母親對他說：「孩子，為甚麼
你這樣待我們？你父親和我非常焦急，到處找你呢！」

49耶穌回答：「為甚麼找我？難道你們不知道我必須在我父親的
家裏③嗎？」50可是他們都不明白他這話的意思。

51於是，耶穌和他們回拿撒勒去，事事都順從他們。他母親把這
一切事都珍惜地記在心裏。52耶穌的身體和智慧一齊增長，深得上
帝和人的喜愛。

---

②「以後寡居，現在已經八十四歲」或譯「已經寡居八十四年」。

③「在我父親的家裏」或譯「關心我父親的事」。

路加福音的敘事是從耶路撒冷開始，亦以耶路撒冷結束。從耶穌在耶路撒冷被呈獻，以至上耶路撒冷過節，福音書均突出耶路撒冷的重要性，這是因為耶路撒冷在猶太人的宗教傳統中有重要的象徵和意義。從這個角度看，路加強調耶路撒冷，是要顯出他所敘述的事件與舊約的應許和盼望有著緊密不可分割的關係。

2.1. 引言（一1～4）

路加福音的**序言**① 透露了此書是以培育和牧養外邦信徒為目的。福音書的對象「提阿非羅」是外邦人的名字，直譯的意思是「上帝的朋友」。所以，可能是真有提阿非羅這人，但亦可能是象徵相信上帝的外邦人。「閣下」（《和合本》譯作「大人」）則進一步表示提阿非羅是屬社會上較高地位和尊貴的人。

1世紀猶太史家約瑟夫寫的《反駁阿皮昂》（Contra Apionem），其序言與路加福音的序言相當相似。眾所周知，約瑟夫寫作是為向外邦人解釋辯護猶太信仰為要。

路加的寫作「**目的是讓你知道你所學的道是正確的**」（4節），似乎指讀者提阿非羅的信仰極需要堅固和建立。從1世紀基督信仰所面對的社會壓力和誤解，可推論路加福音也可能是以護教為主旨的作品。原來羅馬人對古舊的宗教傳統（如猶太教）一般都採取較寬容的態度；但對於他們所不熟悉的「新興」信仰，卻抱極大的懷疑，害怕這些活動會影響甚至搞擾他們的社會安定，並且威脅羅馬政權。路加寫作的其中一個目的，正是要陳述基督信仰不是甚麼新興起的教派，而是源於猶太教的信仰。基督信仰所宣揚的並不是不合法的信念和行為，更不會破壞社會秩序的。換言之，路加福音希望外邦讀者對基督信仰有正面的認識和了解。

路加的序言同時交代了寫作的資料來源。除了倚仗第一代門徒的見證（2節「**那些從開始就親眼看見這些事**」），路加亦曾參詳和使用不外邦人路加信主之後願意放下個人的民族背景，以嚴謹的態度來記錄上帝的救贖歷史，他對上帝的委身令你對信仰有何反省？

同的材料，就是那些「從事寫作，報導在我們當中所發生的事」（1節）的記載。提阿非羅既可能是一個身居要位的人，也可能代表著上層社會的人士，無論如何，他（或他們）應該是已經聽過基督教信仰的人，不過，他必定是第二甚至第三代的信徒。路加是藉著重新縷述耶穌的職事，來堅固和建立提阿非羅的信仰。從這個角度看，路加福音的記述，同樣可以幫助後世每一代基督徒，使他們的信仰基礎得以建立。

2.2. 舊約的應許、終末的實現（一5～二52）

路加福音首兩章的「誕生敍事」可以說是這段經文的主要敍述。施洗者約翰和耶穌的誕生故事不約而同地指向上帝的介入，而其根源又可以追溯至上帝在舊約裏所作的應許。在這兩章裏，路加以其筆觸鋪述獨有的資料。他不僅將施洗者約翰和耶穌誕生的故事串連起來，更將之放在舊約聖經的傳統裏。路加的縷述，不單講出事件的次序，也道出了救恩的計劃。可以說，他巧妙地將歷史和神學放置在一起，使讀者能以信仰的角度審視歷史的事件和次序。

2.2.1. 不育的要高歌：施洗者約翰的誕生（一5～80）

希律王（即大希律）統治巴勒斯坦一帶為期超過30年（公元前37～4年）。路加在此既**提供了歷史參照點**，更重要的是將歷史納入了上帝的救贖歷史裏。因為路加馬上就將焦點轉入上帝的工作了。換言之，讀者要深入了解歷史和世界，就必須從信仰的角度入手。

路加常為敍述的事提供歷史的背景資料，故得「教會歷史家」的稱號。與此同時，我們不能錯過路加敘事的起點是由施洗者約翰的誕生開始。這是重要的，因為這與路加在序言所說的次序有密切的關係。在4卷福音書中，路加福音最刻意交代施洗者約翰的來由。作為耶穌的先行者，施洗者約翰的背景為了解耶穌的身分和職事提供不容忽略的洞見，其中一個重點，就是耶穌基督信息與猶太信仰之間的關係。路加在整個敘述裏強調耶穌的信息與猶太宗教傳統是息息相關的，這信息背後就是上帝救贖歷史的信念。

路加藉歷史提出信仰的睿見，因路加不是為寫歷史而記載歷史，他是為縷述上帝在歷史裏的工作而述史。

「**希律王統治猶太的時候**」(5節)正是羅馬人授權的殖民時代，不過真正掌管歷史的並不是政治的力量，而是上帝的帶領和啟迪。即使是弱小的民族和人物，也可以彰顯上帝的工作，以此表明上帝重視卑微的人。所以，當路加寫完他的序言之後，立刻將焦點放在聖殿和一對年老的祭司夫婦身上。透過描述撒迦利亞夫婦的職務和品格，説明了猶太族羣如何為上帝眼中的義人定位(5～6節)，又藉著撒迦利亞在聖殿裏的經歷，間接肯定了聖殿裏的祭祀儀節。誠然，在路加福音裏，聖殿是重要的一個主題。讀者將會發現，從路加福音的開始到結尾，聖殿和耶路撒冷一直有著重要的地位和意義。

根據歷史記載，大希律於公元前4年逝世，羅馬人將原屬其管轄的地方分派給他3個兒子管治。由於大希律死於公元前，約翰和耶穌的誕生日期也一定是在公元前。

老祭司撒迦利亞是個恪守誡命和條例的正直人。他藉抽籤得到一個難得的機會——**在聖所上香禱告②**。就在他上香的時候，天使向他顯現，宣告他的妻子將要生下嬰孩的消息，並取名「約翰」，即「上帝的恩惠」的意思。在天使加百列所宣告的預言裏(13～17節)，不難看見與約翰有關連的幾個主題，正是上帝恩惠的彰顯：聖靈的同在和能力、舊約先知以利亞的樣式、指斥罪惡、為主預備祂的子民；這些都是日

根據學者研究，在耶穌時期的祭司為數約8,000。他們的人數這樣龐大，當然不可能在同一時間作同樣的事奉。所以祭司共分24班，輪流到聖殿事奉一週的時間。具體的供職則由抽籤決定。詳見本章釋經短註 。

後在約翰職事中顯露出來的特質。天使加百列的預言，對撒迦利亞而言確實是匪夷所思的，因為從客觀的計算來看，他們夫婦倆是不可能有後裔的(7節)。他不能置信的反應並不是難以理解的，然而天使加伯列因為他的不信使他無法説話，直至應許實現之日。事實上，當應許成就那日，撒迦利亞就開口唱頌上帝的恩惠(參67～79節)。

從伊利莎白年老生子一事，可看見上帝為要達成祂救贖的計劃，常常做一些出人意外的事。你願意順服上帝，由祂計劃和安排你一生，成為上帝永恆計劃中的一部分嗎？

既然撒迦利亞和伊利莎白都是祭司的後代，日後出生的嬰孩——施洗者約翰——自然也是帶著祭司的血脈，承繼祭司的職分。若是如此，施洗者約翰以至耶穌的工作，並非與猶太信仰和傳統沒有關連。值得注意的是，在看似普通的歷史一頁或平凡的誕生敍述裏，其實是上帝奇妙應許和救贖工作的成就。對熟悉舊約聖經的讀者而言，撒迦利亞夫婦年老無後的景況，呼應了舊約裏那些年老無後的敬虔人：莎萊(創十六～二十一章)、哈娜(撒上一～二章)。另一方面，從舊約的宗教傳統可以知道，無論是莎萊所生的以撒抑或是哈娜所生的撒母耳，他們的出生並不僅為叫年老的父母安慰，而是有更大的使命，就是成就上帝賜予這世界更大的應許和救贖。所以天使向撒迦利亞顯現時就著施洗者約翰將來職事的預言(一12～17)，都帶著同一個意義。

從撒迦利亞和伊利莎白將會誕下約翰，路加引入另一個嬰孩的誕生。這兩個孩子的誕生，同樣指涉上帝的眷顧和應許，但他們的誕生，卻顯示出上帝恩惠成就的次序。這個對比一方面顯示出約翰和耶穌的關係，同時亦表達約翰是為上帝之子耶穌所預備的先鋒。

路加福音的婦女

路加福音的首兩章已經清楚顯示這卷福音書的其中一個特色：重視婦女。無論是預告約翰或耶穌的誕生，伊利莎白和馬利亞都是極其重要的人物，是敍述的焦點和關鍵所在。這對當時男尊女卑的社會而言，是極不尋常的宣告。隨著所敍述故事的發展，讀者將會更深體會路加對婦女的重視。

有關施洗者約翰和耶穌的兩個誕生預告，明顯他們兩人是相關的。在路加的敍述裏，藉著伊利莎白和馬利亞兩個婦女，約翰和耶穌的出生次序和關係就被確立。這兩個婦女本來是有「親戚」關係（36節，詳見專欄「施洗者約翰與耶穌的關係」），表明約翰與耶穌是建立在親屬的關係上；再從兩個婦女的相遇，顯示約翰與耶穌之間並不單是族羣親屬的關係，而是有更深的意義。伊利莎白對她的晚輩馬利亞說：**「我主的母親前來探望我，我怎麼敢當呢？」**（參39～45節）這進一步反映出即使在屬世的層面上，伊利莎白是長輩，但在屬靈的層面上，馬利亞是主的使者，應備受尊重。由此顯出約翰與耶穌在職事和任務上有密切的關係。

無論是伊利莎白還是馬利亞，看來都不像能在當時的社會裏成就大事的人，然而她們卻在上帝的救贖計劃裏佔了重要的位置。這對你有何意義？

從天使的預言（13～17節）和撒迦利亞後來的歌頌看（67～79節），施洗者約翰明顯超越了舊約裏所有的先知。然而，縱使施洗者約翰的身分是如此重要，他最重要的角色卻是**「作主的前驅，為他預備道路」**（76節）。整體來說，兩個誕生故事既有相同，但亦有預備與成就的次序和分別。其中的關係，可透過下列經文的結構顯示：

次序與成就

一5～25　天使顯現並預言約翰出生，撒迦利亞的回應
　一26～38　天使顯現並預言耶穌出生，馬利亞的回應
　　一39～56　馬利亞與伊利莎白的讚美
　一57～66　施洗者約翰出生
一67～79、80　撒迦利亞的讚美

約翰是由過了生育之期的老婦伊利莎白所生，而耶穌則由還未出嫁的馬利亞所生。顯而易見，約翰和耶穌的誕生預告都是異於常人所能理解的。

施洗者約翰出生的預告	耶穌出生的預告
天使加百列向伊利莎白的丈夫撒迦利亞宣告預言(13～17節)	天使加百列向馬利亞宣告預言(26～35節)
撒迦利亞驚慌害怕(12節)	馬利亞驚惶不安(29節)
約翰將來的使命和重要性(17節)：「他要作主的前驅，堅強有力，像先知以利亞一樣。他要使父親和兒女重新和好，使悖逆的人回頭，走上義人明智的道路；他要幫助人民來迎接主。」	耶穌將來的使命和重要性(32～33節)：「他將成為偉大的人物，他要被稱為至高上帝的兒子。主一上帝要立他繼承他祖先大衛的王位。他要永遠作雅各家的王，他的王權無窮無盡！」
撒迦利亞的回應和所承受不信的結果(18～20節)	馬利亞的回應是接受事實(38節)

另一方面，路加所縷述的誕生敘事，與舊約聖經許多嬰孩誕生的敘事內容甚為相似(創十五1～5，十六7～13，十七1～2、16～21，十八1～2、10～15，二十八10～22；士十三3～24；撒上一1～二11)，

其中所突出的主題，都是以上帝對其子民的應許為主。路加的記述，無疑將約翰和耶穌的誕生並職事，緊扣在上帝於歷史裏的應許、成就的次序和工作上。所以，路加的記述，不僅提供了獨家的施洗者約翰的背景，從更深的層面看，他表述了上帝從未間斷的救贖工作和成就的痕迹。從舊約時代一直到施洗者約翰，再至耶穌，無不指向上帝的救贖深情。

上帝救贖的計劃和歷史，充分在撒迦利亞的頌讚裏表述出來。原先因為**未能相信而啞了的撒迦利亞**，至終因為約翰的出生而開口，而他一開口就是讚頌上帝的恩情。值得注意的是，他的頌歌(68～79節)分為兩部分，第一部分是彌賽亞式頌歌(68～75節)，內容表述上帝救贖應許如何透過彌賽亞而落實，而第二部分則說明施洗者約翰的身分和工作(76～79節)。

相比之下，馬利亞與撒迦利亞的反應各有不同，她聽到天使預告她即將生下耶穌時，她立刻信了，並且歌頌讚美上帝(參一45)。

施洗者約翰與耶穌的關係

按照傳統記載，約翰與耶穌分屬表兄弟的關係，大概是基於路加福音一章36節裏天使向馬利亞說的一句「你的親戚伊利莎白」。其實「親戚」這個希臘文字“*sungenis*”並沒有說明伊利莎白和馬利亞的親屬關係如何，甚至可能只是泛指同族的關係而已。值得讀者注意的是，對於路加而言，約翰和耶穌的關係並不在於兩者或他們的母親的血緣有多接近，而是在於上帝怎樣通過兩個家庭成就祂的救贖。我們甚至可以說，約翰和耶穌間的關係，是在信仰上過於血脈上。此外，我們亦應注意，約翰和耶穌兩者的血緣關係並沒有受初代教會所重視，這亦說明了上述的觀點。最後，從其他福音書的記載中，我們不難發現約翰與耶穌似乎並不是有緊密的親屬關係(參約一33)。

溫習問題(2.1.～2.2.1.) 在頁52。

2.2.2. 上帝的眷顧：耶穌的降生(二1～52)

羅馬皇帝奧古斯都在位約40年(公元前27～公元14年)，而路加寫他的福音書時，已經是奧古斯都去世後好幾十年的事，但奧古斯都的功勳和戰績，卻一直在希羅世界裏廣受傳頌。從古籍和出土的碑文中，提及奧古斯都的生平和功績，竟與對「救主」、「福音」、「平安」等期盼相連。然而，奧古斯都是甚麼人的救主？而他帶來的又是怎樣的好消息(即福音)和平安？這都是路加希望他的讀者能有所思想的。顯而易見，路加報告耶穌出生的政治背景，並不單是為歷史的旨趣，而是有更深的意義。

2.2.2.1. 世界的拯救者(1～20節)

凱撒奧古斯都原名是奧大維(Gaius Octavius)，「凱撒」原是羅馬皇帝猶流．凱撒(Julius Caesar)的家族名字，後成為羅馬皇帝的稱謂，「奧古斯都」這名字是指「使人敬畏」的意思。

耶穌降生的時代，正是**凱撒奧古斯都**所管治的天下。凱撒奧古斯都剷平一切敵對勢力後，為當時的羅馬帝國帶來了昇平的景象。他的統治廣為羅馬世界稱著為「羅馬和平」時期(*Pax Romana*)。公元前1世紀末在以弗所的一塊碑文就稱凱撒奧古斯都為「世界的救主」，而小亞細亞的總督更在一封公函上，指出凱撒奧古斯都誕生之日為世界帶來「福音」。在這個時代背景下，路加以天使作宣告，為要突出真正的拯救者、萬民之主、上帝之子降生的好消息(10～11節)。

「户口登記」(1節)實際的目的就是為稅收作預備和評估，也是表達主權誰屬的意思。羅馬皇帝下令手下敍利亞的總督居里扭辦理登記，是説明羅馬的權力的實現。③ 路加記述約瑟和馬利亞夫婦離開拿撒勒往猶太地**登記**(3～4節)，最少有兩層意義。首先，約瑟和馬利亞的原籍地是猶太省，**「大衛的城」**(4節)、**「大衛家族」**(　27)、**「大衛之子」**(十八38)固然是耶穌地上家族的背景，但也是在福音書裏不容忽視的神學主題：耶穌是舊約所應許的君王。此外，約瑟和馬利亞按命令辦理戶口登記，説明他們是奉公守法的百姓。

路加在記述另一次的戶口登記時，提及一個加利利的猶大因拒絕報名登記而作亂(參徒五37)。

約瑟和馬利亞在伯利恆停留的地方可能是「客棧」裏養馬的地方；而「客棧」這個希臘文字“*katalumati*”亦可譯作「客房」，路加在二十二章11節也曾用過這字，《現修》將它譯作**「客房」**。至於《現修》在十章34節所用**「客棧」**這詞的希臘文字是“*pandocheion*”，這字才真正帶有**「客棧」**的意思。所以他們更有可能是住在普通人家的一所「房間」，這房內有畜欄隔著養畜的地方。在古時候，遠行的人投靠親屬和朋友比住旅店客棧更普遍和安全。接待約瑟夫婦的家庭應該只屬一般的平民百姓，加上他們可能同時亦接待其他同樣是報名登記的人，擁擠的「客房」再容不下照顧初生嬰孩的空間。所以，嬰孩耶穌就被放置在房內原為畜牲擺設飼料的木槽或凹坑裏。

你認為「客棧」或「客房」對耶穌降生的故事在意義上有沒有分別？

救主降生的信息固然重要，但承載信息的方式和媒介(agent)同樣有深層意義。天使首先向身分地位卑微的牧羊人宣告救主誕生的大好信息／福音，而首先傳遞這個好信息的，亦是這羣卑微的人(二8～20)。在新約時代，牧羊人肯定不是社會裏的貴族高層，即使他們不是遭人鄙視的邊緣人，也必定是社會低下階層的一羣。所以，經由這些名不見經傳的牧羊人傳報救主降生的消息，就是表明上帝對他們的接納和肯定。

由此看來，如果路加福音的讀者緬懷著奧古斯都便是為人帶來福牧羊人、婦女(伊利莎白、馬利亞)等都是社會裏不受重視的人,但他們卻又是與上帝救贖計劃有密切關係的人物。對此你有何感想?

音的那位世界的救主,那麼,路加卻要指出,耶穌之為世界的救主,不僅是社會上層少數貴胄和權勢之人的主宰,也是全世界——包括被遺棄和被忽略的人——的救主基督。另一方面,路加提及牧羊人,極可能是與大衛和君王有關。因為大衛、牧人、君王等彼此相關的主題不僅是舊約聖經的焦點(撒上十六11;撒下五2;結三十四23;彌五4～5),也符合路加在福音書裏強調的思想(二11;另參一32～33、69)。

2.2.2.2. 以色列的盼望(21～52節)

耶穌基督的福音不是沒有根源的信仰,而是源自和成就猶太信仰的啟示。所以,路加不單揭示耶穌是世界的拯救者,他亦要指出耶穌同樣是以色列的盼望。路加接著縷述約瑟和馬利亞在耶穌出生後8日向上帝呈獻,以及他在12歲時隨父母上耶路撒冷過節(22～42節),都是以聖殿、先知(西面和安娜)和猶太人的宗教傳統喻示耶穌是上帝之子的身分。

小嬰孩耶穌被呈獻(21～38節)

從約瑟和馬利亞回本鄉登記戶口這事,顯示他們是奉公守法的百姓。在這個段落裏他們夫婦倆按照摩西律法的吩咐替初生嬰孩耶穌行割禮,並將之呈獻給上帝,這清楚説明了他們亦是敬虔的猶太家庭。約瑟和馬利亞夫婦上耶路撒冷,除了奉獻小嬰孩,也是**履行潔淨的禮儀**。路加使用這些獨有的材料記載,既為讀者提供有關耶穌家庭的背景,亦顯示路加對猶太傳統的肯定,也説明基督信仰與猶太教的關連;傳統與更新並不一定是相互排斥的。

根據利未記十二章8節有關潔淨禮的規條:「產婦若買不起一隻小羊,她可以用兩隻鴿子或班鳩代替」(比較路二24)來推斷,耶穌的家庭應該並不富裕。

事實上,路加的敍述巧妙地糅合了傳統(聖殿、律法、節儀)和聖靈的結合。在敍述事件中，聖殿裏出現的老朽西面被聖靈充滿與感動共3次（25～27節），和另一個老婦安娜——被〔聖靈〕啟迪的先知（36節）　　已清楚顯示律法和聖靈並不是非此即彼的。

從路加福音可見，聖靈的更新與宗教傳統並不是互相排斥的。你對這點有甚麼反思？你會否因為教會聚會過於傳統而產生不滿？

當然，西面和安娜的出現和頌讚，實在是進一步説明耶穌那上帝之子的身分。

關於西面	關於安娜
他在耶路撒冷、聖殿（25、27節）	她不離開聖殿（37節）
公義、敬虔（25節）	年老、貞潔守寡多年（36～37節）
素常盼望以色列的拯救（25節）	日夜禁食禱告（37節）
得了聖靈的啟示（26、27節）	女先知（36節）
頌讚上帝（28節）	頌讚上帝（38節）
說出耶穌的職事（29～32節）	宣講這孩子的事（38節）

耶穌的身分和職事，先後已透過天使、撒迦利亞、馬利亞，甚至牧羊人表述。路加現在藉著聖殿裏兩位敬虔、可信而又被聖靈充滿的長者，將耶穌的身分進一步説出來。在西面和安娜的講説中，耶穌被稱為「**拯救**」（《和》譯作「安慰者」，25、30節）、「**基督**」（26節）、「**亮光**」（32節）、「**榮耀**」（32、30節）。

耶穌基督的來臨，為要使人得救贖，得平安。你信主之後曾否真正經歷他的拯救和平安？你認為有何事阻攔一個信徒去享受這些恩典？

值得注意的是，西面的講説除了承接早前馬利亞和撒迦利亞就耶穌身分和職事的講論之外（一46～55、68～79），更指出他既是以色列人的安慰者、盼望和救恩，也是外邦人的光。另一方面，西面亦預言耶穌的職事將惹起爭議，他將「**使許多人滅亡，許多人得救**」（《和合本》。

將「**滅亡**」譯作「跌倒」，「**得救**」譯作「興起」）這說話與馬利亞頌讚上帝的作為：「**他把強大的君王從寶座上推下去；他又抬舉卑微的人**」（一52）互相呼應。這種滅亡／得救、貧窮／富足、降卑／高升、軟弱／強壯的「逆轉」，正是路加福音此書其中一個特色和主題。西面的講說中，同樣預言這位彌賽亞的生命次序和價值，這位彌賽亞不僅因揭露世人心底的意念而成為猶太人和外邦人所爭論、攻擊、毀謗和反對的對象，甚至其母親馬利亞也因不明白耶穌而遭受心靈上的創傷。

路加福音裏的頌讚

路加福音首兩章充滿著頌讚。馬利亞自天使所報的信息，得知即將受聖靈感動而懷孕後，她唱出了「尊主頌」（*Magnificat*〔拉丁文〕，一46~55）。施洗者約翰出生後，他的父親撒迦利亞便唱頌「以色列頌」（*Benedictus*〔拉丁文〕，一68~79）。接著天使向曠野的牧羊人報信之時唱「榮耀主頌」（*Gloria in excelsis*〔拉丁文〕，二14），而牧羊人隨後也便唱著離開。當約瑟和馬利亞在聖殿奉獻耶穌的時候，老西面唱的是「西面頌」（*Nunc Dimittis*〔拉丁文〕，二29~32）。這現象或多或少反映出路加寫作的特色。在他的作品裏，羣眾在唱、門徒在唱、教會羣體在唱，即使保羅和西拉在坐牢的時候也在唱（徒十六25）。事實上，路加是4卷福音書裏惟一用希臘文 “*aineo*” （意思是「歌頌」；《現修》譯作「讚美歌頌、頌讚、大聲歡呼」等）一詞的作者（二13、20，十九37，二十四53；徒二47，三8、9）。那麼，以路加的作品具音樂啟發性，此說並不為過。

孩童耶穌在聖殿（41～52節）

孩童耶穌在聖殿的記述並不見於其餘的3卷福音書，這亦是路加獨有的材料。內中的元素不乏與外邦文化傳統中古代英偉人物的天賦**異稟**有相近之處。對於外邦讀者而言，這無疑是適切的。然而，路加的要旨不在於記錄少年耶穌的事迹，以滿足讀者的好奇心。他透過這件事迹投射耶穌將來的職事，以曉示耶穌身分的宣告，使讀者從這個記述再一次明白耶穌與聖殿的關係。

若路加旨在記述耶穌的異稟，卻只提一件事確實是太少了。就記載耶穌小時候的異能奇事，最顯著的例子是新約次經《多馬的耶穌嬰童福音》(Infancy Gospel of Thomas)。但次經成書時期頗晚(大概是在公元2～5世紀)，一般都認為內中的記述並沒有太多事實的根據。

路加已經藉馬利亞和約瑟奉獻嬰孩耶穌這事引入耶穌與聖殿甚至猶太信仰的關係，並藉此披露他的身分(28～35節)。在二章41至52節的記述裏，路加同樣以聖殿為背景，進一步以猶太教師和幼年耶穌的談論，預示耶穌的智慧和教導職事(十九47，二十1，二十一37，二十二53)。耶穌和聖殿的關連，在敍事的開始就已經顯明，讀者將會繼續發現聖殿是路加福音裏其中一個重要主題。

假如約瑟和馬利亞呈獻嬰孩耶穌暗示他們倆是敬虔的猶太人，那麼「**每年都上耶路撒冷守逾越節**」(41節)就毫不含糊地表明他們對猶太信仰的執著和尊重了。這種猶太信仰的文化，同樣薰陶和孕育孩童耶穌的成長。路加提到耶穌當時只有「**十二歲**」(42節)，是象徵著孩子正在過渡到成人的階段，他的責任感、身分的自我認識都漸見形成。果然在這個記述裏，12歲的耶穌不再是被動的角色，他的行動和説話都是這個插曲的關鍵所在。

為了方便互相照顧和節省資源，親屬鄉族結伴同行是常有的事。正因為這個緣故，約瑟和馬利亞久久未能發現耶穌沒有與他們一起回家(43節)。這在新約的時候並不是匪夷所思的。詫異的是他們竟然在聖殿裏找到耶穌，更詫異的是耶穌的舉指和反應與常人不同。④

在整個路加福音敍事裏，耶穌第一次開腔的地點是聖殿。耶穌向尋找他的父母親説：「**為甚麼找我？難道你們不知道我必須在我父親**

這與約翰福音的記述頗相似。在約翰福音裏，耶穌向他的母親說：「母親〔原文譯『婦人』〕，我與你有甚麼相干？」(參《和》約二4)

的家裏嗎？」(49節)這句**看似不近人情的說話**，其實是表述耶穌已經意識自己的身分。他不僅是約瑟之子，更是上帝之子。在兩者權衡之下，他必須順服天父上帝的旨意。換言之，耶穌與天父的關係必須凌駕於肉身父母的關係之上。讀者必須從這個角度閱讀，才能擺脫這句話表面的突兀，從而進入理解耶穌說話的深層的意思。儘管耶穌知道自己的身分，但這並不表示他是個忤逆的孩子。在邁向成年的階段，他仍然跟從他們回拿撒勒，而且「事事都順從他們」(51節)。

就是在聖殿這個「對峙」的經歷裏，馬利亞初次感受耶穌和她的距離(48～52節)，也體會到這個孩子所帶來的苦痛，「憂傷要像利劍刺透你的心」(35節)。隨著耶穌職事的開展，他的親友會愈發因他身分的曉示而困惑(參八19～21，十一27～28)。他的母親不明白箇中原因(51節)，只能存在心裏，所有探索耶穌的人，不論是他周遭至親的家屬友儕、門徒，甚至連讀者都不能完全明白他，必須時刻將他存記在心裏，孕育思考。

孩童耶穌在聖殿的露面，亦顯示了他對父上帝心意的體會。他「必須在父親的家裏」(49節)正要預示他日後進入耶路撒冷後，因不滿聖殿變質而驅趕其中作買賣的人(參十九45～48)。

耶穌的家庭

從約瑟和馬利亞「獻上一對斑鳩或兩隻小鴿子作祭品」(二24)，一般推測耶穌的家庭並不富裕，但可以肯定的是，耶穌在世上的家庭必然是非常敬虔的猶太家庭。按猶太人規矩，上耶路撒冷過節基本上是男人的責任和義務，女人和12歲以下的小孩並不包括在內(參出二十三15，三十四23；申十六16；《米示拿》之〈論經期不潔〉〔*m. Niddah*〕5.6)。約瑟、馬利亞和耶穌一起上去，是說明這個家庭的敬虔。

溫習問題(2.2.2.) 在頁53。

釋經短註

① 路加的序言，見證了初代教會對信仰的詮釋、摸索甚至掙扎。從形式和語言看，路加福音的序言不僅在4卷福音書裏獨樹一幟，也顯露出希羅世界裏史述作品的風格和特色。再加上對讀者「提阿非羅大人」的稱謂，無論指涉一個真實的身居要位的人，或是象徵代表希羅社會裏的上層人士，路加福音的外邦色彩都是呼之欲出的。路加寫作的基礎及態度，都加強了作品的可信性。所以，他所說「按著次序」可能是指事件的確實次序，即今日所謂的歷史。但更有可能的是從應許「成就」的角度看這「按著次序」。換言之，路加的「次序」是包含信仰、神學上的。正確地說，路加寫的是救恩歷史。他的次序，是從信仰的角度，而不是從史實的觀點著眼的。

② 祭司共有24班，按次到聖殿作為期一週的事奉。而工作的安排則由抽籤決定。被抽中得進殿上香事奉是極為難得的機會，因為祭司得以接近聖所的機會，在一生裏不多。上香事奉也是禱告的時候，在耶穌的時代，在聖殿上香禱告分別在早上和下午時分。

③ 居里扭在公元6至7年間被任命作敘利亞的總督。根據猶太史家約瑟夫的記載，居里扭在任時曾經執行戶口登記(路加曾在使徒行傳五章37節提及)。如果路加所指的是居里扭在公元6至7年執行的登記，那在時間上就不協調了，因為耶穌是在大希律執政的時候出生的(大希律死於公元前4年)。所以，路加可能指居里扭任敘利亞總督前由大希律執行的戶口登記。若此，二章2節的「這頭一次的戶口登記是在居里扭任敘利亞總督的時候」就應譯成「這次戶口登記是在居里扭任敘利亞總督之前」。當然，另外一個可能就是居里扭在正式任敘利亞總督之前就已經在巴勒斯坦有一定影響力，並直接或間接執行這樣一個戶口登記。

④ 路加筆下的耶穌，雖然僅是12歲，但已經在猶太教師們中間問道，可見他是個聆聽求問的學生。然而，耶穌的獨特之處還不在於其問道的態度，而是在於他的「聰明和對答」，使四周「所有聽見他的人都驚奇」。在路加的陳述裏，這並不是一般的聰穎，而是「上帝的智慧和寵恩」與他同在之故(二40)。耶穌所擁有從上帝而來的智慧和恩賜，驅使他要留在聖殿裏，因為這原本就是他父上帝的家，而且他也必須關注父上帝的事。

溫習問題(2.1.～2.2.1.)

1. 從一章39至47節裏，路加怎樣表達施洗者約翰和耶穌的關係？
2. 從一章13至17節和67至79節裏，路加怎樣描述施洗者約翰的職事？
3. 如果路加根據舊約宗教傳統說明誕生的故事，你認為讀者對猶太信仰會不會一無所知呢？
4. 你能否發現天使對撒迦利亞和馬利亞的說話有甚麼共通的特徵？他們二人的反應如何？
5. 在耶穌的降生裏，路加同時記載兩個婦女(伊利莎白、馬利亞)，她們都是在人眼中看為不合適的時間生產的。這事情如何顯出路加重視婦女？

溫習問題(2.2.2.)

1. 路加福音首兩章有哪些人物是與上帝的救贖計劃有關連的？
2. 從這兩章內容中，牧羊人、婦女(伊利莎白、馬利亞)等人彼此之間有何共通點？從他們身上如何看出上帝救贖計劃的獨特之處？
3. 耶穌和他的家人是敬虔的猶太人嗎？何以見得？(參二章)
4. 路加在這兩章的敘事中交代了哪些當時羅馬時代的歷史背景和人物？
5. 從路加福音首兩章的內容，你認為路加如何評價猶太信仰？

第三章

上帝之子：嶄露頭角（三1至四13）

- 先鋒的預備
- 上帝之子：拯救者的顯現

經文

施洗者約翰的傳道

3 1羅馬皇帝提庇留在位第十五年，龐修·彼拉多作猶太總督，希律作加利利王，他的兄弟腓力作以土利亞和特拉可尼王，呂撒聶作亞比利尼王，2亞那和該亞法作大祭司。那時，上帝的話臨到在曠野的撒迦利亞的兒子約翰。3約翰走遍了約旦河一帶地區，宣揚說：「你們要悔改，接受洗禮，上帝就赦免你們的罪。」4正如先知以賽亞書上所記載：

在曠野裏有人呼喊說：
為主準備他的道路，
修直他要走的路徑。
5一切山谷都要填滿；
大小山岡都要削低。
彎曲的路徑要修直；
崎嶇的道路要剷平。
6全人類都要看見上帝的救恩。

7人羣擁擠，出來要接受約翰的洗禮。約翰對他們說：「你們這些毒蛇！上帝的審判快要到了，你們以為能夠逃避嗎？8要用行為證明你們已經悔改。不要自以為亞伯拉罕是你們的祖宗就可以逃避審判。我告訴你們，上帝能夠拿這些石頭為亞伯拉罕造出子孫來！9斧頭已經擱在樹根上，凡不結好果子的樹都要砍掉，丟在火裏。」

10羣眾問他：「那麼，我們該做甚麼呢？」

11約翰回答：「有兩件內衣的，要分一件給沒有的；有食物的，也要這樣。」

12有些稅棍也要來接受洗禮；他們問約翰：「老師，我們該做甚麼呢？」

13他告訴他們：「不可收取法定以外的稅金。」

14有些當兵的也來問他：「我們呢？該做些甚麼呢？」

他對他們說：「不可強索金錢，不可敲詐；要以所得的糧餉為足。」
15人民的希望提高了，大家心裏猜想，也許約翰就是基督。16因
此約翰告訴他們：「我用水給你們施洗；可是，有一位能力比我更
大的要來，我就是替他脫鞋子也不配。他要用聖靈和火為你們施洗。
17他手裏拿著簸箕，要揚淨　物，把麥子收進倉庫；至於糠秕，他
要用永不熄滅的火燒掉。」
18約翰向人民傳福音，用許多不同的方法規勸他們。19但是約翰
譴責希律王，因為希律娶了他的弟婦希羅底，又做了許多的壞事。
20以後他做了一件更嚴重的壞事，就是把約翰關在監獄裏。

耶穌接受洗禮

21一般人民都接受洗禮，耶穌也來受洗。他在禱告的時候，天開
了，22聖靈有形體的降在他身上，彷彿鴿子。從天上有聲音傳下來，
說：「你是我親愛的兒子，我喜愛你。」

耶穌的家譜

23耶穌開始傳道的時候，年紀約三十歲。在人的眼中，他是約瑟
的兒子，約瑟是希里的兒子，24希里是瑪塔的兒子，瑪塔是利未的
兒子，利未是麥基的兒子，麥基是雅拿的兒子，雅拿是約瑟的兒子，
25約瑟是瑪他提亞的兒子，瑪他提亞是亞摩斯的兒子，亞摩斯是拿
鴻的兒子，拿鴻是以斯利的兒子，以斯利是拿該的兒子，26拿該是
瑪押的兒子，瑪押是瑪他提亞的兒子，瑪他提亞是西美的兒子，西
美是約色克的兒子，約色克是約大的兒子，27約大是約亞拿的兒子。
約亞拿是利撒的兒子，利撒是所羅巴伯的兒子，所羅巴伯是撒拉鐵
的兒子，撒拉鐵是尼利的兒子。28尼利是麥基的兒子，麥基是亞底
的兒子，亞底是哥桑的兒子，哥桑是以摩當的兒子，以摩當是珥的
兒子，29珥是約細的兒子。約細是以利以謝的兒子，以利以謝是約
令的兒子，約令是瑪塔的兒子，瑪塔是利未的兒子。30利未是西緬
的兒子，西緬是猶大的兒子，猶大是約瑟的兒子，約瑟是約南的兒

子，約南是以利亞敬的兒子。[31]以利亞敬是米利亞的兒子，米利亞
是買南的兒子，買南是瑪達他的兒子，瑪達他是拿單的兒子，拿單
是大衛的兒子。[32]大衛是耶西的兒子，耶西是俄備得的兒子，俄備
得是波阿斯的兒子，波阿斯是撒門的兒子，撒門是拿順的兒子。
[33]拿順是亞米拿達的兒子，亞米拿達是亞民的兒子，亞民是亞尼的
兒子，亞尼是希斯崙的兒子，希斯崙是法勒斯的兒子，法勒斯是猶大
的兒子，[34]猶大是雅各的兒子，雅各是以撒的兒子，以撒是亞伯拉
罕的兒子，亞伯拉罕是他拉的兒子，他拉是拿鶴的兒子，[35]拿鶴是
西鹿的兒子，西鹿是拉吳的兒子，拉吳是法勒的兒子，法勒是希伯
的兒子，希伯是沙拉的兒子，[36]沙拉是該南的兒子，該南是亞法撒
的兒子，亞法撒是閃的兒子，閃是挪亞的兒子，挪亞是拉麥的兒子，
[37]拉麥是瑪土撒拉的兒子，瑪土撒拉是以諾的兒子，以諾是雅列的
兒子，雅列是瑪勒列的兒子，瑪勒列是該南的兒子，[38]該南是以挪
士的兒子，以挪士是塞特的兒子，塞特是亞當的兒子，亞當是上帝
的兒子。

耶穌受試探

4 [1]耶穌從約旦河回來，充滿著聖靈。聖靈領他到曠野，[2]在那裏
四十天之久，受魔鬼試探。那些日子，他甚麼東西都沒有吃，
日期一過，他餓了。

[3]魔鬼對他說：「既然你是上帝的兒子，命令這塊石頭變成麵包
吧！」

[4]耶穌回答：「聖經說：『人的生存不僅是靠食物。』」

[5]魔鬼又帶他到一個很高的地方，轉眼之間讓他看見了天下萬國，
對他說：[6-7]「你若向我下拜，我就把這一切權柄和財富都給你；因
為這一切都已交給了我，我願意給誰就給誰。」

[8]耶穌說：「聖經說：『要拜主—你的上帝，惟獨敬奉他！』」

[9]魔鬼又帶耶穌到耶路撒冷，讓他站在聖殿上的最高處，對他說：
「既然你是上帝的兒子，就從這裏跳下去吧；[10]因為聖經說：『上

帝要吩咐他的天使保護你』；[11]又說：『他們要用手托住你，使你的
腳不至於在石頭上碰傷。』」

[12]耶穌回答：「聖經說：『不可試探主—你的上帝。』」

[13]魔鬼用盡各樣的試探，就暫時離開耶穌。

路加在首兩章的內容先後藉著天使、撒迦利亞、伊利莎白、馬利亞、牧羊人、西面和安娜，宣告上帝在歷史裏從未間斷的恩情，並且預告祂將會透過祂兒子耶穌及其先鋒約翰來達成救贖工作。在第三章開始，約翰和耶穌均已長大成人，開始他們的傳道職事。孩子約翰「漸漸長大，身心強健。他住在曠野」(一80)，然後上帝的話臨到他，他便開始在以色列人中間公開活動。而「耶穌的身體和智慧一齊增長，深得上帝和人的喜愛」(二52)。

3.1. 先鋒的預備(三1～20)

3.1.1. 約翰的角色：上帝之子的先鋒(1～6節)

在約翰和耶穌出生的故事裏，路加藉著歷史的參照點，表述上帝在歷史裏工作的信念。在報道施洗者約翰開始事奉的時候，同樣是放在歷史的框架裏，他列出施洗者約翰開始傳道時執政者的名字(1節)。這不僅是確定事件的歷史性，更是強調上帝在實際的歷史——羅馬帝國版圖內的巴勒斯坦——處境中工作。

「羅馬皇帝提庇留」(1節)是繼奧古斯都任羅馬皇帝的君主，他在位時間約20多年之久(公元14～37年)。而路加福音第三章所記載的事迹是在提庇留「在位第十五年」發生，即大約在公元29或30年間發生的。一如他在報道天使向撒迦利亞宣告將要獲兒子(一5)和耶穌降生(二1～2)的時候，他提及在位的統治者，路加在這裏十分詳細地描述不同階級的領袖：總督(龐修．彼拉多)、分封王(**希律**、腓力、呂撒聶)、大祭司(亞那、該亞法)。路加如此表達的目的並不單單在於提供歷史

這希律並不是一章5節的那位。當施洗者約翰長大時，是由大希律的兒子安提帕作分封王(公元4～39年執政)，猶太史家約瑟夫稱他為「希律」。

的參照點，而是突顯上帝的介入和工作是在實際的歷史中發生，但又不像普遍人的想法，是要依賴人間的力量和權勢。無論這些領袖在人的眼中有多麼重要，上帝救贖的啟示並不是在王宮、官府、聖殿權貴中開始，「上帝的話臨到在曠野的撒迦利亞的兒子約翰」(2節)。

關於路加筆下的約翰，有3件事情值得注意的。第一，他是撒迦利亞的兒子。讀者若要了解約翰的背景，必須先回顧天使向撒迦利亞宣告將要得子的內容(一13～17)，同時亦要重溫撒迦利亞在約翰誕生後的頌歌(一67～79)。第二，路加介紹約翰時，是指「上帝的話臨到」約翰，而約翰隨即的行動就是「宣揚」(三3)。約翰這先知的身分也就不言而喻。再者，路加並沒有像馬太福音和馬可福音般描述約翰的衣著和食物，因為路加要直接而扼要地說明約翰就是先知。第三，路加引用以賽亞書四十章3至5節時，是與馬太福音和馬可福音所**引用的有分別**，這是因為他們所著重的是施洗者約翰這人，而路加卻將經文的焦點從施洗者約翰轉移至耶穌和他的職事上，是要準確指出約翰的角色是為要預備耶穌的來臨，作他的先鋒：

馬太福音(三3)和馬可福音(一3)只引用以賽亞書四十章3至4節：「在曠野有人呼喊：為主準備他的道路，修直他要走的路徑！」

一切山谷都要填滿；大小山岡都要削低。
彎曲的路徑要修直；
崎嶇的道路要剷平。
全人類都要看見上帝的救恩！(5～6節)

根據西面的讚美禱告(二29～32)，「你【上帝】的拯救」(二30)無疑是指「啟示外邦的亮光」(32節)的耶穌。這與三章6節所說「全人類」互相呼應，表示上帝除了拯救猶太人，也要拯救外邦人。施洗者約翰作為耶穌職事的預備和開路先鋒的角色，在路加的筆下不言而喻。

3.1.2. 約翰的信息：具體和真實的救恩(7～20節)

約翰所宣講的洗禮，是表述悔改以致罪蒙赦免的認信(一77)。而山巒和道路的修正是比喻的手法，表述悔改回轉的景象。約翰的信息顯示一個極其重要的命題：種族和血脈不是救恩信仰的保證(三7)，信仰必須透過實際生活來印證(8節)。

約翰對猶太羣眾的描述和宣講是極之嚴厲的。換言之，以色列人即使是亞伯拉罕的子孫，也未必理所當然的具有上帝子民的身分。他們必須透過生活的實踐，表達信仰的內涵，否則他們就要面對上帝審判。事實上，終末已經來到了，上帝的審判已經迫在眉睫，凡沒有在生活中結出好果子的，必被上帝除滅(9節)。以色列人惟一能夠做的，就是回轉。悔改固然是心意的回轉，但也必須以生活表明這種信仰。

約翰嚴厲的宣講對你有何提醒？你會否有一種心態，就是喜歡動聽而又不涉及針對你心靈需要的道呢？

從施洗者約翰和接受洗禮的羣眾之間的對話，已充分流露出羣眾對約翰的信息有正面的反應，他們期望約翰可提供具體的指引，讓他們以行為表達信仰生活。施洗者約翰就著羣眾、稅棍和當兵的人那3個「我們該做甚麼呢？」(10、12、14節)所作的回答，更是具體地表達他對貧窮和社會邊緣族羣的關顧：

> 有兩件內衣的，要分一件給沒有的；有食物的，也要這樣。(11節)
>
> 不可收取法定以外的稅金。(13節)
>
> 不可強索金錢，不可敲詐；要以所得的糧餉為足。(14節)

路加記述有關約翰和前來接受洗禮者的對話，是4卷福音書中獨有的資料。這些材料的運用正顯示路加福音其中一個的重點：信仰與現實

你是否認同路加強調信仰和現實生活相關的講法？在你個人或教會的生活裏，信仰和生活是分割還是相連？

生活的關係。在往後的敍述中，路加將會一而再地突出這個主題。上帝子民的身分和信念並不是抽象的概念，而是實際生活的流露。更具體的說，是扶助和關愛那些被社會遺棄和邊緣化的人。

從路加筆下所表述的施洗者約翰可見，救恩並不僅僅是個人心靈的滿足或慰藉，更不是律法儀文的實踐；洗禮所見證的「福音」，是有實際倫理生活和社羣的意義。這固然印證了從福音書開始，分別由撒迦利亞、馬利亞、牧羊人、西面等人所宣告的內容，也是路加整個敍事——包括福音書和使徒行傳——的其中一個主題：人在現實生活中無論是搶奪或分享物質，都實際表露這人與上帝的關係。

施洗者約翰的宣講所帶來的信息和能力，使羣眾以為他就是基督／彌賽亞（15節）。但約翰的一番話（16～17節），澄清了他作為先鋒的角色。約翰的講論與他父親撒迦利亞的預言相符合，也預備耶穌隨後的出現。與此同時，約翰心中那「**一位能力比我【約翰】更大的**」似乎比他的宣講帶來更嚴厲的審判。約翰所期望的「**聖靈和火**」應該是指在終末時候上帝煉淨和消滅罪污的能力，「**至於糠粃，他要用永不熄滅的火燒掉**」（16～17節）。約翰這番說話，反映出他對耶穌的期望，亦可能因這緣故，他後來對耶穌的工作產生疑惑（參七18～20）。

施洗者約翰的職事雖有成果，但卻因為譴責希律安提帕而被關在監牢裏，馬太及馬可福音同樣有這記載（參太十四1～12；可六14～29）。希律安提帕在兄弟還在世的時候娶了弟弟腓力的妻希羅底，這是猶太人所不能接納的惡行。嫉惡如仇的約翰對希律安提帕提出譴責，絕對是意料之內的。當然，約翰譴責希律安提帕並不單為這惡行，因為路加說希律「**又做了許多的壞事**」，而以後他做最嚴重的壞事就是「**把約翰關在監獄裏**」（19～20節）。

一個成功的講道者並不一定討人喜歡、廣受歡迎，甚至會招致殺身之禍。你如何評價施洗者約翰的一生？曾否想過要為福音犧牲性命？

約翰的洗禮

從猶太人的古籍裏發現，在公元1世紀的時候，猶太人有好些洗禮儀節。一般猶太人都有他們的潔淨禮（希伯來文稱之為*mikvah*）。此外，住在死海附近曠野的羣體亦有其別樹一幟的洗禮。當外邦人皈依猶太教時亦領受洗禮，稱為「依皈者的洗禮」（proselyte baptism）。還有施洗者約翰的洗禮，甚至耶穌和他的跟從者也有施行洗禮（約三22）。若將約翰的洗禮和已有的猶太人的洗禮作比較，後者是帶有潔淨的意義，是按個人需要而施行的，而且亦會多於一次。但是，外邦人加入猶太教的洗禮是一次過的儀節。若將猶太人的潔淨禮及外邦人入教的洗禮與約翰所施行的洗禮比較，它們固然有相似的地方，亦有很大的差異。相似的是它們都與宗教情操有關，但約翰的洗禮似乎是一次過的（與猶太人常常執行的潔淨禮有別），並強調認罪悔改得赦免（與外邦人加入猶太教的洗禮有別）。至於認罪悔改得赦免方面，其意義與死海羣體的禮儀相近。

我們可以說，約翰的洗禮是有其獨特創新之處。到後來，約翰的洗禮與基督信仰發展所施行的洗禮可能是有關連的，但卻也有根本上的分別。以保羅的作品為例，基督信仰的洗禮，其意義建立在耶穌的死和復活的認信之上（羅六1～11），而這是約翰的洗禮所沒有的信念，約翰所重視的只在於「悔改」而沒有「重生」的意義。

• 建在希律皇宮裏用作行潔淨禮的池

溫習問題(3.1.) 在頁74。

3.2. 上帝之子：拯救者的顯現(三21～四13)

路加在介紹施洗者約翰時亦不忘以耶穌為焦點，在報道約翰下監後，路加馬上將敍述的焦點轉移至耶穌身上。從這裏開始，上帝之子的顯現正呼之欲出。然而，在耶穌展開職事之先，路加將會從3個角度顯示上帝之子的身分。

3.2.1. 上帝宣告：「你是我親愛的兒子，我喜愛你」(三21～22)

按馬太福音的記載，約翰想拒絕耶穌的請求，「說：『我應當受你的洗禮，你反而來找我！』可是耶穌回答他：『現在就這樣做吧，因為這樣做是實行上帝的要求。』於是約翰答應了」(太三14～15)。

正如施洗者約翰是耶穌的先鋒，路加描寫約翰與耶穌在約旦河相遇的時候，其焦點是上帝之子耶穌。所以，路加沒有像馬太一般詳述耶穌受浸時與約翰的一番對話。正因如此，路加將有關**耶穌接受洗禮**的一段事迹輕輕帶過，他只說「一般人民都接受洗禮，耶穌也來受洗」(21節)，這樣的表達是自然不過的。

3.2.1.1. 上帝之子禱告

在路加的記載中，耶穌禱告的時刻都是他職事中重要的轉捩點(參五16，六12，九18、28～29，十一1，二十二41、44～45，二十三46)。

耶穌受洗後，便**禱告**，這時候他經歷聖靈如鴿子降臨在自己身上，並且聽到上帝的聲音：「你是我親愛的兒子，我喜愛你」(22節)，表明了父上帝對他的召喚和確立。耶穌尋求並認識上帝的聲音和心意是路加福音重要的主題之一。因為這正表述他與天父間密切的關係，並且從中領受父上帝的旨意和任命。

3.2.1.2. 聖靈

從表面看，耶穌受洗和禱告時聖靈降臨的經歷似乎是個人的體會，但若從整本路加福音的內容來看這個片段記載，不難發現其中聖靈降臨不僅是個人的享受和經歷，而是蘊含差遣的意義。洗禮之後「聖靈領他到曠野」接受試探（四1～12），然後耶穌滿有聖靈的能力回到加利利（14節），更在會堂裏引用以賽亞書說「主的靈臨到我……」（18～19節），及至復活過後對門徒的叮囑：「我要親自把我父親所應許的【聖靈】賜給你們；你們要在城裏等候，直到那從上面來的能力臨到你們。」（二十四49）。使徒行傳二章1至13節五旬節聖靈降臨的記述，就更是教會被差派作宣教事工的基礎。從路加整體的敘事看，聖靈降臨不僅是個人的經歷或內在的體會，也是差遣人向外服事的生命的職事。

你對聖靈降臨在耶穌身上有何看法？你有沒有這種經歷？路加的敘述對你的信仰有哪方面的更新或提醒？

3.2.2. 上帝之子的家譜：「耶穌……亞當是上帝的兒子」（三23～38）

路加已經藉耶穌受浸時上帝的聲音並聖靈的降臨，介紹耶穌本身就是上帝之子。耶穌開始公開傳道的時候，「年紀約三十歲」（23節）。如果施洗者約翰傳道的日子是提庇留在位15年（1節）——約公元29至30年（參3.1.1.「約翰的角色：上帝之子的先鋒」），那麼路加就耶穌年紀的推算應該是合理的。當然，耶穌的年齡不及他的家譜般能顯出他身分的意義。

正如世界上每個有聲譽的人都有其家譜來追溯其根源，路加藉著耶穌的家譜，以另一角度講述上帝之子的根源。路加福音三章22至38節的結構，清楚顯示耶穌的身分：

耶穌：上帝的愛子（22節下）

家譜（23～38節上）

亞當：上帝的兒子（38節下）

若與馬太福音作比較，路加福音的家譜有以下6個特點①：

❶ 路加福音以「兒子」為重點敍述家譜，即某人是另一個人的兒子，但馬太福音則是以「父親」為演繹方向，即某人生另一個人；

❷ 路加福音是從耶穌開始而向著他的上一代追溯家譜；

❸ 路加福音的家譜是追溯至人類的始祖亞當，但馬太福音的是由亞伯拉罕開始至耶穌；

❹ 路加福音強調耶穌**「在人的眼中」**（23節），他符合一般人的期望的同時，似亦暗示有更深層的意義，就是祭司和大衛王都是在30歲開始服事上帝的，而且是以這歲數開始被列入家譜名單之內（參民四3；撒下五4；另參約八57）；

❺ 路加除了提到大衛這王之外，並沒有列出任何繼承大衛作王的君王（包括所羅門），可見作者不是以君王這世系來追溯耶穌的家譜；

❻ 這家譜包含11個名單，每個名單是由7個名字鋪列，所以整個家譜共包含77個名字，若將上帝計算在內，就共有78個名字。這鋪列顯出作者刻意以「7」這數字來編制這名單。

撇除兩個家譜的追溯方向（馬太從亞伯拉罕到耶穌，而路加則由耶穌開始向上追溯），路加之溯源至亞當所形成的名單會比馬太的多，其中的名字大部分都沒有在舊約聖經出現。此外，大衛和約瑟之間兩個家譜所記載的名字差別甚大。顯而易見的是，路加和馬太兩個家譜之間的差異既不能印證對照，也不可能完全協調。至於將路加的家譜說成是追溯**馬利亞**一方的講法，既無法確認，也不符合路加福音一章27節和二章4節裏強調大衛血脈的重點。

即馬利亞是希里的後人，因為馬利亞沒有兄弟，其夫約瑟的後人便歸入其父希里的脈絡下。

所以，有關路加家譜的了解決不能僅從歷史著眼，而且也應從神學重點著眼。路加的家譜在於表述耶穌的「身分」：「在人的眼中，他是約瑟的兒子。」(23節) 這是說，如果讀者細心注意路加的考察和鋪敘，便可以進一步知道耶穌不僅是約瑟的兒子，更是以色列王大衛之後裔。

然而，正如路加縷述耶穌的家譜越過了猶太人的先祖亞伯拉罕，這説明了路加的家譜更深一層的目的，就是指出耶穌的來歷不單對猶太人有意義，對普世的人類也有意義。只要讀者願意繼續追溯上去，自會發覺他是「**亞當**」的後裔。根據舊約聖經，亞當是人類的始祖，路加在此說明了耶穌不僅與猶太人有密切關係，他與世界各種各族的人也有這關係。

[26]他從一人造出萬族，使他們散居在整個地面上，而且為他們預先定下了年限和居住的疆界。[27]他這樣做是要他們尋求上帝，或者能夠在摸索中找到他。(參徒十七26～31)

最值得注意的是，亞當是「上帝的兒子」(38節)。熟悉創世記的讀者不會忘記，因為悖逆和不信，亞當作為上帝兒子的位分已經嚴重破損。但是，耶穌作為順服上帝旨意的愛子，他回復父上帝與人之間的關係。同時，他也是上帝所喜悅和膏立的僕人及彌賽亞(賽四十二1)。耶穌與亞當，甚至所有人的關係，就此以家譜得以被建立起來了。

3.2.3. 上帝之子面對的試探：「既然你是上帝的兒子」(四1～13)

上帝的兒子亞當既在試探上失腳，上帝之子耶穌面對試探就顯得必然了，其後果也更是重要的。事實上，魔鬼的試探就是以「既然你是上帝的兒子……」(3、9節) 這話來針對耶穌的。

3.2.3.1. 聖靈、上帝之子40天在曠野

第四章的開首就指出耶穌被聖靈充滿，這是延續早前耶穌接受洗禮，並天上來的聲音所確立的身分**「上帝的兒子」**(三22)。上文已提及過聖靈充滿和同在的經歷並不是為一己的享受，而是為奉差遣完成使命(參3.2.1.「上帝宣告：『你是我親愛的兒子，我喜愛你』」)。在事奉的生涯裏，沒有人可以倖免於試探，上帝之子當然亦不例外。所以，耶穌面對試探也就是必然的了。

「四十天」(四2)是舊約聖經裏耳熟能詳的主題：摩西在上主的山上停留40天(出三十四28)；以利亞用了40天行到何烈山(王上十九8)；被稱為上帝子民的以色列人在曠野漂流40年(出十六35；摩二10)，他們都有耶穌相類似的經歷，就是在曠野裏40天或40年，面對飢餓或受試探的經歷。任何熟悉猶太信仰的人，都會因為「40」而理解其中嚴峻的挑戰和衝擊。

其他福音書談耶穌的試探

耶穌受試探亦見於馬可福音(一12～13)和馬太福音(四1～11)。馬可只簡單地交代耶穌曾受魔鬼試探，而沒有記述試探的內容。馬太則有詳細的記載，並且內容與路加所描述的相同，只是試探的次序有分別，路加將馬太所描述的第二和第三個試探的次序調換了。路加以耶路撒冷聖殿頂的試探為最後一個試探，似乎有點刻意的安排，目的是要突顯耶路撒冷和聖殿在路加作品中特別和重要的位置。

在曠野的試探裏，魔鬼兩次以「**上帝的兒子**」誘惑試驗耶穌(3、9節)，說明上帝兒子還得在實際的生活裏見證和順服上帝的旨意。相對另一位因魔鬼的誘惑而與上帝關係破裂的亞當，耶穌如何活出上帝兒子的身分和使命，已經是一個呼之欲出的主題。

> 既然你是上帝的兒子，命令這塊石頭變成麵包吧！(3節)
>
> 你若向我下拜，我就把這一切權柄和財富都給你；因為這一切都已交給了我，我願意給誰就給誰。(6～7節)
>
> 既然你是上帝的兒子，就從這裏跳下去吧……(9節)

商業社會裏往往有說「錢不是萬能，但沒有錢卻是萬萬不能」，耶穌的講法適用於今天的時勢嗎？為甚麼？你如何理解上帝的子女經歷缺乏的情況？

耶穌面對魔鬼所提出的3個挑釁性問題，便知根本的試探不外乎在於他是否順服上帝。在第一個試探裏，能否將石頭變成食物其實並不是問題所在。上帝曾經賜下食物給在曠野裏的以色列人，而耶穌自己也在公開職事裏以五餅二魚餵飽數千人(九10～17)。耶穌沒有依從魔鬼的意思，關鍵並不是否定人肉身的需要，而是在於人的需要是否有終極或絕對的價值和意義。魔鬼的建議蘊含兩個誘人的意思：其一，人的基本需要諸如食物都比一切重要，所以任何獲取食物的手段和方法都能夠合理化；其二，耶穌作為上帝的兒子應該可以免於這個缺乏。

耶穌的回答指出「**人的生存不僅是靠食物**」(四4；參申八3)，這是說明人的需要並不是最終的目標。換言之，人的存活並不僅是滿足肉身的需要。肉身的需要雖是真實，但卻不能和不應成為生命的最終和最高的標準。

魔鬼第二個試探是「**走捷徑搏取財利**」。他說：「**你若向我下拜，我就把這一切權柄和財富都給你。**」作為上帝的兒子，耶穌滿有聖靈的能力，他既是上帝所喜愛的兒子，也就必然承繼列國的基業、地極

作為上帝之子，耶穌是理應已擁有一切，為何他還受物質上的試探？魔鬼的試探有何吸引之處？試將自己代入耶穌的處境想想？

的田產和一切的權勢（參詩二7～9）。但眼前的耶穌像平常人一般，是帶著人的身軀生活，他要行一條崎嶇不平的人生路，才能完成上帝交付給他的使命。究竟這個彌賽亞——亦是上帝的兒子——該怎樣作選擇才是？要走一條不明艱辛或者孤單的仄徑，還是走捷徑，享盡富貴榮華而放棄救贖的使命？如果說人的生活需要並不是終極的目標，那麼，權勢榮華會否也是上帝兒女效忠的對象？不，**「要拜主——你的上帝，惟獨敬奉他！」**（8節；參申六13）

最後的一個試探在耶路撒冷的殿頂，這與前兩個試探不同，魔鬼使用聖經經文，質疑耶穌是上帝兒子這身分（9下～11節；參詩九十一11～12）。耶穌的回答是**「不可試探主—你的上帝」**（12節），說明上帝的兒子不能以自己的安危和行事的喜好，來試驗甚至操控上帝。上帝的兒子不能倖免於危險和苦痛這事實，不僅只在假設的處境中，在十架上將更顯得清楚。路加所記述耶穌受試探的經歷，整理清楚彌賽亞的意義。耶穌之為上帝的兒子，是將上帝凌駕於自己的需要和能力之上，這是完全順服在上帝意旨之下的生命。

所以，路加的記述讓讀者體會到，所有的試探歸根究底在於是否能順服和敬拜上帝。若不然，則所有的需要、動機、能力、權位，甚至聖經裏的說話，都可以成為試探者的工具。魔鬼並沒有就此罷休。事實上，試探並沒有隨離開曠野而終結，在接著的日子，耶穌仍然會面對各種明顯或隱晦的試探。畢竟，魔鬼**「就暫時離開了耶穌」**（13節）。

耶穌受試探的真相？

3卷福音書就耶穌受試探的記載的細節上確是有分別的。馬可沒有詳述試探的內容，而路加和馬太的內容一樣，只是第二和第三個試探的次序剛剛相反。此外，40天在曠野所面對的試探極可能不限於這馬太和路加所記載的3個。由此可以再一次確定福音書作者們的記述是選擇性，而不是按編年順序記載的。對他們各自的選擇和原委，我們似乎只能從每卷福音書的整體內容推敲，而不能冀望知道全部真相。另一方面，儘管3個記載都有分別，但重點基本上都是一致的，可見這些傳統對初代教會異常重要。然而，我們仍然發現，初代教會重視耶穌受試探的意義，多於斟酌其具體細節。希伯來書二章14至18節和四章15節就是很好的例子。

溫習問題(3.2.) 在頁75。

釋經短註

① 就路加和馬太的家譜，現代讀者必須承認對其了解實在很有限制。首先，不少名字無法從舊約經文核實；其二，路加和馬太顯然以不同的脈絡追溯耶穌先祖。就以大衛和約瑟之間的先祖為例，馬太以大衛的兒子所羅門為脈絡，而路加則以大衛另一個兒子拿單作為線。對於兩位福音書作者背後的動機和使用的材料，現代讀者完全不能知曉。若以歷史的旨趣或目的糅合或協調兩個家譜，必定徒勞無功。事實上，馬太用上3個14人的名單這結構顯然是神學的旨趣(7是完全的數字)，而不是以歷史描述為目的記述家譜。

溫習問題(3.1.)

1. 在記述約翰和耶穌出生的故事時，路加列出當時代執政者的名字，他的目的何在？(參1～2節)
2. 「上帝的話臨到在曠野的撒迦利亞的兒子約翰」(2節)而不是社會裏的權貴和智者。路加這樣的描述有何目的？
3. 路加怎樣描述施洗者約翰？你能講出他的角色嗎？(3～17節)
4. 路加獨有地記載述有關約翰和前來接受洗禮者的對話，你認為這段對話意義何在？(參10～14節)
5. 約翰的洗禮和基督信仰的洗禮有何分別？(參專欄「約翰的洗禮」)

溫習問題(3.2.)

1. 路加從哪3個角度來顯示耶穌是上帝之子的身分？
2. 耶穌受洗之後便禱告，當時天便立刻開了，有聖靈降臨及天上的聲音。這對耶穌的身分有何重大意義？(參三21～22)
3. 路加與馬太所載述的家譜有何分別？(參三23～38)
4. 為何耶穌要被聖靈引入曠野接受試探？(參四1)
5. 你能指出路加和馬太對耶穌在曠野所接受的3個試探的異同嗎？(參四3～13；太四1~11)

第二篇

上帝之子在加利利的職事

（四14至九50）

路加已經從多個角度向提阿非羅和他的讀者介紹耶穌是上帝的兒子。從他所記述與耶穌出生有關的每一個場景，無論是出生前、誕生的時候、孩童時期、受洗時、在曠野面對試探，又或藉不同的人物(天父上帝、天使、馬利亞、撒迦利亞和伊利莎白夫婦、牧羊人、西面、安娜、施洗者約翰，甚至魔鬼)和不同的場合(聖殿、曠野)，路加都多次揭示耶穌的身分。

正如亞當是上帝的兒子，以色列人也是上帝的兒女，但是，究竟耶穌作為上帝之子，其身分和職事有何獨特之處，使得舊約的應許得以成就和應驗？外邦人得見亮光？從這個段落開始，讀者將會與上帝之子耶穌面對面，親眼看見他的職事、親耳聽到他的訓言。從他所接觸的人物，讀者會愈發深入明白上帝之子的工作和使命。

耶穌的工作是在自己的家鄉加利利一帶開始，向著耶路撒冷進發。

第四章

上帝之子：初試啼聲（四14至44）

- 上帝之子：先知式的彌賽亞
- 上帝之子：彰顯上帝的臨在

經文

耶穌開始在加利利傳道

4 [14]耶穌回到加利利；聖靈的能力與他同在。他的名聲傳遍那一
帶地區。[15]他在各會堂教導人，人人都讚揚他。

耶穌在拿撒勒被厭棄

[16]耶穌來到拿撒勒——他長大的地方。在安息日，他照常到猶太
會堂去。他站起來要念聖經，[17]有人把先知以賽亞書給他。他打開
書卷，找到一個地方寫著：

[18]主的靈臨到我，
因為他揀選了我，
要我向貧窮人傳佳音。
他差遣我宣告：
被擄的，得釋放；
失明的，得光明；
受欺壓的，得自由；
[19]並宣告主拯救他子民的恩年。

[20]耶穌把書卷捲起來，交還給會堂助理，然後坐下。全會堂的人
都盯著他，[21]他就對他們說：「今天，你們所聽見的這段經文已經應
驗了。」

[22]大家對他有深刻的印象，對他所說那動人的話大感驚奇。他們
說：「這個人不是約瑟的兒子嗎？」

[23]耶穌告訴他們：「無疑地，你們要引用這一句俗語對我說：『醫
生啊，治好你自己吧！』你們還要對我說：『我們所聽到你在迦百農
做過的事，也該在你自己的家鄉做出來！』」[24]耶穌又說：「我實在
告訴你們，先知在自己的家鄉是從不受人歡迎的。[25]聽吧，在先知
以利亞的時代，以色列中確有許多寡婦。那時，連續三年半天旱無
雨，遍地大饑荒。[26]可是以利亞並沒有奉派去見她們當中任何人，

卻只到西頓地方、撒勒法的一個寡婦那裏去。[27]在先知以利沙的時
代，以色列中有許多患痲瘋病的，但是除了敍利亞人乃縵，沒有一
個人得到潔淨。」

[28]聽了這話，全會堂的人都怒氣填胸。[29]大家起來，把他拉到城
外，帶他到山崖上(他們的城建造在山上)，要把他推下去。[30]耶穌
卻從容地從人羣中走出去。

一個污鬼附身的人

[31]耶穌到加利利的迦百農城去。安息日，他在那裏教導人。[32]聽
見他教導的人都很驚奇，因為他的話滿有權威。[33]在會堂裏，有一
個污鬼附身的人，大聲喊叫：[34]「唉！拿撒勒的耶穌，你為甚麼干擾
我們？你是來除滅我們的嗎？我知道你是誰；你是上帝的聖者！」

[35]耶穌斥責那污鬼說：「住口，快從這個人身上出來！」污鬼在
大家面前把那人摔倒，就從他身上出來，一點兒也沒有傷害他。

[36]大家驚訝不已，彼此議論說：「這是甚麼話呢？這個人居然有
權柄和能力指揮污靈，污靈竟出來了！」[37]於是耶穌的名聲傳遍了那
一帶地區。

耶穌治好許多病人

[38]耶穌離開會堂，到西門家裏去。西門的岳母患病，發高燒；他
們向耶穌求助。[39]耶穌去看她，站在她的旁邊，斥責熱病，熱就退
了。她立刻起來，接待他們。

[40]太陽下山的時候，許多患各樣疾病的人被親友帶來見耶穌；耶
穌一一替他們按手，治好了他們。[41]又有鬼從好些人身上出來，喊
叫：「你是上帝的兒子！」

耶穌斥責他們，不許他們說話，因為他們知道他就是基督。

耶穌在會堂傳道

[42]破曉的時候，耶穌出城到偏僻的地方去。大家到處找他，找到

了，想挽留他，不要他離開。[43]可是耶穌對他們說：「我也必須到
別的城鎮去傳揚有關上帝主權的福音，因為我正是為這工作奉差遣
來的。」

[44]於是，耶穌到猶太各會堂傳道。

早在福音書的第一章，路加敍述聖靈降臨在馬利亞身上，使她誕下上帝的兒子(一35)，隨後聖靈所充滿的西面和安娜，先後預言耶穌的工作和將來(二25~38)。耶穌在受浸的時候，聖靈降臨在他的身上(三22)，接著他被聖靈充滿，到曠野受試探(四1)。回到加利利之後，耶穌同樣帶著聖靈的能力去宣講和工作。這一切是顯出上帝同在的明證。但耶穌的身分和職事，則有待敍事進一步的發展才更趨明顯。

4.1. 上帝之子：先知式的彌賽亞(四14～30)

4.1.1. 先知的宣講(14～21節)

根據路加在前一章的記述(參二4、39、41、51)，「拿撒勒——他【耶穌】長大的地方」應該是他的家鄉。而「在安息日，他照常到猶太會堂去」(四16)更是再次表示耶穌是個敬虔、恪守宗教傳統的猶太人。「**會堂**」是猶太人生活中不可或缺的一部分，猶太人的社交和宗教生活都環繞會堂而進行。遠古時代的會堂並沒有人負責堂內一切的聚集，像今天全職事奉的牧師或傳道那樣，聚會亦未必有固定的儀節，但禱告、誦讀經文和宣講應該是聚集的一部分內容。

在使徒行傳的記述中，亦常見保羅和他的宣教隊員在猶太會堂聚集，並且保羅也有在會堂中發言(參徒十三14～16，十四1，十七1～3，十八4)。

耶穌在拿撒勒會堂的講論(18～19節)糅合了舊約以賽亞書六十一章1至2節和五十八章6節的經文，是揭示其身分和職事的宣告。然而，耶穌的鄉里對他的身分仍不甚了了，一知半解。在「他們的眼中」(「依人看來」；參《和》三23)，除了認識耶穌「是約瑟的兒子」(三23)外，他們就一無所知了。對讀者而言，這個重要的宣講卻是繼敍述開始以來，對了解耶穌身分的另一個提示。無疑，從第一章開始，耶穌是上帝之子的身分已經披露，但他如何具體地彰顯他上帝之子這身分和職事，卻仍有待啟示的。再者，上帝之子與讀者有著怎樣的關係，就是須更深入探討的問題了。

耶穌與施洗者約翰的宣講之比較：兩者均強調上帝的臨近、具體的信仰生活和對弱者的關顧。但約翰的信息明顯以審判為上帝臨到的中心，但耶穌則以上帝恩情的彰顯為中心。

耶穌的宣講，說明他意識自己就是上帝所膏立的彌賽亞。他在宣講的同時亦表述自己職事的內容，是要指出上帝眷顧那些遭人遺忘的貧弱大眾。這正是路加在前數章的敘事中，藉不同人物所帶出的主題。耶穌講論所提及的一眾「貧窮人、被擄的、失明的、受欺壓的」（參四18），既可以是處於社會低層，苦受剝削和壓迫羣眾，也可以是因經濟、身體殘缺、政治、種族各樣的因素而遭邊緣化的族羣。在古時候，這些遭社會遺忘的羣眾，往往被視為被神祇所唾棄的；相反地，富有和尊貴的人則是神祇所寵幸的。然而，耶穌在職事肇始即宣告這種過於簡化、甚至殘忍的觀念和生活態度已經告終，因為上帝拯救其子民的恩年已經臨到，並且透過耶穌的職事「已經應驗了」（20節）。換言之，人間不公義和殘酷的隔閡和分別，將會由上帝之子耶穌所扭轉和改寫。這不單只是思想和觀念的改換，而是一種生命的更新和蛻變。讀者即將透過耶穌的宣講和職事，見證這個奇異和偉大的逆轉。

耶穌在拿撒勒會堂的宣告提綱挈領地披露他在福音書裏的工作重點，同時亦呈現他身分的一面：「先知式的彌賽亞」（Prophetic Messiah），意思是說，耶穌的身分、職事和信息與猶太信仰中的先知傳統有一定的連續性。這連續性不單指耶穌像昔日的先知般說預言，而且他的工作亦確實地應驗了舊約先知所預言的。所以，發生在舊約先知身上的事情，亦同樣會發生在耶穌身上，其中包括先知被自己的同鄉拒絕。

4.1.2. 先知的職事（22～30節）

4卷福音書都不約而同報道耶穌被自己同鄉的人拒絕的事迹（參太十三54～56；可六2～3；約一11）。

耶穌被家鄉的人拒絕，猶如舊約的先知被以色列人拒絕般，這也是**其他福音書**共有的傳統。在路加的敍事裏，耶穌的家人是敬虔的猶太人，他們將嬰孩耶穌呈獻（二22），又按規矩上聖殿過節（41～42節），這都顯示他們是恪守宗教傳統的猶太人。而在首次公開露面，耶穌也是**「在安息日，他照常到猶太會堂去」**（四16）。顯然，耶穌並不是一個背棄祖宗信仰的人。另一方面，這也説明猶太信仰和基督有密切的關係，因為他是在這樣的信仰背景中長大的。

早在西面的預言中已經指出，耶穌的職事將要叫以色列人跌倒甚至遭拒絕（二34～35）。但仔細閱讀路加的縷述，不難看出耶穌被拒絕的另一個原因，這原因既與耶穌的工作息息相關，又與路加所要敍述的一個主題相關：上帝的恩惠臨到外邦人。

耶穌在拿撒勒會堂被拒絕的源起實足堪玩味。本來耶穌的宣講贏取了家鄉父老的稱讚，但形勢之所以急轉直下，是由於耶穌引用的兩個舊約先知服事外邦人的記載，第一個就是以利亞，他只往住在西頓的撒勒法的一個寡婦那裏去，而沒有到同鄉的人那裏；另一位是以利沙，他亦只醫治敍利亞人乃縵的痲瘋（四25～27；參王上十七9～10；王下五14）。然而，引用舊約先知事迹的傳統，其實是由耶穌自己的講話所引起的：

> ……你們要引用這一句俗語對我説：「醫生啊！治好你自己吧！」你們還要對我説：「我們所聽到你在迦百農做過的事，也該在你自己家鄉做出來！」耶穌又説：「我實在告訴你們，先知在自己的家鄉是從不受人歡迎的。」（23～24節）①

路加並沒有像馬太或馬可一樣，先縷述耶穌在加利利的工作，然後才帶出家鄉對他的拒絕。相反，路加在耶穌還沒有開始職事之先，即耶穌第一次公開出現展示他身分的同時，突出他與本家、甚至本族的矛盾。這既呼應了福音書從一開始就藉西面的預言提出的主題（二28～35），也透過耶穌在拿撒勒的片段，決定了全書的色彩和格局。

拿撒勒家鄉的人為何要拒絕耶穌？假設你是會堂裏的人，你同樣會拒絕耶穌嗎？為甚麼？

耶穌徵引以利沙和以利亞的例子，中心信息是明顯不過，就是上帝的恩惠要透過先知的職事臨到外邦人。對讀者而言，耶穌是「**外邦的亮光**」（32節），這是路加在本書開首時明顯帶出來的主題，如今更是藉著耶穌的宣講來清楚闡明。但對於耶穌四周的猶太人而言，這是頭一遭聽到這個令人難以接受的信息，對於耶穌和以色列間的矛盾和衝突也埋下了伏線（34～35節）。隨著敘事發展，兩者間的張力也會愈見明顯和尖銳。

4.2. 上帝之子：彰顯上帝的臨在（四31～44）

自拿撒勒會堂的宣告開始，讀者對耶穌的職事的方向應該是了然於胸。路加報道了耶穌在迦百農一天內的職事（31、38、40、42節），其中包括了趕鬼（33～35節）和醫治西門彼得岳母的病（38～39節），並其他的疾病（40節）。這些事迹既顯示耶穌宣講的實在，也是宣告「**主拯救他子民的恩年……已經應驗**」（參19～21節）。畢竟，耶穌所作的，並不僅是現代人所理解肉身上的「醫治」，而是指上帝能力的臨在，並在人心靈裏彰顯出來。

現代人可能不明白為甚麼耶穌會「斥責」疾病。原來遠古社會的人認為，人之所以害病，並不是因為細菌或病毒的入侵和感染，而是因為被邪惡或污穢的超自然勢力所控制和迫害（即使今天在某些地方，仍然有類似的觀念）。耶穌之所以「**斥責熱病**」(39節)，正是因為西門的岳母為熱病所「**困迫**」。可見耶穌之趕鬼、斥責病患，都是說明了受壓的人獲得釋放。

「被高熱病所困迫」是《呂振中譯本》的譯文，清楚反映古代對疾病的觀點。

上帝之子的事工與趕鬼

「耶穌的職事不僅僅是趕鬼，亦是宣告結束鬼魔困擾人的時候已經來到。如果舊約典外著作說上帝會在終末日子審判和殲滅撒但和牠的作為，新約的著作則清楚顯示，這個時候已經隨著耶穌的來臨和工作來到了，撒但已經被擊敗了。」(引自張略、孫寶玲、黃錫木合著的《新約歷史與宗教文化導論》，香港：基道，2002，頁192～201)

相對於1世紀其他**趕鬼**治病的記載，耶穌的獨特在於他的話語和權威(32、36節)。在這些職事中污鬼口裏披露耶穌的身分：「**上帝的聖者**」(34節)、「**上帝的兒子**」(41節上)、「**基督**」(41節下)。然而，敍事中耶穌周遭的人，只驚訝耶穌的能力，卻不曉得耶穌的身分和職事的意義。正因為他們不完全的了解，就想留住耶穌，不要他離開。而耶穌卻清晰表示：「**我也必須到別的城鎮去傳揚有關上帝主權的福音，因為我正是為這工作奉差遣來的。**」(43節)耶穌不僅是一個行異能的神人，若此，他從殿頂跳下來不損分毫就是最吸引人的招睞(9節)。

古代不乏趕鬼的記載(參典外作品如《禧年書》〔Jubilee〕10:9～13；《多比傳》〔Tobit〕8:1～3；約瑟夫之《猶太古史》〔Jewish Antiquities〕8.45～49)；另參《新約歷史與宗教文化導論》頁192～201)。

另一方面，耶穌的能力亦不是污鬼所以為的，僅只是驅魔趕鬼。他的職事是以宣揚和彰顯上帝的國為依歸，正如他在拿撒勒會堂所言：「**宣告主拯救他子民的恩年。**」(19節)

耶穌趕鬼這事迹對今日基督徒有甚麼意義？

從拿撒勒會堂宣講以賽亞書開始，到在加利利各會堂傳講上帝國度的福音，路加向讀者展示了嶄露頭角的耶穌。他的身分、職事，以至將會掀起的影響和衝突，都與天使的宣告、馬利亞的歌詠和西面的頌讚呼應。這位先知式的彌賽亞衝破了禁錮、壓制了人的權勢和力量。在往後的敘事，這位上帝之子將會進一步顯示自己，而他所展示的生命和傳講的福音，更要使那分隔人際間的社會階級、族羣分歧和罪惡逆轉過來。這位上帝之子，將顯示人與父上帝及人與人之間如何和好。

釋經短註

① 「大家對他有深刻的印象，對他所說那動人的話大感驚奇。他們說：『這個人不是約瑟的兒子嗎？』」(四22)第一句子明顯不是負面的，即使是第二句的說話，也是驚訝之詞，並沒有貶抑之意。相比之下，馬太福音十三章54至56節「……他從哪裏得到這樣的智慧？他還行神蹟呢！這個人不是那木匠的兒子嗎？他的母親不是馬利亞嗎？雅各、約瑟、西門，和猶大不都是他的弟弟嗎？他的妹妹們不都住在我們這裏嗎？他這一切本領究竟從哪裏來的呢？」和馬可福音六章3節「他豈不是一個木匠？他不就是馬利亞的兒子，雅各、約瑟、猶大，和西門的哥哥嗎？他的妹妹們不是都住在我們這裏嗎？」馬太和馬可福音裏的鄉親，明顯是「厭棄」耶穌，繼而造成耶穌說，先知不會在自己家鄉受尊重的。

溫習問題

1. 如何看出耶穌的職事是帶著猶太信仰的影子？試列舉其中的例了。（參14～21節）
2. 在耶穌遭拒絕這件事上，路加與馬太及馬可福音的記載有何相異之處？（參22～30節）
3. 在路加的敍述裏，耶穌公開職事中所作的第一件事是甚麼？你能說出它的重要性嗎？（參31～44節）
4. 你可以從耶穌的宣講中概括講述他的職事嗎？（參14～21節）
5. 你認為耶穌時代的猶太人對患病的觀念是怎樣的？（參37～41節）

第五章

加利利的職事：羣眾的回應（五1至六16）

- 呼召門徒
- 上帝之子引起的爭論
- 選召十二使徒

經文

耶穌呼召門徒

5 1有一次，耶穌站在革尼撒勒湖邊，人羣擁上來，要聽他宣講上
帝的話。2他看見兩條船停在湖邊，打魚的人離開船，正在岸上
洗網。3耶穌上了西門的那一條船，吩咐西門把船稍微划開。耶穌
坐下來，從船上教導羣眾。

4講完後，他對西門說：「把船划到水深的地方去，然後你跟你
的夥伴撒網打魚。」

5西門說：「老師，我們整夜辛勞，甚麼都沒有打著；既然你這
麼說，我就撒網吧！」6於是他們撒網，捕到了一大羣魚，魚網差一
點破了。7他們就打手勢，招呼另一條船的夥伴過來幫忙。他們來，
把魚裝滿了兩條船，船幾乎沉下去。8西門．彼得看見這情形，就
跪在耶穌面前，說：「主啊，請你離開我吧，我是個罪人！」

9他和其他夥伴對打到了這一大網魚都很驚訝。10他的夥伴西庇
太的兒子雅各和約翰也一樣驚訝。耶穌對西門說：「不要怕，從今
以後，你要得人了。」

11他們把船靠岸，就撇下所有的，跟從了耶穌。

耶穌治好痲瘋病人

12有一次，耶穌在一個城裏，那裏有一個全身長了痲瘋的病人。
他一看見耶穌，就俯伏在他面前，求他說：「主啊，只要你肯，你
能夠使我潔淨！」

13耶穌伸手摸他，說：「我肯，你潔淨吧！」他身上的痲瘋立刻
消除了。14耶穌吩咐他說：「不要把這件事告訴人，直接去見祭司，
讓他替你檢查；然後按照摩西的規定獻上祭物，向大家證實你已經
潔淨了。」

15於是，耶穌的名聲越發傳開了。一大羣人聚集，要聽他講道，
同時希望他們的疾病得到醫治。16耶穌卻退到僻靜的地方去禱告。

耶穌治好癱瘓病人

[17]有一天，耶穌正在教導人，有些從加利利各鄉鎮和猶太、耶路撒冷來的法利賽人和法律教師也坐在旁邊。主的能力與耶穌同在，使他能治好病人。[18]有幾個人抬來一個躺在牀上的癱瘓病人，想法子要把他抬進屋子裏，放在耶穌面前。[19]可是，因為人多，他們無法抬他進去，就把他抬上屋頂，拆開瓦片，連人帶牀把他縋下，放在人羣中耶穌的面前。[20]耶穌看見他們的信心，就對那癱瘓病人說：「朋友，你的罪蒙赦免了。」

[21]經學教師和法利賽人議論說：「這個人是誰？竟說出這種狂妄的話！除了上帝，誰有赦罪的權呢？」

[22]耶穌看穿了他們的念頭，就對他們說：「你們心裏為甚麼這樣想呢？[23]對病人說『你的罪蒙赦免了』容易？還是說『起來走』容易呢？[24]我要你們知道，人子在地上有赦罪的權。」於是他對癱瘓病人說：「我吩咐你，起來，拿起你的牀，回家去吧！」

[25]那個人立刻當著大家面前起來，拿起自己所躺臥的牀回家，頌讚上帝。[26]大家都非常驚奇，滿懷敬畏地頌讚上帝說：「今天我們看到不可思議的事了！」

耶穌呼召利未

[27]這事以後，耶穌出去，看見一個收稅的人名叫利未，坐在稅關上。耶穌對他說：「來跟從我！」[28]利未就起來，撇下所有的，跟從了耶穌。

[29]利未在自己家裏為耶穌舉行盛大的宴會；許多稅棍和其他的人都來參加這宴會。[30]有些法利賽人和屬於他們一派的經學教師向耶穌的門徒埋怨說：「你們為甚麼跟稅棍和壞人一起吃喝呢？」

[31]耶穌對他們說：「健康的人用不著醫生，有病的人才用得著。[32]我來的目的不是要召好人，而是要召壞人悔改。」

禁食的問題

33有人對耶穌說：「約翰的門徒常常禁食禱告，法利賽人的門徒
也是一樣，只有你的門徒又吃又喝。」

34耶穌說：「新郎還在婚宴的時候，你能叫賀喜的客人禁食嗎？
當然不能！35可是日子將到，新郎要從他們當中被帶走，那時候，
他們就要禁食了。」

36耶穌又對他們講一個比喻：「沒有人撕破新衣服，把撕下的布
塊補在舊衣上；這樣做的話，新衣撕破了，撕下來的那塊新布又不
能跟舊的相稱。37也沒有人拿新酒裝在舊皮袋裏；這樣做的話，新
酒會脹破舊皮袋，酒漏掉，皮袋也損壞了。38新酒必須裝在新皮袋
裏。39沒有人在喝過陳酒以後，再想喝新酒，他總說陳酒好。」

安息日的問題

6 1有一個安息日，耶穌經過麥田；他的門徒摘了一些麥穗，用手
搓著吃。2有些法利賽人看見了，說：「你們為甚麼做了在安息
日不准做的事呢？」

3耶穌回答：「大衛和他的隨從在飢餓的時候做了甚麼，你們沒
有念過嗎？4他走進上帝的聖殿，拿了獻給上帝的供餅吃，又給他
的隨從吃；這餅，除了祭司以外，任何人吃了都算是違法的。」

5於是耶穌說：「人子是安息日的主。」

治好手枯萎的病人

6另一個安息日，耶穌到會堂去教導人；那裏有一個人，他的
右手枯萎了。7有些經學教師和法利賽人想找耶穌的錯處，好控告
他，因此在旁邊窺伺，看耶穌在安息日治不治病。8耶穌知道他們
的念頭，就對那手枯萎的病人說：「起來，站到前面來！」那個人
就起來站著。9於是耶穌對他們說：「我問你們，關於安息日，我
們的法律是怎樣規定的？做好事還是壞事？救命還是害命？」10他

環視周圍所有的人，然後對那個人說①：「把手伸直！」那人一伸手，手就復原了。

[11]他們非常憤怒，彼此商量要怎樣對付耶穌。

耶穌揀選十二使徒

[12]有一天，耶穌到山上禱告，在那裏整夜祈禱上帝。[13]天亮的時
候，他叫門徒到他跟前，從他們當中揀選了十二個人，稱他們為使
徒。[14]他們是西門(耶穌又給他取名彼得)和他的弟弟安得烈，雅各
和約翰，腓力和巴多羅買，[15]馬太和多馬，亞勒腓的兒子雅各和那
「激進黨」的西門，[16]雅各的兒子猶大和後來成為出賣耶穌的加略人
猶大。

①「對那個人說」另有古卷作「對那個人生氣地說」。

離開了家鄉拿撒勒後，耶穌在加利利一帶工作。根據路加的記述，我們可以將耶穌的職事大約分為3部分：醫病趕鬼、傳道宣講和呼召門徒。當然，路加記述這些材料，並不單為報道耶穌的工作記錄，他更希望透過這些事工曉示耶穌的身分和意義，使讀者知道自己信仰的根據。所以，貫穿在這些事迹中間的，還有羣眾和宗教領袖的反應和評論。這些人物正面或反面的回應，都可以直接和間接地讓讀者進深明白耶穌。

5.1. 呼召門徒（五1～11）

路加所敍述彼得的角色，可參六章14節，八章51節，九章20、28、33節，十八章28節，二十二章31至34節、54至60節，二十四章34節。

這是路加敍述耶穌呼召第一批門徒的記載。類似的呼召故事同樣見於其餘3卷福音書（太四18～22；可一16～20；約一35～51）。然而，路加的縷述有其獨特的筆觸，充分顯示出他敍述的層次和技巧。首先，路加將**西門彼得**被召的記述，安排在耶穌醫治他岳母之後（參四38～39）。其二，路加的敍述具備其他福音書所沒有的材料（五4～9）。其三，彼得的經歷帶著典型的蒙召記述的特色，他蒙召之時，與先知以賽亞的相似，因為他們一同經歷上帝的聖潔而生罪疚感；彼得奉差遣的過程，與以賽亞的也十分相似（試將路加福音五章4至10節及約翰福音二十一章15至24節，與以賽亞書六章1至13節作比較）。第四，路加所記述的呼召，明顯是在兩個門徒雅各和約翰（參10節）中間突出彼得。細閱路加的陳述，必能體會其中發人深省的意義。

對照馬太福音（四18～22）和馬可福音（一16～20），不難發現路加記述的細緻。

按路加的記載，耶穌已經造訪彼得並且醫治其岳母（四38～39）。這先認識、後呼召的次序無疑顯得更為自然和順暢。而**路加比其他福音書作者用了更多筆墨**，描述彼得整夜打魚而一無所得，並耶穌介入才網得多魚的情景（五4～5）。細讀之下，不難發覺路加所描繪的圖畫，內中其實蘊含整個福音故事從一開始就帶出的重要主題：人的無奈和無能，對照上帝的介入和扭轉。

那一網驚人的魚穫（6～7節）與「**從今以後，你要得人了**」（10節）相互呼應，既將其中人和魚的指涉表明，也就清楚這事喻指將來宣揚福音的事工發展並彼得在其中的角色。從整個呼召的敍述看，彼得和同伴「**撇下所有的，跟從了耶穌**」（11節）所意味的，不僅是捨棄維生工具和技術，而是代表著與所捨棄的事分離和割斷關係，這是生命次序的重整和建構。路加以彼得和其他門徒的見證，肯定那些義無反顧地跟從耶穌、投身在上帝國度的事工，並帶領人得生的傳道人（一1～4）。

當你説要委身給上帝之時，你認為這是甚麼意思？是否僅是放棄一切東西而已？

彼得和同伴的跟從，一方面與早前厭棄耶穌的拿撒勒鄉親赫然成對比（四28～29），另一方面他們所代表的，正是那些甘願為上帝國度的事工和遠象，放棄羣體所提供的蔭庇和安全的門徒。這個為上帝的國度而甘心捨離的挑戰，將會一再在往後的記述出現。當然，**與耶穌相遇的人**，並不是每個都同樣面對像首批門徒所經歷的呼召。若此，路加福音的讀者在閱讀或聆聽這些呼召記載的時候，欣賞尊重之情油然而生，甚至會支持那些為福音放棄安穩和依靠的人。

在路加的記敍裏，不乏有與主相遇、但卻沒有或未能以彼得等人的方式回應主的門徒（如格拉森人、稅務長撒該等）。縱使他們沒有在形式上跟從主，但他們的生活價值和生命的次序，已經全然更新，是切切實實地成為跟從耶穌的門徒。

從表面看，敍述的焦點是彼得等人蒙召，但全個記述只説過兩句話的耶穌（五4、10），才是真正的焦點所在。路加透過彼得等人的反應，用側寫的方式表述耶穌的身分和權能：「**把船划到水深的地方去，然後你跟你的夥伴撒網打魚。**」（4節）這一句披露耶穌那超然的能力。這個一網得多魚的經歷，實在可以與約翰福音二十一章那一網得153條魚的神蹟相提並論。然而，彼得「**跪在耶穌面前**」的行動和他的回應：「主啊，請你離開我吧，我是個罪人！」(8節)誠然不是對一個行異能的人的稱許佩服，而是他對耶穌的崇敬和認信。這個認信與舊約先知以賽亞在聖殿經歷極為相似(**賽六章**)。

「我完了，我慘啦！因為我嘴裏的每一句話都不潔淨；我周圍的人所講的話也一樣不潔淨。況且，我還親眼看見了君王—上主、萬軍的統帥！」(賽六5)

耶穌最後的一句：「不要怕，從今以後，你要得人了。」(10節)更是邀請人去分享他的身分和職事。猶如聖靈的經歷和同在不僅是個人的感受和體會，跟隨上帝之子亦不是個人的得著，而是受其差遣分擔其工作和使命。換言之，上帝之子耶穌是生命之主，他並不是專職應允禱告、受人差使的僕役。上文所說的「生命次序、生活價值」正是這個意思。

回想你信主的經歷，與彼得有相似的地方嗎？你也許不是全身投入事奉行列，但你生活的次序和價值觀是「跟從主」的嗎？

5.2. 上帝之子引起的爭論(五12～六11)

5.2.1. 醫治痲瘋病人(五12～16)

耶穌按照他所說的繼續在各地傳道(四43～44)。一個全身長滿了痲瘋的人求耶穌治好他的病(參太八1～4；可一40～45)。從耶穌的回應和吩咐推斷，那痲瘋病人應該是猶太人。耶穌根據猶太律法的規矩，囑咐他把身體給祭司看和獻上祭物，這再一次說明耶穌並不全然否定猶太律法；另一方面，耶穌的叮囑亦符合古以色列確認**痲瘋病者**痊癒的手續(參利十四1～32)，可見耶穌既能重建病人的社會角色和生活，同時也讓他們成為耶穌工作的見證。

關於聖經所談論的痲瘋病，參利未記十三至十四章。就病理學說，古時候的痲瘋病除了是指今日所界定的痲瘋病外，亦可能是指一般的皮膚病。無論屬於哪一種，古人都以宗教文化的角度視之，所以解救的方法自然也循宗教禮儀的方式去處理。

因為痲瘋病人是社會所隔離和邊緣化的人，所以耶穌「伸

手摸他」（五13）這行為，不僅是顯出他醫病的異能，也是向被歧視和棄絕的人顯示上帝接納的恩典。上帝看顧和拯救卑微低下的人這主題，是路加從一開始就強調的。

羣眾的期望和上帝的心意形成張力是常有的，你認為應當怎樣平衡、掌握和決定呢？

痲瘋病者得醫治的消息廣傳開去，渴望得醫治的羣眾自然依附聚集，但耶穌的反應卻是：退到曠野裏禱告。若耶穌的職事只為要滿足個人的需求或吸引羣眾，那他的退隱就是錯誤的。然而，正如耶穌所說：**「我也必須到別的城鎮去傳揚有關上帝主權的福音，因為我正是為這工作奉差遣來的。」**（四43）他絕不能在羣眾擁簇和歡呼下迷失自己上帝之子這身分和使命。作為上帝之子，他不能讓羣眾的聲音和數目定義他的職事，他必須尋求上帝心意，並常常藉禱告默觀自己的生命以圓上帝的意願。為此，路加福音中的耶穌常常禱告；為此，耶穌的退隱是必須和正確的。

5.2.2. 連串的爭論（五17～六11）

讀者早從馬利亞和西面的口，以及拿撒勒會堂裏鄉親的反應，知悉耶穌的職事並不一定帶來所有人的肯定和讚賞。路加福音五章17至六章11節所記述的，就是耶穌連串職事所引致的敵意和衝突。

表面看來，醫治癱瘓病人似是另一個醫病的故事（五17～26），但從更深一層去探討的話，這是一個引發矛盾的爭論，因為緊接而來的是呼召稅棍利未（27～32節）、禁食的爭論（33～39節）、安息日摘麥穗（六1～5），以及安息日治病（六6～11）等4個插曲，都是從不同的角度突顯耶穌和法利賽人的距離和衝突。

5.2.2.1. 醫治癱瘓病人（五17～26）

「有一天」（17節）是路加敘述的時間指標，通常是指示某事件的開始。路加的記載，再一次顯示其敘述巧妙之處。在介紹場景和人物後（17節上），路加透過看似輕描淡寫的一句：「主的能力與耶穌同在，使他能治好病人」（17節下），喚起讀者想到耶穌在拿撒勒會堂的宣告「主的靈臨到我……」（四18～19），同時亦覺察耶穌所面對的，並不單像拿撒勒這地方所面對的勢力，因為在此處有法利賽人和法律教師，他們是來自「加利利各鄉鎮和猶太、耶路撒冷」（五17）。耶穌所面對的壓力和敵意，誠然是愈更明顯、愈更強大。

從表面看，五章17至26節不過是個醫治的故事。然而，故事的背後深藏著特別意義，亦即要藉耶穌醫病，帶出耶穌的身分並隨之而起的衝突。事實上，癱瘓病人真正得醫治幾乎是在故事尾聲（24下～25節）。敘事的主要內容是耶穌和法利賽人與經學教師的爭論（21～24節上）。而這個爭論是源於耶穌開始説話之時，並不是説要那癱瘓病人得醫治，乃是向癱瘓病人宣示權柄：「你的罪蒙赦免了。」（20節）

而經學教師和法利賽人的不滿，可以從他們的議論清楚得知：「除了上帝，誰有赦罪的權呢？」（21節）從另一個角度看，經學教師和法利賽人的這個疑惑、不滿和抗議，正表達耶穌醫治能力背後的真正重點：赦罪的權柄。而根據法利賽人和經學教師的抗議，耶穌赦罪的權柄正是清楚説明他的身分。

醫病和赦罪的關係，反映古代猶太社會認為疾病與罪惡互相牽連。所以，疾病的痊癒往往要透過宗教祭祀的儀節表達，而祭司是惟一具有合法地位和權柄的中介者。耶穌的宣告，無論是「你的罪蒙赦免了」抑或「起來，拿起你的牀，回家去吧」（24節），都是衝擊當時的信仰內容和儀節。

「主的能力與耶穌同在，使他能治好病人」，在路加的敍述裏，耶穌的能力和權柄源於上帝(17節)，所以耶穌所見癱瘓病人和他的朋友們的「信心」(20節)，是透過耶穌的工作而產生對上帝的信心，並不是認信耶穌是主的那信心。正因如此，當癱瘓病人在眾人面前起來行走之時，所有人就歸榮耀給上帝。

5.2.2.2. 呼召稅棍利未(五27～32)

路加繼續縷述耶穌職事所引起的矛盾。一個呼召的敍述，造就耶穌和社會邊緣的人聚首的機會，也誘發法利賽人和經學教師對耶穌的質疑和批評。

「這事以後」(27節)這詞語又再說明路加是以特別的目的縷述事件的次序，這是另一個獨立於前，但又與赦罪有關的事件。雖然如此，耶穌**呼召利未**的記述同樣披露耶穌的身分和職事。稅棍利未雖不是有身體殘疾，但他同樣需要「醫治」。如果癱瘓病人的罪要被赦免，那麼稅棍就更需要被接納了。

在羅馬所統治下的巴勒斯坦，徵收稅項的工作給予收稅者一個壓詐和剝削別人的機會。雖然利未僅是稅棍而不是稅務長(路加在較後的篇幅裏會提及一位稅務長撒該；參十九1～2)，他的身分始終是被人鄙視的，但他對耶穌呼召的反應，卻是積極和即時的。一如罪人西門彼得和他的同伴回應耶穌的呼召般(五11)，路加強調稅棍利未「撇下所有的，跟從了耶穌」(28節)。

利未被召之後，隨之而來的是「為耶穌」擺設宴會(29節)；換言之，耶穌是宴會的因由。在遠古的時代，筵席是有社會意義的；一起飲食就是表示彼此接納、相互為朋的意思。

猶太人飲食習慣

「猶太人與現代人的飲食習慣有很多不同的地方。現代人常有『食堂式』的飲食方式，只是為了飽肚而與陌生人同枱吃飯，這樣在古代的猶太社會卻是非常罕見的……基本上，猶太人視飲食為一種重要的社交活動，一般只會與自己親人或相熟的朋友同枱吃飯。」（引自本叢書由黃錫木著的《聖經鳥瞰——基礎篇》，頁144）

在席上除了利未之外，還有別的稅棍和其他的人。法利賽人和經學教師稱這些「**其他的人**」為「**壞人**」（29～30節）；言下之意，在猶太宗教傳統中，耶穌並他的門徒是與一班罪人一起吃喝，亦揭示耶穌是與罪人一起為朋。從這個文化的角度看，法利賽人和經學教師埋怨耶穌等人與稅棍和罪人一同吃喝，是完全意料之內的。

他們的怨言固然可能反映了部分人對社會邊緣族羣的態度，同時也可能對稅棍利未以宴會作為悔改回轉的表達方式不接受。他們一貫認為回轉悔改的表達應該是披麻蒙灰，而不是喜慶宴樂。然而，在路加福音所表述的是，耶穌所宣告和成就的是上帝接納的「**恩年**」（四19），而回轉悔改的表達已不再只限於披麻蒙灰，亦可以是喜慶歡樂的宴會。與此同時，耶穌以同一個原則應用在隨之而來有關禁食禱告的問題上。

古代的稅棍

在古時候，羅馬政府對地方政府有兩個最基本的要求。第一，地方平靜沒有動亂；第二，準時向羅馬政府繳稅。只要滿足這兩個要求，羅馬政府基本上不怎麼理會地方政府。但因為羅馬政府將徵稅權下放，在收稅的過程中就為貪婪的人營造許多剝削百姓的空間。舉例說，某個地方應每年上繳50元稅，但負責收稅的稅棍可以加收法定以外的稅金(這叫「稅耕」"tax-farming";參三13)以中飽私囊。如果這種下放再加以外判的話，情況可以更差，這種情況造成一般人對稅棍的憎惡。在巴勒斯坦，若有猶太人作稅棍，無疑是協助外邦人剝削同胞，在這種不誠實的行徑之上還要加上種族的仇恨。所以，耶穌和稅棍接近是使人側目的。

5.2.2.3. 新舊難合(五33～39)

你的信仰經驗多是哀傷懊悔，還是喜笑歡慶？為甚麼？當別人歡笑的時候，你會與他同樂嗎？

耶穌與稅棍和其他人一起宴會，除了招惹法利賽人和經學教師非議他與罪人一起之外，也使人質疑這樣的吃喝生活是否不夠敬虔。路加藉著敍述耶穌的講論，說明信仰的生活不一定是懊悔沉鬱的。

禁食祈禱無疑是迫切和痛悔的表達方式，但耶穌卻指出，要是回轉是意味著重投天父的懷抱、是失而復得、是失掉後終被尋回的話，那喜笑、慶典和宴樂是必然的表達(參十五章的3個比喻：失羊、失錢、失兒子)。對古代猶太人而言，最欣悅歡娛的處境莫如婚宴；在舊約書卷裏，以婚宴比喻彌賽亞筵席或終末時期的慶典的(賽二十五6～9，六十一10，六十二4～5；何二19～23)，也有不少。這就是耶穌用新郎婚宴為喻的原因。

耶穌的講論說明，在新郎同在的日子，歡慶是最合宜的表現。在上帝的國度降臨和彰顯的日子，歡宴喜笑是屬於上帝的子民的。故此，若在這個喜樂慶典日子裏依然埋怨，或不斷糾纏於苦毒中，不啻是自義自苦，更是黯然失落在上帝恩典之外。

然而，耶穌的教訓和他所展示的生命，始終與經學教師和法利賽人所代表的傳統有別。兩者之格格不入，互相不能容，猶如將新衣服撕破補縫在舊衣服上，新衣服既破，舊衣服亦與補上的新布不相稱；同樣，將新酒倒入舊皮袋裏，新酒的發酵過程還未完成，而舊的皮袋亦因為缺乏彈性而不能承受因新酒繼續發酵而加增了的氣壓，至終皮袋因受壓而脹破了。在路加的敍述裏，耶穌的一句：「沒有人在喝過陳酒以後，再想喝新酒，他總說陳酒好。」(五39)不僅指出新舊不能容，更隱約指涉新舊間的隔閡，並不是容易彌補拉近，因為人總是傾向依靠自己所熟悉的經驗而拒絕新的挑戰。

在你的信仰生活中，曾否有「新舊布合縫」或「新酒舊皮袋」的經驗？你有何感受？你是否認為喝過陳酒，總是說陳酒好？

5.2.2.4. 安息日兩個爭論(六1～11)

新舊之間的衝突隨著敍事的發展而顯明出來。路加以兩次在安息日發生的磨擦，説明耶穌與固守傳統的法利賽人之間的矛盾。

律法允許猶太人因為要解決溫飽問題，可以吃別人的農作物，但是不能將它摘回家，據為己有(參申二十三25)。

在耶穌的職事裏，安息日是他與猶太領袖所爭議的課題之一。耶穌的門徒**在別人的麥田摘麥穗**並沒有任何問題，問題是他們違反了恪守安息日不能作工的誡命(出二十8～11；申五12～15)。

在安息日摘麥穗，就等如犯了**安息日不可收割的罪**。他們用手搓著吃，同樣是觸犯了不能在安息日打穀的條例(六2)。法利賽人抗議耶穌門徒所作的，是因為上帝向他們祖宗所頒布的十誡裏，寫明要守安息日。很早以前這已成為他們信仰中重要的規條，到如今也是猶太人説明自己是上帝子民的生活特色。

猶太人的口頭律法傳統《米示拿》之〈論安息日〉(m. Shabbath)裏詳細列出安息日不能作的工有39類，其中包括了收割和打穀。

耶穌引用撒母耳記上二十一章1至6節的故事，以大衛作為例子，來突出**大衛的權柄和身分**，又説明律法重新詮釋和演繹的合法性。所以，他最後以一句話補充説「人子是安息日的主」(六5)，就是將這個舊約故事引申和應用到自己的身上。在此，耶穌一方面消解了法利賽人對門徒的指控，同時亦論證自己

根據天使向馬利亞的宣告，耶穌要承繼他祖先大衛的王位。(參一32)

「耶穌知道人心中意念」這主題，早從西面的頌讚已經預示過（參二35），並在醫治癱瘓病人的敘述中已顯明出來（參五21～24）。

的身分是具有詮釋和演繹律法的權柄（參五24）。

除了彰顯耶穌自己的身分，耶穌和法利賽人就安息日的爭論，亦說明在緊急和不得已的情況下，人可以不必拘泥於律例。到了「另一個安息日」（六6；這表達方式再次表示路加敘述和記載事件的心思，以相連的事件突出其中的主題和意思），法利賽人和經學教師要窺伺耶穌的錯處，看看他如何處理一個右手枯萎的人。耶穌指示這有病的人站在所有人面前，他這樣行是**因為經學教師和法利賽人要窺探他的意念**。耶穌的質問：「關於安息日，我們的法律是怎樣規定的？做好事還是壞事？救命還是害命？」（9節）是將律例從僵化的教條提升至更高的層面。只是在路加敘述裏的法利賽人和經學教師只糾纏於律例條文，既不能洞察到耶穌的身分，也不能體會律法的精髓。新舊不相容，莫過於他們看見枯手復原時候的反應：「他們非常憤怒，彼此商量要怎樣對付耶穌。」（11節）。

看見人得醫治原本應該高興才是，但法利賽人的反應卻是「非常憤怒」，你說奇怪嗎？你曾遇過一些看規條或傳統重於一切，甚至錯過了上帝的恩惠的人嗎？

每一個羣體都生活在某些律例規條或相關的意義和範疇下，對路加的讀者而言，這就更真實。路加的敘述不迭以猶太的色彩描繪耶穌和他的家庭，顯而易見，猶太信仰和基督信仰間是有不能割切的關係。然而，外邦人究竟應該如何看待猶太人的律法，如他們怎樣看安息日這樣的規條呢？路加的記敘不僅述說了耶穌和敵對者的分歧，也見證了初代教會如何掙扎，以致重視耶穌所詮釋過於猶太的傳統。

當遇見衝擊你思想和生活框架的人，你會有甚麼反應？

5.3. 選召十二使徒（六12～16）

在路加的敘述裏，耶穌是個經常禱告、與天父有密切關係的人。

在重要的時刻，禱告幾乎是必定的元素(參三21～22，四42，五15～16，九18、28～29，二十二40～46)。除了因為耶穌為揀選門徒而禱告顯出了十二使徒之重要性外，路加的筆觸同時突出了他們的位置。

耶穌的跟從者頗眾(六13、17)，這12個人是從眾多的人裏選出來的，並稱為「使徒」①。這十二使徒之不同凡響，固然見諸路加福音中所說他們將來要審判以色列十二支派(二十二29～30；參徒二36)，但最明顯的地方是在使徒行傳第一章。從這書卷的記述裏，初代教會補選馬提亞與眾使徒同列，以取代死去的猶大，「使徒」獨特的身分及數目的意義便顯而易見：「因此，必須有另外一個人加入我們的行列，一起作主耶穌復活的見證人。這個人必須是當主耶穌在我們當中出入時——從約翰施洗開始到耶穌被接升天為止那一段期間——始終跟我們在一起的人。」(徒一21～22)。

你能看到禱告在耶穌的生命方向和生活價值中佔甚麼地位嗎？在人生的重要關頭，你會禱告嗎？你怎樣禱告？

釋經短註

① 符類福音都有記載十二使徒的名字。除了次序有少許不同外，3個名單基本都相同。只是路加福音的名單以「雅各的兒子猶大」取代馬太福音和馬可福音的「達太」。這個微小的差異可能有兩個解釋：第一，達太和雅各的兒子猶大是同一個人；第二，路加所有的資料與馬太和馬可的有少許不同。第二個的解釋並非全不可能。正如路加在福音書的序言所說，他使用了前人的傳統。如果跟從耶穌的人頗眾(參徒一15；林前十五5～6)，名單出現差異是可能的。參下表列：

馬太福音十2～4	馬可福音三16～19	路加福音六12～16
第一個是西門(別號彼得)	西門(耶穌又給他取名彼得)	西門(耶穌又給他取名彼得)
他的弟弟安得烈	安得烈	他的弟弟安得烈
西庇太的兒子雅各， 雅各的弟弟約翰	西庇太的兒子雅各和雅各的弟弟約翰(耶穌又給他們取名半尼其，意思是「性如暴雷的人」)	雅各和約翰

腓力	腓力	腓力
巴多羅買	巴多羅買	巴多羅買
收稅的馬太	馬太	馬太
多馬	多馬	多馬
亞勒腓的兒子雅各	亞勒腓的兒子雅各	亞勒腓的兒子雅各
達太	達太	雅各的兒子猶大
激進黨的西門	激進黨的西門	「激進黨」的西門
那出賣耶穌的加略人猶大	出賣耶穌的加略人猶大	出賣耶穌的加略人猶大

溫習問題

1. 彼得的蒙召與以賽亞的蒙召有何相同之處？這一章曾兩次提及耶穌呼召門徒（五1～11，六12～16），試比較兩者之異同。
2. 在這一章裏，耶穌醫好了癱瘓病人及右手枯萎的病人。醫治的背後也帶著不同的信息，試列明出來。（五參17～26，六6～11）
3. 耶穌如何藉著「新舊難合」的比喻（五33～39）來說明禁食的意義？
4. 你能說出安息日連串爭論背後的意思嗎？（參五17～六11）
5. 在路加的敘事裏，耶穌的門徒有甚麼角色？（參六12～16）

第六章

加利利的職事：上帝國度的應許（六17至49）

- 上帝之子進入人羣之中
- 上帝國度的應許和挑戰
- 上帝國度的子民和素質

經文

耶穌的教導和治病

6 17耶穌和使徒們一起下了山；他與許多門徒一起站在平地上，
擁擠的羣眾從猶太全地、耶路撒冷和沿海城市泰爾、西頓等地
集合到那裏，18要聽他講道，也盼望他治好他們的疾病。那些被污
靈纏擾的也來了，並且得到醫治。19大家都想要摸他，因為有能力
從他身上發出來，治好了他們。

喜樂和憂傷

20耶穌轉向他的門徒，對他們說：

「貧窮的人多麼有福啊；
你們是上帝國的子民！
21「現在飢餓的人多麼有福啊；
你們要得到飽足！
「現在哭泣的人多麼有福啊；
你們將要歡笑！

22「為了人子的緣故，有人懷恨你們，棄絕你們，侮辱你們，把
你們當作邪惡的，你們就有福了！23從前他們的祖宗也是這樣對待
先知。在那日子，你們要歡欣雀躍，因為在天上將有豐富的獎賞為
你們保存著。

24「但是，你們現在富有的人要遭殃了，
因為你們已經享夠了安樂！
25「現在飽足的人要遭殃了，
因為你們將要飢餓，
「現在歡笑的人要遭殃了，
因為你們將要哀慟哭泣！

26「人人都稱讚你們的時候，你們有禍了，因為他們的祖宗對假
先知也曾說了同樣的話。」

論愛仇敵

27「但是，你們這些聽我話的，我告訴你們，要愛你們的仇敵，
善待恨惡你們的；28為詛咒你們的人祝福，為侮辱你們的人禱告。
29有人打你一邊的臉，連另一邊也讓他打吧！有人拿走你的外衣，
連內衣也讓他拿走吧！30誰對你有所要求，就給他；有人拿走你的
東西，不要去要回來。31你們要別人怎樣待你們，你們也要怎樣待
他們。

32「假如你們只愛那些愛你們的人，有甚麼功德呢？就連罪人也
愛那些愛他們的人！33假如你們只善待那些善待你們的人，有甚麼
功德呢？就連罪人也會這樣做的！34假如你們只借錢給有希望償還
的人，又有甚麼功德呢？就連罪人也借錢給罪人，只是要如數收回！
35不，你們要愛仇敵，善待他們；借錢給人，而不期望收回。那麼，
你們將得到豐富的獎賞，而且將成為至高上帝的兒女，因為他也以
仁慈待那些忘恩負義和邪惡的人。36你們要仁慈，正像你們的天父
是仁慈的。」

不要評斷別人

37「不要評斷人，上帝就不審斷你們；不要定人的罪，上帝就不
定你們的罪；要饒恕人，上帝就饒恕你們。38施與別人，上帝就會
施與你們，並且用大升斗，連搖帶按，盡你們所能攜帶的，滿滿地
倒給你們。你們用甚麼量器來量，上帝也要用同樣的量器來量還給
你們。」

39耶穌也對他們講一個比喻，說：「盲人不能領盲人的路；如果
這樣，兩個人都會掉進坑裏去。40學生不高過老師，但是他學成後
會像老師一樣。

41「你為甚麼只看見弟兄眼中的木屑，卻不管自己眼中的大樑呢？
42你自己眼中有大樑，怎能對弟兄說『弟兄，讓我去掉你眼中的木屑』
呢？你這偽善的人，先把自己眼中的大樑移去，才能看得清楚，去
把弟兄眼中的木屑挑出來。」

樹和果子

43「好樹不結壞果子，壞樹也不結好果子；44樹的好壞從它的果子
分辨得出來。你們不會在荊棘裏摘無花果，也不會在蒺藜中採葡萄。
45好人從他心裏頭積存的善發出善來；壞人從他積存的惡發出惡來。
一個人的心裏充滿著甚麼，嘴就說甚麼。」

兩種基礎

46「你們為甚麼稱呼我『主啊，主啊』，卻不實行我吩咐你們的話
呢？47我告訴你們，那到我跟前來，聽了我的話而去實行的，是像
甚麼樣的人呢？48他像一個蓋房子的人，挖深了土，把根基立在磐
石上。洪水氾濫沖擊那座房子的時候，房子卻不動搖，因為它建造
得好。49可是，那聽了我的話而不去實行的，是像一個人把房子蓋
在沒有打根基的土地上，河水一沖，房子立刻倒塌，造成了極嚴重
的損壞！」

論到耶穌的宣講，耶穌曾在會堂裏與宗教領袖討論信仰（參四14～21），而六章17至49節是路加所記述耶穌第一篇公開向羣眾的教導，稱之為「平原寶訓」①。路加所記述的這篇教導，與馬太福音第五至七章一般所謂的「登山寶訓」非常接近，但同時，這兩段經文所顯示的內容主題和篇幅亦有顯著的分別。只須仔細對比，讀者便會明白路加福音所記述的教訓重點，並耶穌的教導如何與福音書的整個主題貫通協調，進而掌握路加的寫作對象的社會處境。為方便比較，下表列將兩卷福音書的寶訓內容特點列出，顯示馬太福音和路加福音的不同重點：

路加福音六17～49	馬太福音五1～七29
整篇講道共33節	整篇講道共111節
4種福對照4種禍	只有8種福，並沒有述及禍
沒有與猶太律法作對比	強調耶穌的教訓與猶太律法的關係
以第二人稱表示 你們……有福啊（20下～23節） 你們……遭殃了（24～26節）	以第三人稱表示 ……有福啊，因為……他們（3～10節） 從11節開始才以第二人稱宣述
貧窮人的福對照富裕人的禍（20～26節）	沒有對比
宣講內容針對具體生活的、物質上的，亦有社會的訴求和社會現象	例：貧窮的人多麼有福啊；你們是上帝國度的子民！（20節）
宣講內容傾向「品格」、「氣質」方面的憧憬和描述	例：承認自己靈性貧乏的人多麼有福啊；他們是天國的子民！（五3）
強調「現在」和「將要」的對比	沒有這種對比

6.1. 上帝之子進入人羣之中（六17～19）

根據路加的敍述，耶穌宣講的「平原寶訓」是緊接著在耶穌上山選召十二使徒（12～13節）之後。如此一來，**「耶穌和門徒一起下了山」**（17節），他宣講的對象，自然是將來要為他作見證的使徒。但是，耶穌的跟從者並不止於十二使徒，還有許多的門徒和羣眾。除了猶太全地和耶路撒冷的猶太人，還有那來自泰爾和西頓的外邦人。大概因為那些曾被耶穌醫治過的人將耶穌的事迹傳開，引致來自不同地方的人都來加利利看個究竟。路加形容這些羣眾是**「擠擁」**而來的，所以來的人很多，他們來的目的除了是**「聽他講道」**，還盼望耶穌可以醫他們的病（17～19節）。

不同的人來到耶穌跟前有不同的期望，有人只求醫治，有人要聽道理。那麼，你對信仰又有何期望？是屬觀望的、求醫的，抑或願意委身其中呢？

耶穌醫病之後，就**「轉向他的門徒」**（20節）講道，可見羣眾之中，有人只為了醫病，亦有人真的為了聽道，路加形容那些來聽道的人為**「門徒」**。現在耶穌就要教導他們如何作門徒，他一方面要挑戰他們如何看自己的身分，同時亦正面地教導他們應如何實踐信仰，培養門徒美好的素質。

6.2. 上帝國度的應許和挑戰（六20～26）

6.2.1. 逆轉的信息

路加記載耶穌宣講的內容，都是圍繞著他寫此福音書的主題而著筆，顯明耶穌對社會裏被遺忘和壓制的人特別關注。誠然，路加對貧窮人和邊緣人之重視，是從福音書一開始就出現的主題。從撒迦利亞、馬利亞、西面、野地裏的牧羊人，以至耶穌早前的職事，以及在這裏的宣講，路加藉著不同人的預言、宣告，來實踐一個極其重要的信息：上帝的恩惠臨到被人遺忘的羣眾中，使他們蒙恩惠、被提升。在上帝眷顧和安慰卑微人的同時，就是貶抑權威和富足的人士。這就是路加一直所強調的「逆轉」主題信息。

路加的逆轉主題，使你感到震撼嗎？設想你是個低下和貧窮的人，又或是個有權富足的人，你怎樣看自己的身分和價值？

路加福音的這個信息不啻是福音，更是翻天覆地的革命信息。原來獲上帝青睞眷顧的，竟然不是社會裏受人尊敬欣羨的上層人，而是那為人所摒棄和忘記的貧病羣眾、社會的低下層民眾和罪人。讀者或者可以從另一個角度理解，沒有人可以在上帝面前倚仗任何地位、財富、智慧、權勢以贏取祂的喜悅。只有完全一無所倚、毫無所靠的人才能相信上帝、接受祂的恩惠。

路加那具體和真實的描述，突顯了耶穌宣講中鮮明的對比和逆轉。在路加福音中，耶穌揭示的並不是內在的德行素質，而是可見的生活實況和不同身分的人的差別。耶穌宣講的對象，不是模糊的形象，而是確實在社會階層裏活生生的人。所以，在路加福音裏，高低、貧富、強弱、貴賤等等的對比是鮮明的。正因為這些對比的存在，才突顯逆轉的主題；換言之，逆轉的先設條件是對比。所以，儘管其他福音書同樣記述耶穌關顧貧苦大眾，但路加刻意描繪這個信息使之成為路加福音的特色。可以說，從路加福音整體的敍述看，路加所記敍耶穌的寶訓更是充滿了他寫作的特色。再深入的看，耶穌在路加福音六章17至49節的教導，實在與路加的整體敍事緊緊相扣，前後呼應。

6.2.2. 貧富共處的羣體

路加福音的寶訓特色，不僅反映上帝之子對被壓抑和欺凌的人的關愛，同時亦可能反映路加福音的讀者所面對的處境和挑戰。如果馬太福音的寶訓反映讀者處於猶太會堂並拉比爭論的背景，則路加福音的寶訓就反映外邦世界的階級生活。路加記述耶穌的宣講，在安慰卑賤和貧窮人的同時，亦對有社會地位的人如提阿非羅作出提醒。

所以，耶穌的宣講不僅呈現貧富、強弱、貴賤等社會和經濟的對比，更有明顯的信仰挑戰。仔細察看第四個福，在形式上仍然是「逆轉」，但其重點並不在於聽眾或讀者社會的階層低下，而是在於他們應如何跟從這位「人子」：

> [22]為了人子的緣故，有人懷恨你們，棄絕你們，侮辱你們，把你們當作邪惡的，你們就有福了！[23]從前他們的祖宗也是這樣對待先知。在那日子，你們要歡欣雀躍，因為在天上將有豐富的獎賞為你們保存著。(22～23節)

如此一來，上帝的國度和福氣不僅臨到社會的邊緣族羣，同樣也包括社會階層裏較高的人，所以凡願意因為耶穌而甘心面對拒絕和摒棄的人都是耶穌的門徒，不論他的身分如何。所以，耶穌在路加福音所宣講的，並不絕對是針對、否定或貶抑富裕和有權勢的人，而是挑戰他們認識信仰的真諦及其對應生活的責任和意義。事實上，路加福音和使徒行傳的寫作對象是**「提阿非羅閣下」**(一1；徒一1)，無論他是個真實人物或象徵人物，都應該是社會裏地位高尚的尊貴人物，而兩卷書中亦不乏富有或有權勢的人以積極的態度回應耶穌和福音的要求。

原來若要領受上帝的福氣，必須先委身給祂。你嚮往得到這些福氣嗎？你相信自己能承擔祂所交付給你的使命嗎？

誠然，上帝國度的應許並不是指向第三者，而是非常切身的指向受眾「你們」。同理，上帝國度的挑戰亦不是無關痛癢的。路加福音裏的耶穌是直接向門徒、並所有聽道的人宣告福氣和禍害：**「你們有福了」**、**「你們遭殃了」**。在路加的敘述裏，耶穌宣講的聽眾就是他的對象。這種以第二身表述的宣講形式，是直接針對聽者而發的。甚至可以進一步說，耶穌就上帝國度的教訓，既是向他跟前的門徒，也是針對每一位聽眾讀者而宣告的。

6.3. 上帝國度的子民和素質（六27～49）

在宣告福禍之後，路加福音裏的耶穌進一步勾畫上帝國度子民的生活素質。如上所述，耶穌不僅要求到他跟前聽道的人有這素質，也要求所有藉著經文而得聽耶穌聲音的人：「你們這些聽我的話的……」（27節）。如果耶穌所宣講的對象不單是在他面前的跟從者，同時亦包括所有後來得聽其教導的跟從者，那麼這些要求不應該是暫時的「**過渡期的倫理**」（interim ethics），而是指向上帝的軌迹路徑：「你們要仁慈，正像你們的天父是仁慈的。」（36節）

新約學者史懷哲（A. Schweitzer）認為，耶穌相信上帝的國度很快會實現。在世生活的人必須以嶄新的倫理迎接上帝的臨在。這在現世生活與上帝國度來臨之間的時間內的倫理守則就是「過渡期的倫理」。

6.3.1. 上帝的仁慈

無論是路加福音還是馬太福音，耶穌的論說對當代的聽眾和現代的讀者，同樣是震撼、甚至令人不安的。然而，了解和實踐耶穌言論，不能只根據詞彙表面的意思，必須同時掌握其中內容的神學及信仰上的精髓、表達形式，而至背後的文化處境。

耶穌講論的精髓在於「正像你們的天父是仁慈的」，而不是在於條文字面的意思，因為單從字面看，耶穌的「要求」不單是強人所難，甚至是匪夷所思：「有人打你一邊的臉，連另一邊也讓他打吧！有人拿走你的外衣，連內衣也讓他拿走吧！」（29節）然而，如果耶穌所倡議的不是以「律法語言」（legal language）表達的要求或條文，而是以「想像式語言」（imaginative language）來深化和啟迪聽眾和讀者，那麼耶穌所提出的就不是用來規範外在行為的條例了。換言之，耶穌的倡議並沒有要

尼采（Nietzsche）以基督教為弱者的宗教，而馬克思（Karl Marx）則認為宗教是人民精神鴉片。你又認為耶穌所倡議的倫理是可行、可實踐的嗎？

求跟從者在所有情況下都必須任人侮辱。如果這不是律例規條，他的跟從者即使是在受欺壓的處境下，既不是無可選擇的被動，也不必有無可奈何的嗟怨，而耶穌的教訓更不應視為弱者用來逃避現實的「鴉片」。

你心中有仇恨嗎？你願意靠上帝的恩典放下對他／她的仇恨嗎？

「要愛你們的仇敵，善待恨惡你們的」(27節)，這話顯示耶穌的跟從者並不是被動的受壓者，而是主動的施予者。他們不是接受別人(甚至敵人)的擺布，而是作施事者。耶穌和他的跟從者所實踐的，也不是一般倫理觀點或價值所能理解的。耶穌舉了一個看來極端非常的例子(參29～30節)，將天國的倫理對照人間的倫理法則，這比喻有如一把直插人心的利刃。

耶穌指出，就是最不堪的罪人也會以互利互惠的原則回饋朋友(32～34節)。以此基礎作為行事準則的人，地位高低、智愚、富貧其實都沒有分別。一般人所奉守的法則往往是「你若期望我善待你，你必須先善待我」或者是「你不仁，我不義」，這無疑是因應對方的行為和態度來決定自己的行為。然而耶穌卻提出**「你們要別人怎樣待你們，你們也要怎樣待他們」**(31節)，人要以自己的憧憬、遠象和價值，來決定一己的行為，為之負責。這無疑是從另一個角度看倫理的「相互原則」(principle of reciprocity)。

當明白這個方向後，自然更能體會耶穌所提說的幾個極端例子。無論是連另一邊臉都給人打，還是連裏衣也給了人，耶穌的跟從者的行為都不是由別人的行為所激發，而是由內心的聲音所引導。所以，耶穌的講論比規條更有力量，這力量不是無可奈何地壓在肩頭那難擔的擔子，而是從心底發出來的。耶穌的講論是富有想像力，也是富創造性的力量。他的跟從者在內心聲音所導引下(45節)，應該能因應個別的環境和外在因素，作出活潑而有力的決定和行動。耶穌的教導並不是要塑造無知和軟弱的跟從者。

當然，耶穌所宣講的倫理憧憬，並不是人文精神所建立的烏托邦，而是上帝的恩慈(36節)。上述所說內心的聲音，就是上帝的聲音，所以耶穌在跟從者生命裏所種植的心聲，並不是良知的呼喚，乃是上帝召喚其子民的聲音(35節)。最後，跟從者的力量並非源自一己的意志力，乃是源於那位上帝之子的榜樣。路加的讀者，將會從福音書的敘事裏，充分體會耶穌所宣講的，是真確地實現在他的職事和生命上。誠然，天國的倫理並不是摸不著邊際的夢囈，而是透過這位上帝之子實實在在地彰顯在地上。

6.3.2. 上帝的饒恕

在路加的記述裏，耶穌的倫理講論與希羅世界的倫理學者頗有共通之處，但耶穌與希羅世界的倫理學者的分別，也正是其講論最突出之處。耶穌倡議的倫理，基礎不在於人的理想或省悟，而在於上帝與人的關係(37～38節)。耶穌對倫理的憧憬，並非建立在人與人之間互相的關係和協調中，而是在上帝的恩慈和審判上。所以天國子民的倫理，是在於自己內心的省察和體會，而不是因應別人的表現和態度。內心的呼喚，使耶穌的跟從者得以悟見「**先把自己眼中的大樑移去，才能看得清楚**」(42節)。內心的呼喚，使耶穌的跟從者「**不要評斷人**」、「**不要定人的罪**」、「**要饒恕人**」、「**施與別人**」(37～38節)，是因為上帝的恩慈(饒恕、施予)和上帝的審判(審斷、定罪)。

俗語有云：「有人的地方就有批評。」你如何阻止自己陷入這處境中？你認為批評對人與人之間的關係帶來多大的傷害？

《和合本》將六章37節譯成「**你們不要論斷人，就不被論斷……**」耶穌講論中所用的被動語式隱藏了賓語，容易令人誤會他所指的是，為了避免人的論斷、人的定罪，最好就是自己不去論斷人。但無論是聽眾還是讀者，都可以從講論的整體聽到耶穌的聲音，正如《現修》所譯的「不要評斷人，上帝就不審斷你們；不要定人的罪，上帝就不定你們的罪」，終極的賞賜和審判來自上帝而不是人：「你們為甚麼稱呼我『主啊，主啊』，卻不實行我吩咐你們的話呢？」（46節）

6.3.3. 實踐信仰的生命

當耶穌教導門徒何謂上帝國度的子民的素質，他必要提醒門徒要切實地活出這素質，而不是只在口頭上遵行他所教訓的。上帝國度子民的生命必須是表裏一致的。如果一棵樹的生命是豐盛健康的，那麼它必然相應地結出豐盈纍纍的果子。反之，枯萎瘦弱的樹就算能結出果子，也不能避免是寥落乾澀的「壞果子」（43～44節）。耶穌甚至用一個更誇張的講法說明表裏不一的悖謬，猶如不同種源的植物產生相異的果子：荊棘如何能生出無花果？而蒺藜又如何可以產生葡萄？誠然，信仰的素質與生命的流露不能分割。好樹結好果子，壞樹結壞果，良善的人生發美善，壞人抖出惡毒（45節）。更重要的是，耶穌要求其跟從者的不是一套道德倫理守則，而是生命的認信和順服；信仰的實踐不是律法主義，而是尊主為大（46節）。

中國人有云「有諸內，形諸外」，這句話與主耶穌的教訓有何異同？

不過，門徒要怎樣活出耶穌所教導的呢？耶穌指出這不是靠外力，而是靠內在的生命素質。耶穌先用了樹和果子，繼而以兩種根基作比喻，指出門徒應留意自己內裏生命的建立。耶穌的蓋房子比喻，進一步說明門徒建造生命並不是依賴自己的力量，因為房子是否穩固，完全在於其根基。若門徒的內心早已拒絕按耶穌的話而行，他沒法培育出堅固的根基，久而久之便隨波逐流，終被世界的洪流沖走。但如果門徒的生命以耶穌的宣講和職事為榜樣和基石，則無論洪流如何洶湧，他們在上帝面前仍然是屹立不倒。

釋經短註

① 路加的「平原寶訓」與馬太福音的「登山寶訓」(太五～七章)的異同是研讀聖經的人所感到興趣的。兩個講論既有相似的地方，也有不同之處。就內容和篇幅而言，馬太福音明顯比路加福音的長，內容重點的分別也是不難發現。就耶穌宣講的所在，馬太福音和路加福音也有所不同。馬太福音說耶穌「上了山……開始教導他們」(太五1～2)，而路加福音則報道耶穌「下了山；他與許多門徒一起站在平地上……」(六17)。究竟路加福音和馬太福音所講述的是同一件事還是兩件事？如果是同一件事，為何其中的差異是如此大？正如其他同樣出現在不同福音書裏相似的記述，每一個記載都有其獨特的意義，讀者不必也不應將這些記述糅合(如路加所說的平原就是山裏的平地)。事實上，不同福音書所記載相同的故事，其中的分別幾乎是無法完全糅合的，正如路加和馬太記述耶穌受試探的次序有所不同一般。要明白福音書裏面的記載，還需要就每卷福音書的方向和重點，而不是以湊合的方式理解。事實上，平行比較的閱讀為要突出其分別，並掌握箇中的意義，而不是強將其組合。

溫習問題

1. 路加的「平原寶訓」有甚麼特色(六17～49)?它與馬太福音的「登山寶訓」(五1～七29)有何異同?
2. 我們應以怎樣的態度研讀4卷福音裏的平行經文?如何處理它們之間的異同?
3. 從路加的寶訓推敲，讀者羣體是由哪類人組成的?
4. 從這章討論的經文中，如何再次看見路加那「逆轉的信息」?
5. 上帝的子民應該有哪些素質?

第七章

加利利的職事：上帝國度的召喚（七1至八56）

- 上帝國度的召喚
- 上帝國度的門徒

經文

耶穌治好羅馬軍官的僕人

7 1耶穌向羣眾說完了這些話，就到迦百農去。2那裏有一個羅馬
軍官，他所器重的僕人患重病，快要死了。3軍官聽到耶穌的事，
就託幾個猶太人的長老去請求耶穌來治好他的僕人。4他們到了耶
穌那裏，懇切地求他說：「這個人的確值得你的幫助；5他愛護我們
猶太人，曾經替我們建造會堂。」

6於是耶穌和他們去。他快到那裏的時候，軍官託幾個朋友來告
訴耶穌說：「主啊，請不必勞駕。你到舍下來，我不敢當；7我自己
也不配跟你見面。只要你吩咐一聲，我的僕人就會好的。8就像在
我上面有指揮我的長官，下面有受我指揮的兵士；我命令這個人去，
他就去，命令那個人來，他就來；對我的奴僕說『你做這個』，他就
去做。」

9耶穌聽見這話，非常驚奇，轉身向跟隨著他的羣眾說：「我告
訴你們，像這樣的信心，就是在以色列人當中，我也沒有見過！」

10那些被差派來的人回到軍官家裏，看見軍官的僕人已經好了。

使寡婦的兒子復活

11過了不久①，耶穌到拿因城去；他的門徒和一大羣人跟著他去。
12他來到城門口，剛好一隊送殯的行列出來。那死者是一個寡婦的
獨生子；從城裏有許多人出來，陪著寡婦送殯。13主看見了那寡婦，
心裏充滿了悲憫，就對她說：「不要哭！」14然後上前按著抬架，抬
的人就站住。耶穌說：「年輕人，我吩咐你起來！」15那死者就坐起
來，並且開始說話。耶穌把他交給他的母親。

16大家都非常驚異；他們頌讚上帝說：「有偉大的先知在我們當
中出現了！」又說：「上帝來拯救他的子民了！」

---

①「過了不久」另有古卷作「次日」。

17關於耶穌這件事的消息傳遍了猶太和附近各地區。

施洗者約翰的門徒來見耶穌

18約翰的門徒把這一切的事都告訴約翰。約翰叫了兩個門徒來，
19差他們去見主，要他們問他：「你就是約翰所說將要來臨的那一位，
或是我們還得等待另一位呢？」

20他們到了耶穌那裏，就說：「施洗者約翰差我們來問你：『你
就是他所說將要來臨的那一位，或是我們還得等待另一位呢？』」

21剛好在那時候耶穌治好了許多患病、患瘚症，和邪靈附身的人，
並且使許多失明的重見光明。22於是他回答約翰的門徒說：「你們回
去，把所看見所聽到的報告約翰，就是失明的看見，跛腳的行走，
痲瘋的潔淨，耳聾的聽見，死人復活，窮人聽到福音。23那對我不
疑惑的人多麼有福啊！」

24約翰的使者走了以後，耶穌就向羣眾談起約翰，說：「你們
從前到曠野去找約翰的時候，想看的是甚麼呢？是被風吹動的蘆
葦嗎？25你們究竟要看甚麼呢？是看衣著華麗的人嗎？衣著考究、
起居奢侈的人是住在皇宮裏！26那麼，你們出去看甚麼呢？是看
先知嗎？是的，可是我告訴你們，他比先知還大。27他就是聖經
上所提到的那一位；上帝說：『看吧，我要差遣我的使者作你的
前驅；他要為你開路。』」28耶穌又說：「我告訴你們，在人間沒有
比約翰更偉大的人；但是在上帝的國裏，最微小的一個都要比約
翰偉大呢！」

29一般羣眾，包括收稅的人，聽見耶穌的話，都順從了上帝公
義的要求，因為他們已經接受約翰的洗禮。30但是法利賽人和法律
教師們拒絕了上帝為他們安排的計劃，因為他們沒有接受約翰的
洗禮。

31耶穌又說：「那麼，我要拿甚麼來比擬這世代的人呢？他們究
竟像甚麼呢？32他們正像坐在街頭上玩耍的孩子，其中的一羣向另
一羣喊說：『我們為你們吹婚禮樂曲，你們不跳舞！我們唱喪禮哀

歌，你們也不哭泣！』[33]施洗者約翰來了，不吃不喝，你們說：『他
有鬼附身！』[34]人子來了，也吃也喝，你們卻說：『他是酒肉之徒，
跟稅棍和壞人交朋友！』[35]但是，上帝的智慧是從所有接受智慧的人
身上彰顯出來的。」

罪婦的悔改

[36]有一個法利賽人請耶穌吃飯，耶穌就到他家裏赴席。[37]當地有
一個女人，一向過著罪惡的生活。她聽說耶穌在那法利賽人家裏吃
飯，就帶了一個盛滿著香油膏的玉瓶來。[38]她在耶穌背後，挨著他
的腳哭。她的眼淚滴濕了耶穌的腳，就用自己的頭髮擦乾，並用嘴
親吻，然後把香油膏抹上。[39]請耶穌吃飯的那個法利賽人看見了，
心裏想：「這人若真的是先知，他應該知道摸他的是怎樣的一個女
人；她是有罪的人！」

[40]耶穌就對他說：「西門，我有句話跟你說。」

西門回答：「老師請說。」

[41]耶穌說：「有兩個人同欠一個債主的債，一個欠五百塊銀圓，
另一個欠五十塊銀圓。[42]兩個人都無力償還，債主就把他們的債都
取消了。你想，他們哪一個會更愛他呢？」

[43]西門回答：「我想是那個獲得較多寬免的。」

耶穌說：「你說得對。」[44]於是他轉向那女人，對西門說：「你看
見這個女人嗎？我來到你家，你沒有給我水洗腳，她卻用眼淚洗我
的腳，並且用她的頭髮擦乾。[45]你沒有用接吻禮歡迎我，但是她從
我進來就不停地親我的腳。[46]你沒有用油抹我的頭，她卻用香油膏
抹我的腳。[47]我告訴你，她所表示深厚的愛證明了她許許多多的罪
都已經蒙赦免。那少得赦免的，所表示的愛也少。」

[48]耶穌就對那女人說：「你的罪都蒙赦免了。」

[49]於是同席的人心裏想：「這個人是誰？居然赦免人的罪！」

[50]耶穌對那女人說：「你的信心救了你；平安地回去吧！」

跟從耶穌的婦女們

8 [1]過了些時候，耶穌走遍各城市鄉村，傳揚上帝主權的福音；十二使徒跟他同行。[2]此外還有些婦女，都是曾被邪靈和疾病纏擾、已經被治好了的；其中有抹大拉的馬利亞，從她身上曾有七個鬼被趕出來；[3]還有希律官邸的官員苦撒的妻子約亞娜，和蘇撒娜，以及其他好些婦女。她們都用自己的財物供應耶穌和他的門徒。

撒種的比喻

[4]羣眾從各城各地紛紛來見耶穌。一大羣人聚集的時候，耶穌對他們講下面的比喻：

[5]「有一個撒種的出去撒種。他撒的時候，有些種子落在路旁，被人踐踏，鳥兒飛來把它們吃掉了。[6]有些落在石地上，種子長苗後就枯乾了，因為得不到水分。[7]有些種子落在荊棘裏，荊棘跟著一起生長，把幼苗擠住了。[8]另外有些種子落在好的土壤裏，長苗，長大起來，結實百倍。」

耶穌又說：「有耳朵的，都聽吧！」

比喻的目的

[9]耶穌的門徒來問他這比喻的意思。[10]他說：「有關上帝國奧祕的知識已經給了你們；至於對其他的人，就用比喻，使他們視而不見，聽而不明。」

解釋撒種的比喻

[11]「這比喻的含意是這樣：種子是指上帝的信息。[12]落在路旁的種子是指人聽了信息，魔鬼來了，從他們心裏把這信息奪走，使他們不能因信而得救。[13]落在石地上的種子是指人聽了信息後樂意接受，可是信息在他們心裏扎根不深；他們一時相信，但一遇到考驗就站立不住。[14]落在荊棘裏的種子是指人聽了信息，可是生活上的憂慮，財富和享樂的誘惑，窒息了這信息的生機，不能結出成熟的果實。

[15]落在好土壤裏的種子是指人聽了信息，以良善和誠實的心持守它，
恆心等待，直到它結出果實。」

斗底下的燈

[16]「沒有人點了燈，卻用斗把它蓋起來，或是拿來放在牀底下。
他一定把燈放在燈臺上，使進來的人看得見亮光。[17]任何隱藏的事
總會被張揚出來，任何掩蓋的事也會被揭露出來，為人所知。

[18]「所以，你們要留心聽；因為那有的，要給他更多；那沒有的，
連他自以為有的一點點也要奪走。」

耶穌的母親和兄弟

[19]耶穌的母親和兄弟來看他，可是因為人多，不能接近他。[20]有
人告訴耶穌：「你的母親和兄弟站在外面要見你呢！」

[21]耶穌對他們說：「那些聽了上帝的信息而實行的，就是我的母
親和兄弟！」

耶穌平息風浪

[22]有一天，耶穌同門徒上船，對他們說：「我們到湖的那邊去。」
他們就出發。[23]船行的時候，耶穌睡著了。忽然有一陣狂風襲擊湖
面，船灌滿了水，非常危險。[24]門徒來叫醒耶穌，說：「老師，老師，
我們快沒命啦！」

耶穌醒過來，斥責狂風大浪，風浪就止息，湖面平靜。[25]耶穌問
他們：「你們的信心在哪裏呢？」

他們又希奇又驚駭，彼此說：「這個人到底是誰？他向風浪下命令，風浪也聽從他！」

耶穌治好被鬼附身的人

[26]他們渡過加利利湖到對岸格拉森地區。[27]耶穌一上岸，當地有
一個被鬼附身的人迎面走過來。這個人已經好久不穿衣服，不住在

家裏，卻住在墓穴中。28他一看見耶穌，就喊叫起來，俯伏在耶穌
面前，大聲說：「至高上帝的兒子耶穌，你為甚麼要干擾我呢？我
求你不要折磨我！」29他這樣說是因為耶穌曾命令污靈從那個人身上
出來。好多次污靈抓住了他，甚至當他被拘禁、手腳給鎖鍊鎖著的
時候，他竟也能夠掙斷鎖鍊，被鬼趕到荒野去。

30耶穌問他：「你叫甚麼名字？」

他回答：「我叫『大羣』」，因為有許多鬼曾附著他。31鬼央求耶
穌，不要把他們趕進深淵去。

32在附近山坡上剛好有一大羣豬在吃東西。鬼就央求耶穌，准許
他們進入豬羣；耶穌准了他們。33鬼就從那人身上出來，進入豬羣；
整羣的豬衝下山崖，竄入湖裏，都淹死了。

34放豬的人看見這事，就逃跑，到鎮上和鄉下散佈消息。35當地
的居民出來，要看發生了甚麼事。他們到耶穌那裏，發現鬼已從他
身上出來的那人坐在耶穌腳前，穿著衣服，神智清醒，就害怕起來。
36看見這事的放豬人把那個人得到醫治的經過告訴大家。37於是格拉
森地區的居民都要求耶穌離開那裏，因為他們非常害怕。耶穌就上
船離開。38鬼已從他身上出來的那人要求耶穌說：「請讓我跟你去！」

可是耶穌打發他回去，說：39「你回家去，述說上帝為你所做的事。」

他就去了，走遍全鎮，傳揚耶穌為他所做的事。

葉魯的女兒和患血崩的女人

40耶穌回到湖的對岸，羣眾歡迎他，因為大家都在等候他來。
41有一個會堂主管，名叫葉魯，也來了。他俯伏在耶穌腳前，求耶
穌到他家裏去，42因為他十二歲的獨生女兒快要死了。

耶穌去的時候，人羣前後擁擠著他。43有一個女人患血崩已經十
二年；她在醫生手上花盡了她所有的錢②，還是沒有人能夠治好她。
44她走到耶穌背後，摸了耶穌外袍的衣角，她的血崩立刻止住。45耶

② 有些古卷沒有「她在醫生手上花盡了她所有的錢」。

穌問：「誰摸了我？」

大家都不承認。彼得說：「老師，你前後左右都是人，大家擁擠
著你呢！」

46可是耶穌說：「有人摸了我，因為我知道有能力從我身上出去！」
47那女人知道自己被發覺了，就戰戰兢兢地來跪在耶穌面前，當著
大家告訴耶穌，她為甚麼摸他，又怎樣立刻好了。48耶穌對她說：
「孩子，你的信心救了你！平安地回去吧。」

49耶穌正說這話的時候，有人從會堂主管的家裏趕來，告訴葉魯：
「你的女兒已經死了，不必再麻煩老師了。」

50耶穌聽見了就對葉魯說：「不要怕，只要信！她會好起來的。」

51耶穌到了葉魯家裏的時候，除了彼得、約翰、雅各，和女孩子
的父母，不許別人跟他一起進去。52在那裏的人都在為這女孩子號
咷大哭。耶穌說：「不要哭！這女孩子沒有死，只是睡著了。」

53大家都譏笑他，因為他們知道女孩子已經死了。54耶穌拉著她
的手，喊說：「孩子，起來！」55她的魂就回來，立刻起來。耶穌吩
咐他們給她一些東西吃。56女孩子的父母非常驚訝，耶穌鄭重地叮
囑他們，不要把所發生的事告訴任何人。

路加福音繼續縷述和鋪陳耶穌在加利利的職事。在接著的經文裏，路加藉著呈現耶穌的身分和職事，宣告上帝拯救子民的恩年和祂國度的臨降。無論是醫治的奇迹神能——醫治羅馬軍官的僕人、使拿因城寡婦的兒子復生，還是接納被遺棄排斥的有罪的女人，上帝之子耶穌向四周的人呼喚，正是上帝國度的召喚。

7.1. 上帝國度的召喚（七1～50）

在回應上帝國度呼喚的人裏，路加繼續以幾個不同的組合，再加上耶穌自己的講論，呈現跟從者幾個不同的面貌。

7.1.1. 醫好羅馬軍官的僕人（1～10節）

耶穌醫治羅馬軍官的僕人的故事，是在第六章耶穌宣講禍福之後，表面看來讓人有鄙夷權貴和富裕階級的感覺。但正如上文所述，耶穌所宣講上帝國度和福氣，並不僅臨到社會的邊緣族羣，同樣也包括那些有社會地位而又虔誠正直或誠心悔改的人。羅馬軍官的故事，正清楚説明上帝的恩惠同樣臨到權貴階層。如果能深入地看治好羅馬軍官僕人的故事，必能發現其中的另一層意義，就是上帝的恩惠臨到敬虔的外邦人身上。事實上，福音臨到外邦人這信息，從敍事一開始的時候就已經多番出現，隨著路加的縷述，這個主題只會愈更明顯。

在路加的敍事裏，外邦人和猶太人的分別和距離，從頭到尾都是清晰明顯的。正如貧富、強弱、貴賤的對比突顯福音的「逆轉」（六20～26），猶太人和外邦人這個分別也是同樣重要。正因為這些分別，路加福音敍事的「逆轉」主題得以強化。然而，這個張力還不僅是文學

2世紀的異端馬吉安派就是一個例子。馬吉安完全否定基督信仰裏的猶太傳統的元素，將舊約的上帝視為次一等的神。舊約的啟示則看為是低等的啟示。這樣的信仰立場使基督信仰成為無根的信仰。

上的效果，更是初代教會歷史中，福音傳播過程裏的出現吊詭的情況和張力，就是「連續性與非連續性」(continuity and discontinuity)。究竟耶穌和他的跟從者所宣講的信仰，與猶太信仰是否相同(連續性)？若然是，既有猶太信仰，為何又要傳揚基督信仰的需要？若**兩者之間完全沒有關係**(非連續性)，則從基督信仰應該怎樣看猶太信仰？

基督信仰與猶太信仰之間的張力所蘊含的信仰意義既不容忽視，也有深遠的含意：它消解了任何將福音約化的企圖。孜孜不倦地糾纏在猶太的宗教傳統和規條裏，固然會使信仰陷入律法主義的危機，但路加眼中的福音帶有猶太傳統的元素，同樣清楚說明福音是植根於猶太信仰的文化和傳統裏。若將福音自猶太土壤裏連根拔起，轉為放置在外邦文化裏，結果只會扭曲福音的本質，使信仰逐漸抽離歷史文化的根源，至終陷入諾斯底主義裏，成為帶著這主義色彩的信仰。

路加福音中的外邦色彩

路加福音所呈現的外邦色彩，既說明耶穌在世職事的背景，亦見證初代教會在福音傳播過程中所面對的實況。換言之，耶穌所傳講和宣揚的信仰，並不僅是猶太信仰的延續，亦是更新甚至挑戰舊有的猶太信仰。耶穌的確為猶太的宗教領袖所棄絕，而他所傳講的，儘管未必與猶太信仰所教導的全然迥異，但他的宣告和自我體認，確實是別樹一幟。他的跟從者亦因而與猶太人發生衝突。這源於猶太信仰的更新運動可以說，是在這樣的張力裏發展和傳播的。在路加的作品裏，無論是福音書還是使徒行傳，都顯示出這種張力。從敍事的層面看，這個張力既巧妙地推動福音敍事的情節發展，也深化和呈現內中的人物角色。就歷史角度而言，這猶太／外邦張力也是早期的福音聽眾所能體會。

基於上述原因，路加福音第七章記述耶穌所行的是非比尋常的神蹟故事。一如先前醫病的故事，路加並沒有花筆墨報道耶穌怎樣醫治和使寡婦的兒子復生，因為路加是另有所指。羅馬軍官為僕人求醫，是與舊約聖經列王紀下裏亞蘭國的乃縵元帥得醫治的故事（參王下五1～14）作對照。這個羅馬軍官託了幾個猶太的長老來求教耶穌，就如乃縵家的以色列女僕建議主人往以色列中找先知以利沙一般。兩個敍事同樣顯示外邦人與猶太人的「互動關係」（patron and client）。但路加敍事裏的羅馬軍官不僅沒有乃縵的傲慢，還是一個「**愛護我們猶太人，曾經替我們建造會堂**」（七5）的外邦人。這位羅馬軍官不僅在經濟上支持猶太人，他似乎也熟悉、敏感並尊重猶太人不輕易到異族人家的規矩。從他的一番話（6下～8節）顯出除了敬虔外，他對耶穌的「權柄」滿有信心。

這個外邦人得醫治的事件，並不是沒有先例可援，但更值得注意的是，耶穌稱許這位羅馬軍官的信心：「**就是在以色列人當中，我也沒有見過！**」（9節下）上帝的恩惠臨到外邦人，而他們當中亦有比以色列更敬虔和更有信心的人。這對周遭的羣眾是何等的宣告？正如列王紀下相關敍事裏的中心人物是先知以利沙，在路加的敍事裏，上帝國度召喚外邦人之呼聲既在迴響，耶穌的身分亦同時呼之欲出。

試想像路加福音的受眾在聆聽這個故事時的情形。猶太人和外邦人對耶穌的宣告會有甚麼不同的反應？

7.1.2. 使寡婦的獨生子復活（11～17節）

在接著下來的一個故事，就是耶穌在拿因城的**城門口**使一個寡婦的兒子復活。路加透過羣眾讚美的話，宣告耶穌的身分：「**有偉大的先知在我們當中出現了！**」（16節上）

在古代社會裏，墳場都是在城外郊野的地方。所以，送殯的行列都會出城作殮葬的事宜。

「上帝來拯救他的子民了！」（16節下）這個記敘同樣充滿舊約的色彩，與先知以利亞使寡婦的兒子復活的記載相互呼應（參王上十七17～24）。

如果耶穌在所行的兩個神蹟，是迴響在拿撒勒會堂宣講中舊約先知的工作（四25～27）的話，以利亞、以利沙和耶穌的關係應該再清楚不過了。從這個脈絡看，耶穌的職事是在上帝工作的歷史和軌迹之內。基於這樣的承傳和認知，羣眾稱許耶穌為**「偉大的先知」**，是上帝國度降臨並眷顧百姓的明證（參一68）。

上述兩個故事分別以兩句話語結束。醫治羅馬軍官僕人的記述，以耶穌一句：**「我告訴你們，像這樣的信心，就是在以色列人當中，我也沒有見過！」**完結。在使寡婦兒子復生的記述裏，百姓對上帝的稱頌結束了整個記載：**「有偉大的先知在我們當中出現了！……上帝來拯救祂的子民了!」**這些結語一方面說明上帝的恩惠已臨到外邦人，另一方面也表示在外邦的世界裏，是有比猶太人更預備好接受上帝啟示和恩慈的外邦人，還有更顯明上帝眷顧祂的百姓。

如果耶穌的身分未能在醫治羅馬軍官僕人的記敘中突顯，那麼寡婦的兒子復活後，百姓們的稱頌已足夠進一步揭示耶穌是先知這身分了。但對當時的羣眾而言，他們對耶穌身分的了解並不一定完全。相對而言，路加福音的讀者或許要比羣眾更能了解耶穌的身分。從敍事的開始，讀者已經先後從撒迦利亞、馬利亞、西面，以至耶穌自己的宣講裏，得知這位先知是逆轉猶太民族、甚至整個世界的上帝之子。他的職事固然帶來釋放和福音，但也帶來挑戰和不安。上帝之子和他的跟從者所要面對的，固然有接納和歡欣，但也必定有棄絕和逼迫（六22、26）。

7.1.3. 約翰的疑問(18～28節)

若說讀者比羣眾更了解耶穌，這只是指百姓對耶穌的身分和職事的掌握不及讀者，他們的了解僅是片面的。事實上，不但是羣眾，就是施洗者約翰似乎也不能全然知曉，因為施洗者約翰差派兩個門徒問耶穌：「你就是約翰所說將要來臨的那一位，或是我們還得等待另一位呢？」(19節)

約翰所發的問題反映他不能肯定耶穌是否就是上帝所應許的「另一位」。根據施洗者約翰的宣講內容(三7～19)，約翰和耶穌固然頗有相同之處，但兩者之間的分別也是明顯的。約翰宣講是以審判為信息的中心，而這信息只是耶穌宣講裏其中一個元素。再說，從敍事的時序看，**耶穌在約翰被收監後才開始他的職事**(三23)，約翰故此未能親自目睹和了解耶穌的工作。約翰的提問和疑惑是可以理解的。

雖然路加並沒有明顯交代約翰門徒發問的時候，約翰身在何方。根據較早的報道，約翰當時被希律安提帕收在監裏(參三20；另參太十一2)。

耶穌的回答已印證了約翰從未親睹耶穌職事(22節)。但是，路加形容當約翰的門徒來見耶穌之時，耶穌正在醫病，以此預先提示耶穌的工作，即使他還未開口解說(21節)。路加的描述和耶穌的親述，異口同聲地和應早前耶穌在拿撒勒會堂藉**以賽亞書的宣講**(四16～19)。

「至高上主的靈臨到我；他膏立我，揀選了我，要我向貧窮的人傳佳音。他差遣我醫治傷心的人；要我宣告：被擄的，得釋放；被囚的，得自由。他差遣我宣告：上主拯救他子民的恩年……」(賽六十一1～2)

只是耶穌回答的最後一句：「那對我不疑惑的人多麼有福啊！」(《和合本》譯作「凡不因我跌倒的，就有福了」；七23)同樣呼應敍事開始時帶出的「逆轉」主題。馬利亞的頌歌(一46～55)將逆轉放在上帝工作的綱領內，而西面對馬利亞的一番話，進一步表述上帝的工作透過耶穌作成：「這孩子被上帝揀選，是要使以色列中許多人滅亡，許多人得救。」(二34)

除此以外，耶穌在家鄉拿撒勒會堂裏的遭遇（四16～30），以及他因為呼召罪人（稅棍利未）而引起的非議等記述（五27～32），都清楚説明耶穌是新舊時代的轉捩點。他的身分和職事是逆轉的根據，也無可避免地締造了分別和對立。猶如新布衣服與舊衣服、新酒和舊皮袋的不能協調（五36～39），不能接納耶穌的，必如舊皮袋般為新酒所擠裂。反之，凡不因耶穌而跌倒的，就有福了。

施洗者約翰是否完全掌握耶穌的身分和職事，旁人是無法完全知道的，但耶穌對約翰的肯定，卻是清楚不過的。當然，從福音書開始之時，天使、伊利莎伯、撒迦利亞已經先後表述施洗者約翰的重要，如今則是透過耶穌的講論，清楚知悉約翰**「比先知還大」**（七26）。然而，有趣的是，這樣偉大的一個前驅，卻不如上帝國度裏最微少的一員：**「在人間沒有比約翰更偉大的人；但是在上帝的國裏，最微小的一個都要比約翰偉大呢！」**（28節）耶穌就約翰的講論，一方面確認約翰的先知身分和職事，同時亦指向那最大的先知——他自己，甚至是指在他的跟從者的職事和生命裏頭。

7.1.4. 智慧之子（29～35節）

第七章29至35節的敍述，把讀者從聆聽耶穌講話，轉至到路加的身旁，使他們從敍事整體的角度了解施洗者約翰的職事；正如福音書首兩章所清楚顯示，施洗者約翰與耶穌是相關相連的。接受耶穌論説的百姓和稅棍，都會認同約翰的職事（參太二十一32），以接受洗禮來表述**「順服上帝公義的要求」**（七29）。但另一方面，法利賽人和法律教師反而沒有接受施洗者約翰的洗禮，拒絕有份於上帝的計劃裏。

如此一來，耶穌緊接而至的感慨是自然不過了（31～34節）。施洗者約翰肅穆嚴謹的信息和職事，卻被看成是被鬼所附；而耶穌以開放的生命對待罪人和稅棍，卻被認為是貪食好酒之輩。然而，正如百姓和稅棍「順從上帝公義的要求」(《和合本》譯作「以上帝為義」)，反照出智慧之人自會遵照智慧啟迪而行事。顯而易見，耶穌所説的智慧就是上帝的智慧，所以「上帝的智慧是從所有接受智慧的人身上彰顯出來的」(《和合本》譯作「智慧之子都以智慧為是」；35節)，意思就是指那些服膺上帝旨意、跟隨耶穌的人，會在他們的生命裏彰顯上帝的主權。

7.1.5. 法利賽人家裏的女人(36～50節)

耶穌與稅棍和罪人為友，是表達耶穌對他們的接納和肯定，也是表述上帝恩情臨到的這些被遺忘的人的生命裏(參5.2.2.「連串的爭論」之「呼召收稅的人利未」)。在第七章裏，耶穌原本與一個法利賽人一同吃飯，但中途出現一個有罪的女人以香膏膏抹耶穌雙腳①。她可算是不請自來的人，但她的出現就至為深刻感人地説明上帝的恩情如何。

路加的敍述發生在一個法利賽人的家。路加雖沒有詳述耶穌和請他吃飯的法利賽人的關係如何，但這或多或少可反映出耶穌當時是一個被人認識的拉比。某程度上，在猶太拉比中間有其地位，否則法利賽人都不會接待他；法利賽人的階級觀念甚強，不會隨便邀請一些無關重要的人物到家中吃飯。憑耶穌呼喚那法利賽人的名字「西門」(40節)和敍事的發展，可見不一定凡是法利賽人都與耶穌對抗。事實上，從敍事的角度看，這位法利賽人西門的角色還沒有被定型。一方面他既不滿那女人，也對耶穌接受那女人而不以為然：「請耶穌吃飯的那個法利賽人看見了，心裏想：『這人若真的是先知，他應該知道摸他的是怎樣的一個女人；她是有罪的人！』」(39節)另一方面，經過耶穌解釋後(40～50節)，路加並沒有記載法利賽人西門的反應。如果他拒絕耶穌的解說，無疑他是不能從這事件中體會上帝的恩情。反之，他就可以從這個女人身上瞥見上帝的寬宥和恩典了。

若有一位已信主的釋囚返你的教會，你會以怎樣的態度對他？會否對他有一種特別戒備之心，細心觀察他一段很長的時間，才會待他如其他的弟兄姊妹般？

在遠古的時候，同餐共宴代表關係的確認。正如耶穌與稅棍同席表明耶穌接納受人非議的人(五27～32)，耶穌應邀往法利賽人家中赴宴，表述耶穌同樣願意接納社會裏尊貴的人。至於尊貴的人是否願意接納羣體裏的邊緣人或受人非議的成員，也許正是路加透過這敍述要讀者思考的其中一層意義。有罪的女人出現，正是突顯這個懸念。

路加形容這個女人是一個**「一向過著罪惡的生活」**(《呂振中譯本》譯作「素常在城裏是個『罪人』」；37節)的女人，可見她是一個惡名昭著的人，甚至可能是一個出名的妓女。其實路加所描繪的場景是一個非常諷刺而猶太人不可接納的場面，因為城中地位高尚的法利賽人竟與一個城中出名的罪人共處一個房間，甚至這個罪人將要成為高尚的法利賽人的榜樣，這將進一步突顯路加寫此書一貫所用的「逆轉」手法。

• 猶太人坐席時所用的U字型桌子

在讀者還未清楚知道這個女人為甚麼會因為耶穌而來到法利賽人的家的時候，也許已經為她不尋常的舉止所困惑。這女子的舉動之不尋常並不在於抹腳，因為古時候的人吃飯，並不像我們般雙腳及地、坐在椅子上，而是以半躺半臥的方式靠著椅子。所以，當時耶穌的腳應該是放在墊座上。在這種情況下這女人能為耶穌抹腳並不太奇怪。不過她用淚洗腳、以頭髮擦乾、用咀親腳，用香膏抹腳倒是特別非常。當然，最讓法利賽人困惑的，還是為何耶穌會容許這樣的一個罪人接近他：**「這人若真的是先知，他應該知道摸他的是怎樣的一個女人；她是有罪的人！」**(39節)

假設你是席上其中的人，你對耶穌對那女人所說的一番話有甚麼反應？

從路加敍述的次序看，西門心裏的疑竇是非常諷刺的，因為他的埋怨正好反映他的愚昧。從醫治羅馬軍官的僕人、使拿因城寡婦的獨子復活和討論施洗者約翰的段落，已先後表明耶穌先知的身分；只是，耶穌不僅是先知，而且是彌賽亞先知。他不單知道這個女人是罪人，並且要赦免她的罪；他是一切罪人的朋友。在此，讀者得以從更深入角度，瞥見耶穌不僅知道這女人，更知道法利賽人西門是以怎樣的眼光看這個女人。

耶穌說的最後一段話顯示這個女人所行的竟成了法利賽人西門的榜樣。你有想過或經歷過在信仰和生命中，那不堪的人成為你的榜樣嗎？

儘管西門未能明白，但耶穌仍然以一個比喻，邀請西門重新察看心裏的疑問(41～43節)。從耶穌的比喻所示，這女人的不尋常表現，實在反映她所經歷的奇異恩典。那女人所表現的愛與她所經驗的赦免已成正比。

由此看來，**「她所表示深厚的愛證明了她許許多多的罪都已經蒙赦免」**(47節)並不是說那女人的愛構成了**赦免的**「因由」，而是「證明」了她蒙赦免，這也正符合47節下所說的**「那少得赦免的，所表示的愛也少」**，那女人的愛是由經歷赦免所衍生的。

《和合本》47節的譯文「她許多的罪都赦免了，因為她的愛多」，卻予人有剛好相反的想法，就是她的愛是得赦免的原因。

在醫治癱瘓病人後，經學教師和法利賽人有類似的議論說：「這個人是誰？竟說出這種狂妄的話！除了上帝，誰有赦罪的權呢？」（五21）

所以，耶穌對那女人說：「你的罪都蒙赦免了。」（48節）極可能是向四周的人宣告。而那女人早已經歷了赦免，這解釋了她為甚麼來到法利賽人家找耶穌。當然，就敘事的角度而言，耶穌宣告她的罪被赦，是繼第五章**醫治癱瘓病人後**，再一次顯示他的身分。然而，同席的人心裏想：「這個人是誰？居然赦免人的罪！」（49節）

路加並沒有再記述其他人的反應，耶穌的聲音彷彿迴盪在筵席間，這是對與耶穌一起坐席的每一個人發出的問題。再者，如果耶穌是罪人的朋友，他的跟從者應該如何對待那些被視為不潔、不配的邊緣人呢？在他的筵席裏，沒有應該被棄置或忽略的人。這是每一個讀路加福音的人所面對的問題。

溫習問題（7.1.） 在頁153。

7.2. 上帝國度的門徒（八1～56）

7.2.1. 上帝之子的女門徒（1～3節）

路加將焦點轉回耶穌的傳道職事上，正如耶穌早前的宣告「我也必須到別的城鎮去傳揚有關上帝主權的福音，因為我正是為這工作奉差遣來的。於是耶穌到猶太各會堂傳道。」（四43～44）。值得注意的是，在跟隨耶穌的人中，除了十二門徒以外，路加還刻意地提說幾位婦女：「其中有抹大拉的馬利亞……還有希律官邸的官員苦撒的妻子約亞娜，和蘇撒娜，以及其他好些婦女。」（八2～3）這些婦女們在耶穌的傳道工作中，無疑是佔有相當吃重的位置。礙於遠古社會不同性別的角色，這些婦女的工作形式或與男性門徒的職事有所分別，但她們對耶穌職事的支援，也相當重要而且是無可取代的。此外，路加還清楚交代耶穌的門徒中不全是社會中低下層的人，也有身處社會高位的人，如「希律官邸的官員苦撒的妻子約亞娜」。事實上，路加福音的其中的一個受眾「提阿非羅閣下」（一1），就應該是上層社會裏的人。

7.2.2. 給跟從者的比喻（4～18節）

耶穌講比喻的目的，是否如八章10節般真的要別人不能明白呢？從比喻的表面看，答案似乎昭然若揭。然而，人是否能窺見或體會其中「上帝國的奧祕」，卻端視聽者是否聽進去，並且付諸實行。若此，耶穌之「使他們視而不見，聽而不明」（10節）並不是故意以比喻蒙蔽聽眾，而是說明他們不明白比喻的事實，同時反映他們不信的實況。所以，路加福音裏耶穌的比喻，並不構成圈內人（insiders）和圈外人（outsiders）的分別，而是表述上帝的道。耶穌隨後為比喻作出的解釋，正清楚指明他講說比喻的目的。

怎樣解釋路加的比喻

一般而言，路加福音裏每當記載耶穌使用比喻的時候，路加都會清楚地提供講比喻的動機和背景。路加的提示對比喻的解釋和應用都有一定的指示、幫助，甚至限制。以下這些例子，說明路加對解讀比喻的提示：十章25至30節，十二章13至16節，十三章1至6節，十四章7節，十五章1至3節，十八章1、9節，十九章11節，二十章1至9節。

對比馬太福音和馬可福音：「那撒在好土壤裏的種子是指人聽了信息，並且領悟了；他結出果實」（太十三23）；「……撒在好土壤裏的種子；他們聽了信息，領受了，並結出果實」（可四20），路加的重點不言而喻。

路加福音八章4至8節雖然沒有像上述例子般的提示，但仔細的閱讀和比較仍然可以掌握箇中意義。理解路加這個比喻的關鍵，是在於耶穌後來為比喻作的解釋。從耶穌的解釋（11～15節），指出了人對上帝的道的反應，顯示能夠接受和理解上帝的道，以至掌握上帝國度的奧祕，並不是一時兩刻的果效，而是需要持守、忍耐和堅毅，才有成果：「落在好土壤裏的種子是指人聽了信息，**以良善和誠實的心持守它，恆心等待，直到它結出果實。**」（15節）路加的強調，突出他獨特的重點：聽道的人必須以持久恆忍的態度守住信仰，直至開花結果。

根據耶穌在這裏的講論，甚麼是門徒的重要素質？你具備這種素質嗎？

所以，那3種無法結果的情況，無論是因被魔鬼奪去，還是因試煉而退後，抑或是因為注視財富而窒息道種，都是因為沒有足夠的持守和孕育道種。耶穌對撒種比喻的解釋，似乎從另一個角度提出對門徒的素質的要求和挑戰。上帝之子的跟從者為免失落，必須小心聽道，並要順服道和行道，以信心培植栽種和澆灌信仰成長。

路加以八章16至18節的講論緊接撒種的比喻，以3句諺語的組合（16、17、18節），將門徒的責任與上帝國度的奧祕扣上關係。路加描述燈放在燈臺上，不像馬太福音所描述的是用來「照亮全家的人」（太五15），而是「使進來的人看得見光」（八16）。在此，門徒之為燈，一如上帝之子為外邦人的光，實不乏宣教的意味。如果上帝國度的奧祕是不易為外邦人所見和聽的話（10節），門徒就被委派這樣一個重任，要向外邦人解明這奧祕。如果門徒或讀者以為上帝國度是不為外人所知的話，路加引述耶穌的一句就足以消解這個誤解：「任何隱藏的事總會被張揚出來，任何掩蓋的事也會被揭露出來，為人所知。」（17節）

這一句原本極可能是提醒人偷偷摸摸的行為終必被識破的諺言，放在這樣的上文下理，卻有一番新意。就門徒而言，「聽」實在是一個重要的素質，正如耶穌在撒種比喻裏的解釋，真正的聽是誠實、長久和忍耐的。

耶穌在結束這比喻之時，再一次提醒他的門徒：**「所以，你們要留心聽；因為那有的，要給他更多；那沒有的，連他自以為有的一點點也要奪走。」**(18節)這話看似是重複撒種比喻的解釋，但實質是回應為何要好好地持守信息的原因。這節經文出現「所以」這連接詞，是表明若門徒要作外邦人的光，解明上帝的奧祕，就更要好好地留心聽道。那些愈願意將信息藏在心中而又肯持守的人，上帝會使他愈明白天國的奧祕，他就愈能解明天國的奧祕；但那些不能持久而又自以為是的人，他們會因為心中遭蒙蔽而不明白信息，結果連僅有的信息都被奪走，甚或像從來沒有聽過信息一般。耶穌這說話正正要解釋撒種比喻裏，有些信息會被奪走或在心中窒息的原因。真正的聽是經年累月的，也只有這樣，才能結出果子。不然，就是自以為有的，也要為環境或私欲所褫奪。

7.2.3. 上帝國度的兄弟姊妹(19～21節)

對你而言，耶穌這一番話究竟是挑戰還是安慰？有甚麼事使你相信你是上帝的子民？

聽了上帝的道而遵行的人，就是耶穌的母親和兄弟，是知道上帝國度奧祕的人。進入上帝國度的條件，在此再一次表明。這既不在乎血統和關係，也不在於階級和背景，純然是因對上帝國度呼喚的回應和實踐。對聽道的人而言，這個信息究竟是挑戰還是安慰？但對耶穌的母親馬利亞而言，耶穌的宣告必定再一次讓她更深體會西面對耶穌的預言和講論：**「這孩子被上帝**

揀選，是要使以色列中許多人滅亡，許多人得救。他要成為許多人毀謗的對象，並因此揭露了這些人心底的意念。憂傷要像利劍刺透你的心。」(二34～35)

7.2.4. 上帝之子平息風浪：門徒的理解和信心 (22～25節)

「有一天」(22節)這詞語是路加記述獨立事件的標號。一件可能是耶穌生平中獨立的事件，放在路加的敍述中，目的為要表述耶穌的身分：路加在耶穌平靜風和浪的記述裏，藉門徒的驚訝表述耶穌的身分：「這個人到底是誰？他向風浪下命令，風浪也聽從他！」(25節)海在古代人的心中，表徵著惡魔和邪惡的力量。人為風浪所吞噬淹沒，更是詩篇裏常見的主題(詩十八16～17，六十九1～2、14～15)。人在這種處境下呼喊求助，就只有上帝才能克勝這些力量，從苦難中救拔人出來(詩八十九9，一〇七23～32)。耶穌之能斥責風浪，其身分也就呼之欲出，同時亦由門徒驚訝的口吻中間接道出。另一方面，這個敍述放在撒種比喻之後，耶穌的一句：「你們的信心在哪裏呢？」(八25)也間接説明門徒之成長，必須屢經試煉而不是一蹴而就。

7.2.5. 格拉森人：堅守崗位的跟從者(26～39節)

彼得、約翰、雅各、税棍利未和一眾耶穌所呼召的跟從者，都是撇下一切、義無反顧地追隨耶穌。然而，這是否跟從耶穌的惟一模式？在格拉森地區，耶穌將會遇見並改變一個人的生命。按理説，耶穌應該呼召這人撇下一切跟從他。只是耶穌對這個人的要求似乎與先前的呼召有點不一樣。

耶穌和門徒到了加利利湖對面一個「外邦人」的地方。這地方被稱為是外邦人的，因為有人在此飼養豬羣（22節）。猶太人視豬為可憎之物，所以，飼養豬羣的地方，也必定是外邦人所在之地。耶穌進入外邦人當中，這是路加福音自開始就提出的主題；而耶穌與鬼魔對峙也並不是第一遭，他之前曾在迦百農斥責污鬼（參四31～37）。只是在這似曾相識的場景裏，路加卻點出一些新角度。

路加用了較多的篇幅（八27、29）描述這個格拉森人，為要使讀者從他筆下體會這個被鬼附的人的痛苦；這人的痛苦之深，更能顯出耶穌的能力之大。耶穌之所以將鬼趕入豬羣，不僅是為驅趕鬼魔，更是帶有毀滅它們的意思。鬼央求耶穌不要將它趕進「深淵」去，這「深淵」（31節）就是啟示錄所描述獸和撒但的居所（啟十一7，十七8，二十3）。若追溯「深淵」這地方的背景，早在舊約的創世記已出現了（一2，七11）；它也是海怪（《和合本》譯作「大魚」，但《呂振中譯本》譯作「大海獸」）的地方（詩一四八7）。鬼的央求正顯示耶穌並不像一般的江湖術士行神蹟奇事，他是帶有權柄的。而至終豬羣竄入湖裏被淹沒（八33），換言之牠們正是墮入「深淵」的滅亡裏。因為古代的思想裏，「**海**」就是邪惡力量根源的代表（參22～25節），也是「深淵」的一個象徵。耶穌驅趕鬼入豬羣，牠們繼而投海覆亡的事件，不僅是鬼魔被驅逐的意思。耶穌明顯並不僅是個驅魔人，而是宣告邪惡勢力終結的上帝之子。

從啟示錄對新天新地的描述，更突顯「海」邪惡的含意：「接著，我看見一個新天新地。那先前的天和地不見了，海也消失了。」（二十一1）

從現代人眼光，趕鬼入豬羣這插曲難免有點兒匪夷所思。畢竟，大羣豬的淹沒（33節），對豬的主人而言，委實是重大的經濟損失，甚至是殘忍的結果。然而，現代讀者必須放下自己的觀點，嘗試投入古代、特別是猶太文化的觀點，才能體會敘述的意義：豬羣所代表的意義（不潔、邪惡）比表面的經濟價值更重要。再說，如果「大羣」不僅是指鬼魔的力量、數量龐大，而是有政治含意的話，則更足讓人玩味了。

「大羣」的意思

「大羣」一詞的希臘文字 *"legion"* 就是「軍團」的意思，這詞的意思包含在那格拉森人生命裏翻騰煎熬的一種力量，猶如數千的軍隊在爭戰中。學者泰森（G. Theissen）更指出，這個敍述是有一種政治上的意思，是指羅馬人佔據了格拉森那地方。無可否認，耶穌驅趕魔鬼這行動實有政治的含意，但無論這「大羣」是指哪一層次的意思，豬都不是最重要的考慮。

雖然路加在這個片段裏再一次顯明耶穌是外邦人的救恩。然而，外邦人卻又不一定願意接受幫助。一般來說，一個長期受鬼魔困擾的人一旦回復正常，四周的人應該是高興也來不及，又或者擁戴耶穌才是，只是他們卻**「要求耶穌離開那裏」**（37節）。這與先前猶太人對耶穌在安息日治病的反應又有甚麼分別呢（參六6～11）？在此，讀者必體會到，不信和頑梗並不是猶太人的「專利」，外邦人同樣亦會落在一樣的網羅中。

如果這格拉森人以為為上帝工作有特定的形式，他一定會為耶穌打發他回去而失望。你會認為上帝的帶領和工作是有特定的形式嗎？當你的虔誠和真摯的期望與現實不符的時候，你會怎樣面對？

「請讓我跟你去！」（38節）這話是那曾被鬼附的人在康復之後向耶穌提出的請求。按路加所敍述之前的例子，耶穌應該呼召這人跟從他。可是**「耶穌打發他回去，說：『你回家去，述說上帝為你做的事。』他就去了，走遍全鎮，傳揚耶穌為他所做的事。」**（38～39節）若此，人不必以特定的形式跟隨耶穌才算是他的門徒。即使不與耶穌同行，只在自己的地方而已，他仍然是個不折不扣的門徒。最後，耶穌叮囑他要述說上帝為他做的事，路加描述這人「**傳揚耶穌為他所做的事**」(39節)。耶穌不就正在作上帝的工嗎？如此看來，耶穌是上帝之子的身分不是清楚不過了嗎？

7.2.6. 兩個得醫治的故事(40～56節)

在這最後的部分，路加記述了兩個耶穌醫病的故事，兩個原本是叫人惋惜不已、黯然難過的人，至終變得歡然感恩的故事。第一個故事的主角一個是小女孩，另一個的則是一個婦人。

從編排上來說，這兩個故事的記述方式屬於「三文治式」的結構。路加先介紹12歲女孩快要死亡的需要，在耶穌知悉和醫治中間，加插了一個患了12年血崩的婦人求醫治的故事：

12歲女孩的需要(40～42節)

患12年血崩婦人的需要和醫治(43～48節)

12歲女孩得醫治(49～56節)

「三文治式」的結構

一般而言，「三文治式」結構可以產生許多不同的效果。它可以藉首尾呼應而突顯中間的記述，亦可以用開首為懸念，用中間延續或加強敘事的張力和期望，至終使結尾的解決更臻圓滿。「三文治式」結構裏的人物可以有類近的地方，互相喻指，強化敍述的動力。

路加福音八章40至56節可謂具備了三文治式結構的特色。其中尤為感人的，是這兩位同為「12」所困擾的女兒。12歲的女孩重病至死；

12年的生命畢竟是太少、太短的光陰。另一方面，患了12年血崩的女人；患病12年畢竟是太長、太折騰人的時間了。同樣都是「12」，一個太短促、另一個太漫長，都是叫人惋惜難過的。

耶穌從原本在外邦人中間工作，轉回猶太人聚居的地方(40節)。然而，路加的陳述提醒讀者——無論是外邦人還是猶太人——都不必約化他們的信心。在較早前的敍述，曾有一個羅馬軍官要求耶穌醫治他的僕人，然而他卻認為耶穌不必造訪他家，他相信只憑耶穌的一句話，他的僕人就得醫治。為此，耶穌稱許這羅馬軍官的信心，是在以色列人中也未曾遇見過的(七1～10)。如今，這位會堂主管葉魯，求耶穌到他的家裏救他的女兒。

正當耶穌趕去葉魯的家時，他的反應、葉魯的信心、女兒的情況，旁觀羣眾以至讀者的期望，突然在這刻懸置凝固著，因為路加在中間加插了另一個醫治的記述：一個長期患血崩的女人得醫治的記載(43～48節)。然而，正如其他的醫病的記述，這並不僅是一個病得痊癒的故事，更是一個信心榜樣的見證。

根據猶太人的律法(利十五19～31)，經血中的女人是不潔淨的，應該避免與人接觸，不然就會將不潔傳與別人，而長期患血崩的女人更應如此。這解釋了這位婦人將自己隱藏在羣眾中的原因，因為她——污穢的人——摸耶穌這樣的夫子，正是大大的不合宜。只是這位婦人偷偷地要觸摸耶穌的衣裳，大概心中所望所信的就可以藉此而得醫治。事實上，她也真的因而得到醫治！

誠然，若這個僅是醫病的神蹟故事，記敍也就可以在此完結，但耶穌還是堅持要這個婦人露面，這並不是要責備她(因為她的病使接觸她的人都成為不潔)，而是稱讚她的信心：**「孩子，你的信心救了你！平安地回去吧。」**(48節)

這個曾經苦痛和不潔，又被人排斥的女人會想過自己竟曾成為別人的榜樣嗎？她的轉捩點何在？你相信你也可以成為別人的榜樣嗎？

這個女人的信心，使她能衝破樊籬。她與那被人歧視、以香膏抹耶穌腳的女人（七50），兩者是何其相似！而耶穌對她們所講的話都是相同的（比較八48及七50）。如果那個有罪的女人是法利賽人西門學習感恩的榜樣，這個患血崩的女人就是葉魯甚至其他人的信心榜樣。

正當那時，就已經有消息傳來説：**「你的女兒已經死了，不必再麻煩老師了。」**當四周的人還來不及揣摩葉魯和羣眾對此事的反應，耶穌馬上説：**「不要怕，只要信！她會好起來的。」**（49～50節）患血崩的女人「已然的信」（indicative）與葉魯「應然的信」（imperative）成了對比。一個因不潔被視為社會邊緣的女人，竟是一個受人尊敬的會堂主管的榜樣。

這段敍事讓每一個人醒悟耶穌是生命的主宰，但同時，它要挑戰每一個人去超越社會的界限樊籬，體會信仰羣體中不同的人如何成為其他人的榜樣。不僅如此，「得救的人」更是要回到羣體當中。這個血崩的婦人被公開宣告「潔淨」，與那有罪的婦人被耶穌公開宣告「蒙赦免」（七38～50）之後，都是回到自己的羣體裏。這都是路加的主題：邊緣人被接納。當然，我們還不能忽略兩個婦人都是勇敢、堅毅不屈的榜樣，她們那不可缺少的信心與實踐／行動（八46～47），猶如那忍耐結實的道種（15節）。

溫習問題（7.2.） 在頁154。

釋經短註

① 與此相近的記載，同樣見於其餘3卷福音書(太二十六6～13；可十四3～9；約十二1～8)。但無論是馬可福音、馬太福音，或者是約翰福音，膏抹耶穌的事發生在耶穌職事的後期，而膏抹的意義在於預表耶穌受苦的記號。在此，讀者可以體會，事件縷述的時序可以是耶穌當時所講的信息的一部分。顯而易見，在其餘3卷福音書裏香膏抹腳的重點，並不是路加敍述的主題。

溫習問題(7.1.)

1. 醫治羅馬軍官的僕人及使寡婦的獨生子復活這兩個神蹟與舊約聖經所記載的哪兩個神蹟相連？路加藉著這兩個神蹟要表達甚麼信息？(參七1～17)
2. 這兩個神蹟之後的結語──耶穌的結語(七9)及百姓的結語(七16)──是要表明上帝哪方面的性情？
3. 施洗者約翰對耶穌的疑惑是否表示他對耶穌的不信？耶穌如何回應施洗者約翰的門徒？他的言論確認了甚麼？(參七18～22)
4. 耶穌用了一個怎樣的比喻來說明猶太領袖拒絕上帝的智慧？究竟誰人才可以領受上帝的智慧？(參七29～35)
5. 法利賽人西門與耶穌對有罪的女人的行徑有何不同的反應？她如何顯出上帝的赦免？(參七36～50)

溫習問題(7.2.)

1. 你能在這個單元裏找出門徒的特質嗎？
2. 路加福音重視婦女是眾所周知的，試從第八章裏舉出例子來說明這個主題。(參八1～3)
3. 作耶穌的跟從者是否有一定的模式？試找出例證說明？(參八1～18)
4. 從第八章裏看見，路加重視婦女有甚麼意義？
   a. 對當時的社會文化
   b. 對理解路加的作品

第八章

加利利的職事：上帝國度的使者（九1至50）

- 上帝國度的使者：十二使徒被差遣
- 上帝國度的筵席
- 上帝之子身分的啟示和門徒的意義
- 門徒的誤解

經文

耶穌派遣十二使徒

9 1耶穌召集了十二使徒，賜給他們趕鬼和醫治疾病的權柄，2然
後派遣他們出去傳揚上帝國的信息，並且醫治病人。3他對門徒
說：「你們在路上的時候，甚麼東西都不用帶：不帶手杖，不帶旅
行袋，不帶食物或錢，也不需要有兩件內衣。4無論到甚麼地方，
哪一家願意接待你們，就住在那裏，直到你們離開那地方。5遇到
不接待你們的人，你們在離開那市鎮的時候，把腳上的塵土也跺掉，
表示對他們的警告。」

6門徒就出門，走遍各村鎮傳福音，到處治病。

希律的困惑

7加利利的希律王聽見所發生的一切事，心裏非常困惑，因為有人
說：「施洗者約翰復活了。」8也有人說是以利亞顯現了；又有人說是
古時的一個先知復活了。9希律說：「我已經砍了約翰的頭，可是這個
人又是誰呢？我竟聽到這許多關於他的事。」於是他一直想見耶穌。

耶穌使五千人吃飽

10使徒們一回來，把他們所做的一切事都向耶穌報告。耶穌帶
著他們，悄悄地到一個叫伯賽大的城去。11羣眾一知道，就跟著他
去。耶穌歡迎他們，向他們講解有關上帝主權的事，又治好需要
醫治的人。

12太陽下山的時候，十二使徒來見耶穌，對他說：「請叫羣眾散
開，讓他們到附近的村莊去找吃的東西和住的地方，因為這地方很
偏僻。」

13可是耶穌對他們說：「你們給他們東西吃吧！」

他們說：「我們只有五個餅和兩條魚。難道你要我們去買食物給
這一大羣人吃嗎？」(14男人的數目約有五千。)

耶穌對門徒說：「叫羣眾一組一組地坐下來，每組約五十個人。」
15門徒照他的話做了，讓羣眾都坐下來。16耶穌拿起五個餅和兩條魚，
舉目望天，感謝上帝，然後擘開，遞給門徒，門徒就分給羣眾。
17大家都吃，而且都吃飽了。門徒把剩下的碎屑收拾起來，裝滿了
十二個籃子。

彼得認耶穌為基督

18有一次，耶穌單獨一個人在禱告，門徒們來見他。他問他們說：
「一般羣眾說我是誰？」

19他們回答：「有的說是施洗者約翰；有的說是以利亞；也有的
說是古時的一位先知復活了。」

20耶穌問他們：「你們呢？你們說我是誰？」

彼得回答：「上帝所立的基督。」

耶穌預言自己的受難和死

21於是，耶穌嚴嚴地命令他們不要把這事告訴任何人。22接著他
又說：「人子必須遭受許多苦難，被長老、祭司長，和經學教師棄
絕，被殺害，第三天將復活。」

23耶穌又對大家說：「如果有人要跟從我，就得捨棄自己，天天
背負他的十字架來跟從我。24因為那想救自己生命的，反要喪失生
命；那為了我喪失生命的，反要得到生命。25一個人就是贏得了全
世界，卻失去自己或賠上了自己的生命，有甚麼益處呢？沒有！
26如果有人以我和我的話為恥，人子在他的榮耀中，跟在他父親與
聖天使們的榮耀中來臨的時候，也要以他為恥。27我鄭重地告訴你
們，站在這裏的人，有的在死以前會看見上帝主權的實現。」

改變形像

28說了這些話後約八天，耶穌帶著彼得、約翰，和雅各到山上禱
告。29耶穌在禱告的時候外貌改變了；他的衣服也變成潔白發光。

30忽然有兩個人出現跟他說話，這兩個人是摩西和以利亞。31他們在
榮耀中顯現，跟耶穌談論他將在耶路撒冷以死來完成使命的事。
32彼得和他的同伴都睡著了；他們一醒過來，看見耶穌的榮耀以及
跟他站在一起的兩個人。33那兩個人要離開耶穌的時候，彼得對耶
穌說：「老師，我們在這裏真好！讓我們搭三座帳棚，一座給你，
一座給摩西，一座給以利亞。」(他實在不知道他在說些甚麼。)

34他還在說話的時候，有一朵雲彩出現，籠罩他們，雲彩移近的
時候，門徒都很害怕。35忽然有聲音從雲裏傳出來，說：「這是我的
兒子，是我所揀選的。你們要聽從他！」

36那聲音停止後，只有耶穌一個人在那裏。在那些日子，門徒對
這件事守口如瓶，沒有向任何人提起他們所看見的事。

治好被鬼附身的兒童

37第二天，他們從山上下來的時候，有一大羣人來迎接耶穌。
38人羣中忽然有人呼喊說：「老師，求你救救我的兒子，他是我的獨
子！39邪靈常常襲擊他，使他突然大喊大叫，又使他抽瘋，口吐白
沫；邪靈不停地傷害他，不肯罷休！40我求你的門徒趕走邪靈，但
是他們做不到。」

41耶穌說：「你們這時代的人是多麼沒有信心，多麼腐敗啊！我
還得在你們這裏多久呢？還得容忍你們多久呢？」接著他對那個人
說：「把你的兒子帶到這裏來。」

42孩子來的時候，鬼把他摔倒在地上，使他抽瘋。耶穌斥責那污
靈，治好了孩子，把他交給他父親。43大家對上帝的大能都很驚異。

耶穌再預言自己的死

大家對耶穌所做的一切事還在詫異的時候，耶穌又對他的門徒
說：44「不要忘記我要告訴你們的話：人子將被交在人手裏。」45可是
他們不明白這話的意思；因為它的含意隱晦不明，使他們不能了解。
他們又不敢問他這件事的究竟。

誰最偉大

46門徒在爭論究竟他們當中誰最偉大。47耶穌知道他們在想些甚
麼，就叫一個小孩子來，讓他站在自己旁邊，48然後對他們說：「那
為我的名接待這小孩子的，就是接待我；那接待我的，就是接待差
遣我來的那一位。你們當中誰是最微不足道的，誰就是最偉大的。」

反對或贊同

49約翰對耶穌說：「老師，我們看見有人藉著你的名趕鬼，我們
就禁止他，因為他不和我們同夥跟從你。」

50耶穌就對他和其他的門徒說：「不要禁止他，因為不反對你們
就是贊同你們。」

8.1. 上帝國度的使者：十二使徒被差遣(九1～9)

8.1.1. 差派十二使徒(1～6節)

經過了呼召門徒(五章)、向羣眾講道(六章)，以及連串的職事(七～八章)；耶穌在第五章呼召使徒之後，這些使徒一直緊緊跟隨耶穌，但到第九章，耶穌開始差遣十二使徒，他們要像他一樣傳揚上帝國度的信息、醫治病人和趕鬼，他們所得到的權能是與福音的宣講並連。這個差遣與使徒行傳一章8節耶穌升天前的差遣十分相似。路加表述這事件，一方面表明使徒已可以成為耶穌的使者，四出傳道；另一方面似乎隱藏了一個預告，暗示耶穌要預備向耶路撒冷進發，面對十字架的受難(參九21～27)，使徒亦要開始承繼他的職事。

在給予門徒權柄作工的同時，耶穌亦提醒他們留意禁戒的事：「不帶手杖，不帶旅行袋，不帶食物或錢，也不需要有兩件內衣……」(3節)表面看來，耶穌似乎是要求他的門徒以**苦修禁欲的態度生活**；事實上，耶穌要求門徒的是要他們完全將個人的安全感放下，而仰仗接待他們的人，但至終極的仰仗對象就是那供應一切的上帝。門徒既然是代表上帝的使者／先知，上帝必然會供應。另一方面，那些家庭是否接待使徒，正是見證他們是否願意接待從上帝而來的先知。

耶穌對門徒的要求，在古代並不是沒有先例可援。犬儒學派(Cynicism)的流浪者，就是以這種生活形態稱著。

8.1.2. 希律的疑竇(7～9節)

希律安提帕是大希律的其中一個兒子。他管治的地方覆蓋大部分的加利利區。

路加在使徒奉差遣工作和向耶穌匯報工作之間，加入了**希律安提帕**對耶穌身分困惑的記載。表面上，這段插曲似是無關宏旨，實質是將曾敍述過的事和未來的發展相連起來。這插曲一方面使讀者記起早前希律殺害施洗者約翰的記載（三19～20），同時為希律與耶穌未來相遇埋下伏線，從而投射和預備耶穌受審時與希律相遇的場景：「希律看見耶穌，非常高興；因為他聽見了關於耶穌的事，早就想要見他，希望看耶穌顯個神蹟。」（二十三8）。

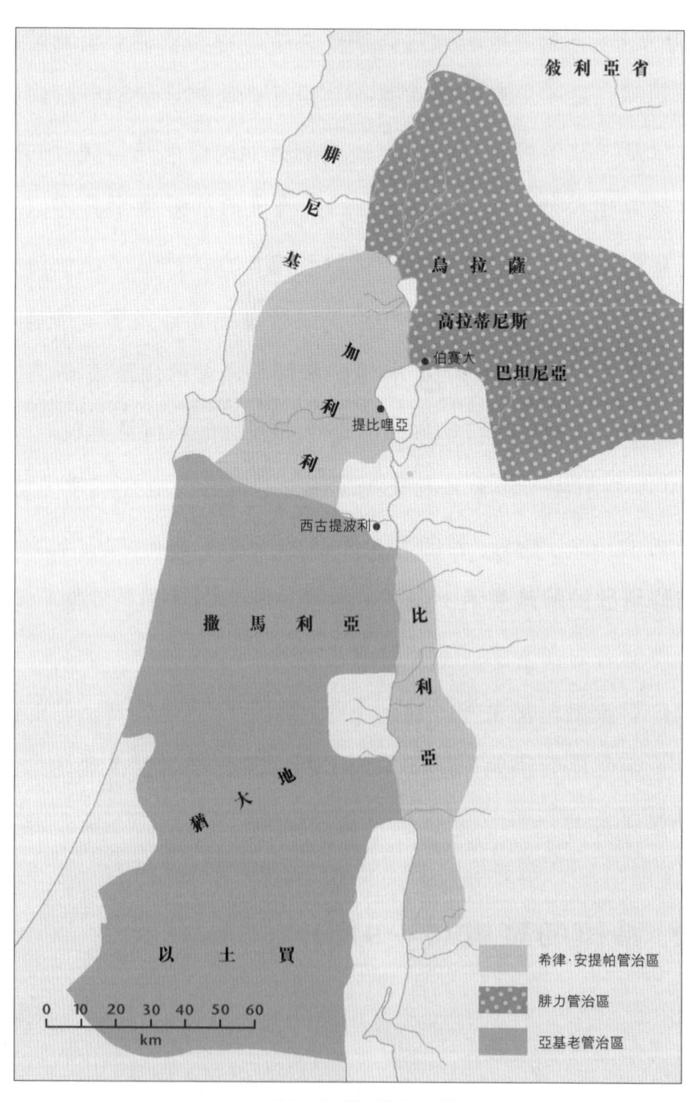

● 希律3個兒子的分封地

當然，路加亦透過描寫希律安提帕的困惑，來表述耶穌的身分。究竟他是像施洗者約翰一樣的人物、以利亞，抑或是古時的一位先知？耶穌究竟是誰？這已經是第三次就著耶穌的身分來作的提問（五21，七49，八25），而即將在耶穌和門徒間的對話又再提出來。

最後，這插曲亦顯示歷史的實際處境。分封王希律安提帕早在耶穌公開職事前就殺害施洗者約翰（三19～20）。儘管福音書的作者只記述約翰責備希律道德上的錯誤（娶兄弟的妻子）而招殺身之禍，但希律之所以要殺施洗者約翰，實在不無**政治的原因**，這既解釋了根據福音書的記載為何耶穌沒有在當時的加利利一帶的城市，如提比哩亞（Tiberias）、伯珊（Bethshean；又稱西古提波利〔Scythopolis〕）等工作。所以，「耶穌帶著他們，悄悄地到一個叫伯賽大的城去」。（九10）是非常合理的，因為伯賽大並不是希律安提帕管轄之地，乃是另一位分封王腓力之封地。

根據約瑟夫的作品，因為施洗者約翰的傳道運動太成功之故，希律恐防境內產生動亂而招致羅馬政府的干擾、甚至遭受罷免，故他萌生了殺機（參約瑟夫，《猶太古史》18.116～119）。

8.2. 上帝國度的筵席（九10～17）

路加記載耶穌以五餅二魚餵飽**數千人**這事件本身當然是個神蹟，只是這個記載在顯出耶穌神能的同時，實在仍有更深遠的意義。路加之強調「十二使徒」（12節），是其他福音書裏所沒有的（參太十四13～21；可六30～44）。而路加獨特地記述那些餅和魚都是由門徒「分給」（九16）羣眾的，這樣的表達似要突出他們的職分。由此看來，路加不單止要講述耶穌的神能，也要藉著這個記述表達門徒的身分和職事，是要承繼和延續耶穌的職事，透過服事實踐上帝的國度。

我們常以為耶穌是用了五餅二魚餵飽5,000人，但實質上這5,000人是單指男人（14節），而婦女及兒童還未計算在內，故此耶穌必定餵飽超過5,000人。

這個意念在最後晚餐時才變得清楚(參二十二14～30)。「感謝、擘開、遞給」門徒，同樣的詞彙出現在最後晚餐的時候，也是表明藉耶穌所立的新約的「上帝筵席」。

當然，餵飽數千人的記述其實亦是一個筵席，一個不能倚仗金錢或權力，而是憑藉耶穌才能擺設的筵席。這個使人「都吃飽」(17節)的筵席，不是人間籌算而得的筵席，是**彌賽亞的宴席**，而「舉目望天、**感謝**上帝、**擘開**、**遞給**門徒」更與稍後紀念耶穌犧牲贖罪的主餐和應，遙指終末筵席的飽足。

溫習問題(8.1.～8.2.) 在頁172。

8.3. 上帝之子身分的啟示和門徒的意義(九18～36)

8.3.1. 上帝之子：彌賽亞(18～27節)

從路加所寫「耶穌單獨一個人在禱告」(18節)這一句話，可知這個段落的重要性。因為每一次耶穌禱告的時候，都是敘事的轉捩點(參三21～22，四42，五15～16，六12)。耶穌問門徒：「一般羣眾說我是誰？」(18節)這問題是引發門徒思考耶穌自己的身分。門徒回答說是「施洗者約翰……以利亞……古時的一位先知」(19節)，無論是透過門徒的口，還是路加早前的敘述，這都是羣眾對耶穌的理解(參五21、30、33，六2、11，七29～30、39、49)；但耶穌卻藉此機會，向門徒曉示自己是「上帝之子」這身分。

試想像你是教會領袖而將承受從教會而來的重壓，你嘗試與人分享你的情況，但卻無人明白你在說甚麼，你會有何感受？你體會耶穌的心情嗎？

只要細心閱讀路加福音，便不難得知早於此書的開首，耶穌的身分已經被指出，但敘事中的門徒，卻在這個時候才能瞥見。即使如此，他們的理解還不能算是完整的，就只有彼得能說出「是上帝所立的基督【即彌賽亞】」(20節)。

耶穌一再囑咐門徒不要把他的身分告訴別人，這正顯示門徒需要更多更深入的體會，才能真正知道並跟從這位彌賽亞，更遑論向別人傳講他。

門徒還未能將耶穌的身分告訴人(21節)，可能有兩個原因：其一，耶穌要考慮來自政治上的干擾，正如他因希律安提帕而退到伯賽大，他也必須避免別人誤解，以致阻礙他的職事和使命。其二，門徒和羣眾本身既不明白，也不願意接受耶穌這彌賽亞的身分：「**人子必須遭受許多苦難，被長老、祭司長，和經學教師棄絕，被殺害，第三天將復活。**」(22節)。這個彌賽亞與門徒和羣眾心目中所盼望等候的，實有雲泥之別。門徒若要傳講這位彌賽亞，首先就要體會、經歷、認同，甚至分擔他的職事和身分。若此，路加在記載耶穌揭示自己身分後，馬上向他所有的跟從者提示應如何去跟從他，也就昭然若揭了。

事實上，耶穌的對象不僅是十二門徒，因為他「**又對大家說**」(23節)。跟從耶穌的人亦不單是12位門徒，也包括四周、甚至往後一切聽聞耶穌的人。所以，「**背負他的十字架**」(23節)並不一定就是逼迫苦難。對耶穌和他的門徒並初代教會而言，十字架當然極可能是來自政治上的迫害。但對往後的讀者而言，十字架可以是任何因信仰的價值和要求，而遭受的歧視、譏笑和恥辱。為此，路加在「**背負他的十字架**」這短語之前所加上「**天天**」這詞，在此也就顯得特別有意義了。跟隨耶穌既不是一時兩刻的獨立事件，也不是歷史人物已過去的要求，而是所有跟隨者生活的一部分，每日生命的流露，是長時期的堅忍和持守。換言之，跟從耶穌的人就如耶穌解釋比喻時所言：「**落在好土壤裏的種子是指人聽了信息，以良善和誠實的心持守它，恆心等待，直到它結出果實。**」(八15)

馬太(十六24)和馬可福音(八34)都沒有「天天」這個詞。

彌賽亞身分與跟從者生命的關係，見於耶穌隨後的解說：「**因為那想救自己生命的，反要喪失生命；那為了我喪失生命的，反要得到生命。**」(九24)正如彌賽亞必須要受苦、被棄絕，甚至被害，他的跟從者的生命亦然。當然，這樣的講法與大眾所擁抱的價值迥異。一般人想到若要保存生命和安全而活，大概就是靠如何賺取更多物質以確保現在及將來都可以穩妥。但為一個受苦、被棄絕和被害的彌賽亞而失喪生命，的確是匪夷所思的。然而，這正是福音書從開始就有的逆轉主題，也是再一次讓人思考生命的意義：「**一個人就是贏得了全世界，卻失去自己或賠上了自己的生命，有甚麼益處呢？**」(25節)

從另一個角度看，凡以另外的事物凌駕於耶穌之上的，實際上就是羞辱他和他的道。正如跟從者對彌賽亞的認同是關係於生命的救贖，若跟從者羞辱彌賽亞，必在「**人子在他的榮耀中，跟在他父親與聖天使們的榮耀中來臨的時候，也要以他為恥**」(26節)。耶穌就自己身分的講論，以一句鄭重的話結束，應許他的門徒中有人「**在死以前會看見上帝主權的實現**」(27節)①。耶穌說話的含意，端視耶穌的宣講中「上帝的主權」的意義。

你怎樣理解上帝的主權？上帝的主權又如何實現呢？

8.3.2. 上帝之子：受苦的僕人(28～36節)

路加在這段經文的開首寫著「**說了這些話後的八天**」(28節)，再次表達他寫作的特色，就是有次序的記載事件，同時亦表明耶穌在山上改變形像這件事，與他向門徒揭示他身分這事件是相連的，而且是接著發生的。由此看來，路加一步一步的，愈來愈具體地預示這位彌賽亞最重要的職事，他將要進入耶路撒冷受死。

他在此又再加上一句**「耶穌在禱告的時候」**(29節)，這是路加一貫向讀者提示重要時刻的來臨(參8.3.1.「上帝之子：彌賽亞」)。有兩位舊約極具代表性的人物在此出現了(30節)，路加以兩位先知來確認耶穌身分，以此表示耶穌是源自猶太信仰的脈絡，亦是信仰的繼承者。摩西既是律法的代表，也是先知(參徒三22，七37)，更是帶領以色列人出埃及的救贖解放者(參徒七35)；而以利亞是行奇事的先知，是猶太信仰裏終末成就的先知(王上十七～王下二11；瑪四5)。

耶穌往往在重要的時刻便去禱告，那麼，當你面對人生重要抉擇之時，你會否也效法基督的做法？

摩西、以利亞和耶穌談論的是**「將在耶路撒冷以死來完成使命的事」**(九31)，大部分中文譯本所說的耶穌的「死／去世」(《當代聖經》譯作「犧牲」)的希臘文字是*"exodus"*，意即「**離去**」。在此，路加將耶穌與摩西的工作類比，似乎是饒有意義的。耶穌即將在耶路撒冷所遇見的，並不是連串的不幸，而是上帝的工作和主權的實現，是上帝之子使命的成就。因為受苦、死亡、復活，以至升天，就是另一個「出埃及」，是為人類解放，脫離罪惡權勢的旅程。

「離去」這一詞在希臘文舊約聖經裏用作希伯來人離開埃及故事的標題。英文是Exodus。

門徒的反應是發人深省的。彼得建議搭棚並不是出於一種信仰洞見或對耶穌的身分和職事的體認，因為路加補充了一句**「他實在不知道他在說些甚麼」**(33節)，這清楚顯示彼得說話背後的空洞和對耶穌身分和職事的無知。正當彼得還在說他所不知道的講論的時候，象徵著上帝臨在的雲彩立時出現，並且移近並籠罩他們。他們即時的反應自然是害怕(34節)，但更叫門徒驚訝的，是從雲彩裏出來的聲音：**「這是我的兒子，是我所揀選的。你們要聽從他！」**(35節)耶穌在先前和往後的講論也許叫門徒覺得費解，甚至不合他們的心意，但他是上帝之子，所有跟從者都必須聽從他。

8.4. 門徒的誤解(九37～50)

上帝之子的身分之彰顯，不僅是為披露而披露，也不是為滿足門徒的好奇心。耶穌身分的呈現是邀請他的跟從者分享他的身分、職事和使命。上帝之子所建立的羣體就是上帝的子民，應該同樣流露他的心腸和視野。正如彼得未能明白耶穌身分的意義，往下幾個插曲充分顯示其他門徒同樣不明白耶穌的職事和使命。他們的愚頑直接影響他們對別人、自己和事奉的心態。

8.4.1. 不信與不能(37～45節)

在此段落，路加再一次以一個表面看來是醫病的記載，深入表述門徒和人羣的處境。「第二天，他們從山上下來的時候」(37節)，路加將這個敘事緊緊連接山上變像的經歷。耶穌將要受死(離去)的信息(28～36節)，以及早前耶穌就其受苦職事的講論(18～27節)，被人羣中需求的呼喊所沖淡(38～40節)。

從門徒身上可見，事奉上帝是憑信心的。當你發現你的事奉沒有果效時，你有沒有反省到是否與信心有關，或其他原因？

在路加福音這個記述裏，呼喊的聲音所代表的明顯是人的需要。相對於馬可福音(參可九14～29)，路加所記載的父親並沒有信心(比較路九41及可23～24)。對比馬太福音(十七14～18、19～21)，路加所描述的耶穌，是沒有和門徒討論「如何」趕這類鬼。從路加看，似乎人的需要成為了這個聲音的中心。

當然，單就符類福音的比較，路加的真正重點還不是很清楚，但這個記述的上文下理，卻是環繞門徒的理解和反應而言的。在路加福音九章1節，耶穌已經「賜給他們【即門徒】趕鬼和醫治疾病的權柄」，所以，耶穌所說的：「你們這時代的人是多麼沒有信心，多麼腐敗啊！我還得在你們這裏多久呢？還得容忍你們多久呢？」(41節)極可能是指門徒而言，因為不能把鬼趕出去，正與第九章所獲的授權和差遣相反。

另一方面，耶穌已經藉講論曉示自己的身分和職事，但無論是門徒或羣眾，似乎都不能夠明白和認同耶穌的使命。在門徒和羣眾的心目中，耶穌似乎僅是一個滿足他們需要的救星。無怪乎耶穌感慨說：「我還得在你們這裏多久呢？還得容忍你們多久呢？」

緊接著這個記述，耶穌吩咐門徒：「不要忘記我要告訴你們的話：人子將被交在人手裏。」(44節)明顯，這個神蹟所涉及的，不僅是上帝的能力而是門徒對耶穌甚至自己的理解。門徒的不惑，正突出這樣的矛盾和張力；事實上，自九章46節至十章24節，都是延續這個主題發揮的。

8.4.2. 議論誰為大(46～48節)

門徒對耶穌身分和職事的不解，在誰為大的爭論更見明顯。耶穌早前的講論(23～25節)，明顯質疑一般的權位價值觀念，但門徒在此的爭論卻又是回到舊胡同裏去。耶穌在此將一個小孩子帶來站在自己身旁，藉此再一次表述自己的身分和職事，並表示這也是門徒應該仿效的榜樣。

上帝要求事奉祂的人要經常放下自我，但教會領袖往往在服事之時期望受尊重和愛戴，可能到一個自誇自耀的地步，更遑論放下自我。你認為應如何平行自己事奉的心態？

耶穌如此做，並不是要門徒像小孩子般天真無邪。在遠古的文化裏，小孩子並沒有社會地位，他們既沒有權位也沒有能力。換言之，他們絲毫沒有可恃的條件和因素，他們必須完全靠賴和倚仗別人。當門徒爭權邀大的時候，大概他們紛紛講述自己的經歷、條件和背景。在這熱熾的爭論中來了一個一無可恃小孩子，這個對比實在是鮮明不過的。

更讓門徒感到訝異的是，當他們正爭大的時候，他們的老師竟將自己比作小孩子：「**那為我的名接待這小孩子的，就是接待我**」(48節)，並進一步將這個比喻引申至上帝：接待小孩子，就是接待上帝之子，接待上帝之子，就是接待上帝。在耶穌的名下，無所倚仗的小孩子竟然代表耶穌。而對這小孩子的態度，竟然等同對耶穌，甚至上帝的態度。這不啻是一個驚人的宣告，也是不折不扣的「逆轉」：「**你們當中誰是最微不足道的，誰就是最偉大的**」。(48節)

然而，從福音書的開始，路加不就是一直強調沒有權勢和社會地位的人會蒙上帝的關愛嗎？實際上，這位上帝之子不也就是那個沒有權位、受苦被棄的彌賽亞嗎？在上帝國度裏，人是否偉大端乎他是否看見和實踐這個奧祕，而不在於其他的條件和能力。但眾門徒至今仍不明白耶穌的講論，也無法體會耶穌的真正身分和職事。

這種偏隘的心胸，並不只見於耶穌的跟從者。在舊約五經裏，約書亞也曾經求摩西禁止兩個人說預言(參民十一26～30)。

8.4.3. 壟斷的心態(49～50節)

就是因為門徒不體會上帝之子真正身分的意義，他們繼續就誰為偉大的爭論而糾纏。而爭大論輩的另一模式就是**分門別類**。其中的一位使徒約翰似乎忘記了他的同道未能趕鬼，倒把注意力集中在「**他不和我們同夥跟從你**」(49節)。若翻查原文，便發現原來希臘文「跟從」這動詞之後是沒有賓語「你」字；換言之，「**他不和我們一起跟從**」這一句說話的中心是「我們」，而不是所跟從的主。約翰的關注不是醫病、不是信仰，而是位分和操控，用今日的講法是「註冊專用」。

今日的信徒或教會仍有像門徒那樣心態，以為只有自己的聚會方式和宗派在上帝面前才是最好的「註冊專用、獨家發售」的嗎？

問題的根源是，這一切工作究竟屬於誰的？

溫習問題(8.3.～8.4.) 在頁173。

釋經短註

① 表面看來，耶穌所說的這句話，似乎是指門徒中有人會在未死之前看見上帝主權(或上帝國度)的實現。這關鍵在於應該怎樣理解上帝主權的實現。如果上帝主權代表上帝的降臨和世界歷史的終結，顯然耶穌所預言的並不正確，因為第一代門徒到死(甚至迄今)都還沒有見到世界的終結。但如果上帝的主權表示上帝的能力和恩惠臨到人間，使得人與上帝間不再有阻隔，則耶穌所說的是否真實，必須看往後的發展了。顯然，在緊接著的登山變像裏，路加清楚指出耶穌與摩西和以利亞討論他將在耶路撒冷以死來成就使命的事。此外，路加敘事的發展(福音書和使徒行傳)，正要說明上帝的主權已經透過耶穌的職事、死亡和復活實現了。若此，他的門徒的確是在未死前看見上帝主權實現。

溫習問題(8.1.～8.2.)

1. 耶穌差派十二使徒四處傳道時，提醒他們禁戒的事是甚麼，其意義何在？(參1～6節)
2. 路加為何在這段落中加插「希律的疑竇」(7～9節)這內容？
3. 希律安提帕對耶穌的疑慮恐懼背後的原因是甚麼？(參7～9節)
4. 路加所記載「耶穌餵飽數千人」這事迹，與其他福音書的有何明顯不同之處？(參10～17節)
5. 五餅二魚的記述除了是個神蹟，還有甚麼其他意義？(參10～17節)

溫習問題(8.3.～8.4.)

1. 從路加的敍述中，即使彼得已宣認耶穌「是上帝所立的基督」(20節)，為何路加仍是認為彼得未完全了解耶穌的身分與職事？
2. 耶穌的身分和職事對門徒有甚麼意義？(參21～36節)
3. 有哪些原因攔阻門徒明白耶穌的身分與職事？(參21～36節)
4. 根據路加的記述，耶穌的死與舊約甚麼事件有關連？(參21～36節)
5. 路加福音九章裏，耶穌有多少次表達他將要受死？他如何表達這信息？

第二部分

從加利利至耶路撒冷︰旅途敍事

（九51至十九44）

第三篇

邁向耶路撒冷之旅

（九51至十九44）

從敍事的開始，路加就已經說明耶穌的身分和使命，與耶路撒冷實在有分不開的緊密關係(參1.2.3.「路加福音的風格和寫作目的」)。耶穌的出生和被呈獻，無不與耶路撒冷，甚至聖殿有關，孩童耶穌甚至曾經稱聖殿為「我父的家」。在公開的職事裏，也曾預言耶路撒冷是他成就職事的地點。所以，耶路撒冷這個旅程是必須的。

在朝向耶路撒冷走的這個旅途上，路加透過許多的材料和他的表述，說明耶穌就是那位將上帝心意和國度彰顯的上帝之子。與此同時，隨著耶穌邁向耶路撒冷進發，他所面對的迫害和衝擊也愈大。

第九章

旅途敍事（一）

（九51至十二34）

- 踏上征途
- 上帝國度的彰顯
- 指斥與教導

經文

不接待耶穌的村莊

9 51耶穌被接升天的日子快到了，他決心朝耶路撒冷去，52於是派
人先走。他們來到撒馬利亞的一個村莊，要替耶穌準備一切。
53可是那地方的人不歡迎他，因為他顯然是朝著耶路撒冷去的。54他
的門徒雅各和約翰看見這情形，就說：「主啊，你要我們呼喚①天
上的火來燒滅他們嗎？」

55耶穌轉過身來，責備他們②。56他們就到別的村莊去。

要跟從耶穌的人

57在他們的旅途中，有一個人對耶穌說：「你無論到哪裏去，我
都要跟從你。」

58耶穌告訴他：「狐狸有洞，飛鳥有窩，可是人子連枕頭的地方
都沒有。」59他對另一個人說：「來跟從我。」

可是那個人說：「主啊，請讓我先回去埋葬我的父親。」

60耶穌說：「讓死人去埋葬他們的死人吧！至於你，你要去傳上
帝國的福音。」

61又有一個人說：「主啊，我要跟從你，但是請讓我先回去向家
人告別吧。」

62耶穌對他說：「手扶著耕犁而不斷向後看的人對上帝國是沒有
用處的！」

---

①「你要我們呼喚」另有些古卷作「你要我們像以利亞一樣呼喚」。

② 有些古卷在「責備他們」之後加「說：『你們不曉得自己是屬於哪一種靈；因為人子來的目的，不是要毀滅人的生命，而是要拯救他們。』」

耶穌派遣七十二人

10 [1]過了些時候，主另外揀選了七十二③人，派遣他們出去，每組兩個人，先到他所要訪問的每一個市鎮。[2]他對他們說：「農作物很多，而工人很少。所以，你們要懇求農場的主人多派工人去收割他的農作物。[3]去吧！我派你們出去，好像把小羊放在狼羣裏。[4]不要帶錢包；不要帶旅行袋；不要帶鞋子；也不要在路上停下來向人打招呼。[5]你們無論到哪一家，先要說：『願你們一家平安！』[6]如果那裏有喜愛和平的人，你們所求的平安就歸他；否則那祝福就歸回你們。[7]你們要住在那一家，吃喝他們所供給的，因為工人獲得工資是合理的。不要從這一家搬到那一家。[8]你們無論到哪一個城市，如果有人歡迎你們，給你們預備甚麼吃的，你們就吃甚麼，[9]並且醫治那地方的病人，告訴他們：『上帝的主權快要在你們當中實現了。』[10]但是，如果你們到了一個城市，那裏的人不歡迎你們，你們就到大街上宣佈說：[11]『連你們這城裏那黏在我們腳上的塵土，我們也要跺掉，表示對你們的警告。但是你們要記住，上帝的主權快要實現了！』[12]我告訴你們，在審判的日子，所多瑪人所遭受的懲罰比那城所受的要輕呢！」

不信的城

[13]「哥拉汛哪，你要遭殃了！伯賽大呀，你要遭殃了！我在你們當中行過的神蹟要是行在泰爾和西頓，那裏的人早就坐在地上，披麻蒙灰，表示他們已棄邪歸正了！[14]在審判的日子，泰爾和西頓所遭受的懲罰比你們所受的要輕呢！[15]至於你，迦百農啊，你要把自己捧上天嗎？你會給摔進地獄去！」

[16]耶穌又對他的門徒說：「誰聽從你們就是聽從我，拒絕你們就是拒絕我；拒絕我也就是拒絕差我來的那一位。」

---

③ 1與17節「七十二」有些古卷作「七十」。

七十二人回來

17那七十二人高高興興地回來，報告說：「主啊，我們藉著你的
名發命令，連鬼也服從了我們！」

18耶穌對他們說：「我看見撒但像閃電一樣從天上墜下來。19你們
聽吧！我已經賜給你們權柄，能夠踐踏蛇和蠍子，也能勝過仇敵一
切的力量，再也沒有甚麼能加害你們。20但是，不要因邪靈向你們
降服而高興，卻要因你們的名字記錄在天上而歡樂。」

耶穌的歡樂

21就在這時候，耶穌在聖靈④的感動下充滿著歡樂，說：「天父
啊，天地的主，我感謝你；因為你向聰明、有學問的人所隱藏的事，
卻向沒有學問的人啟示出來。是的，父親啊，這樣的安排都是出於
你的美意！

22「我父親已經把一切都給我了。除了父親，沒有人知道兒子是
誰；除了兒子和兒子所願意啟示的人，也沒有人知道父親是誰。」

23於是耶穌轉身向著門徒，悄悄地對他們說：「你們能看見這一
切是多麼幸福啊！24我告訴你們，許多先知和君王想看你們所看見
的，卻沒有看到，想聽你們所聽見的，卻沒有聽到。」

好撒馬利亞人的比喻

25有一個法律教師前來試探耶穌，說：「老師，我該做甚麼才能
得到永恆的生命？」

26耶穌說：「法律書上說的是甚麼？你是怎樣解釋的呢？」

27那人回答：「你要全心、全情、全力、全意愛主——你的上帝，
又要愛鄰人，像愛自己一樣。」

28耶穌對他說：「你答得對，照這樣做，就可以得到永恆的生命。」

---

④「聖靈」有些古卷沒有「聖」字；另有些古卷作「自己的靈」。

[29]那個法律教師為要表示自己有理，就問耶穌：「誰是我的鄰人呢？」

[30]耶穌說：「有一個人從耶路撒冷下耶利哥，途中遇到強盜。他們剝掉他的衣服，把他打個半死，丟在那裏。[31]剛好有一個祭司從那條路下去；他一看見那個人就從另一邊走開。[32]同樣，有一個利未人經過那裏；他上前看看那人，也從另一邊走開。[33]可是有一個撒馬利亞人路過那人身邊，一看見他，就動了慈心。[34]他上前用油和酒倒在他的傷口，替他包紮，然後把他扶上自己的牲口，帶他到一家客棧，在那裏照顧他。[35]第二天，他拿兩個銀幣交給客棧的主人，說：『請你照顧他，等我回來經過這裏，我會付清所有的費用。』」

[36]於是耶穌問：「依你的看法，這三個人當中，哪一個是遭遇到強盜那人的鄰人呢？」

[37]法律教師回答：「以仁慈待他的那個人。」

耶穌說：「那麼，你去，照樣做吧！」

耶穌探望馬大和馬利亞

[38]耶穌和門徒繼續他們的旅程，來到一個村莊。那裏有一個名叫馬大的女人，接待耶穌到她家裏。[39]馬大有一個妹妹叫馬利亞。馬利亞來坐在主的腳前，聽他講道。[40]可是馬大因為要做的事情多，心裏忙亂，就上前說：「主啊，我妹妹讓我一個人做這許多事，你不介意嗎？請叫她來幫幫我吧！」

[41]主回答：「馬大！馬大！你為許多事操心忙亂，[42]但是只有一件是不可缺少的。馬利亞已經選擇了那最好的；沒有人能從她手中奪走。」

論禱告

11 [1]有一次，耶穌在一個地方禱告。禱告完了，有一個門徒對他說：「主啊，請教導我們禱告，像約翰教導他的門徒一樣。」

[2]耶穌對他們說：「你們要這樣禱告：

父親啊：
願人都尊崇你的聖名；
願你在世上掌權。
[3]賜給我們每天⑤需要的飲食。
[4]饒恕我們的罪，
因為我們也饒恕所有得罪我們的人。
不要讓我們遭受承擔不起的考驗。」

[5]接著，耶穌告訴他的門徒：「假如你們當中有人半夜裏到朋友
家去，對他說：『朋友，請借三個麵包給我；[6]因為有一個朋友旅行
來到我家，我沒有甚麼吃的好招待他。』[7]假如你的朋友從裏面回答：
『別打擾我，門已經關上了；我和孩子們也上了牀，我不能起來拿
甚麼給你。』[8]怎麼辦呢？我告訴你們，縱使他不因那個人是他的朋
友而起來拿麵包給他，也要因那個人一再地懇求而起來，把他所需
要的給他。[9]所以我告訴你們，你們祈求，就得到；尋找，就找到；
敲門，就給你們開門。[10]因為那祈求的，就得到；尋找的，就找到；
敲門的，門就開了。[11]你們當中作父親的，有誰在兒子要魚的時候，
拿蛇給他？[12]要雞蛋的時候，拿蠍子給他呢？[13]你們雖然邪惡還曉得
拿好東西給自己的兒女；那麼，你們的天父豈不更要把聖靈賜給向
他祈求的人嗎？」

耶穌和別西卜

[14]耶穌趕走了一個啞巴鬼，鬼出去以後，那個人又能夠說話了。
羣眾都很驚訝，[15]可是他們當中有人說：「他是靠鬼王別西卜趕鬼的。」

[16]也有些人想陷害他，要求他行個神蹟來表明他所做的是出於上
帝。[17]耶穌知道他們在想些甚麼，就對他們說：「任何國家自相紛爭，
必然衰敗；一個家庭自相紛爭，也必然破碎。[18]如果撒但自相紛爭，
他的國度又怎能站立得住呢？你們說我趕鬼是靠別西卜，[19]果然這

⑤「每天」或譯「明天」。

樣的話，你們的子弟趕鬼又是靠誰呢？你們的子弟要證明你們是錯
的！20其實，我趕鬼若是靠上帝的能力，這就證明上帝已經在你們
當中掌權了。

21「一個武器齊備的武士守衛自己住宅的時候，他的財物是安全
的。22但是一個比他更有力的武士來了，制伏了他，就會把他所倚
靠的武器都奪走，而且分了他所盜取的贓物。

23「那不跟我同夥的就是反對我；那不幫我收聚的便是在拆散。」

污靈回來

24「污靈離開了所附的人，走遍乾旱區域，尋找棲息的地方，都
找不到，就說：『我要回原來的屋子去。』25於是他回去，發現那屋
子打掃得又乾淨又整齊。26他又出去，帶回七個比自己更邪惡的靈
來，跟他住在一起。這樣，那個人後來的景況比從前更壞了。」

真的有福

27耶穌正說這話的時候，有一個女人從人羣中大聲對他說：「那
懷你胎和哺育你的真有福啊！」

28耶穌說：「那聽見上帝的話而遵守的人才真有福呢！」

求神蹟

29那時羣眾圍繞著耶穌，耶穌繼續講論說：「這時代的人多麼邪
惡呀！他們竟要求看神蹟，可是除了約拿的神蹟，再沒有別的神蹟
給他們看了。30約拿怎樣成為尼尼微人眼中的神蹟，人子也要同樣
成為這一代人眼中的神蹟。31在審判的日子，南方的女王要站起來
控告這一代的人，因為她長途跋涉來聽所羅門王智慧的話。我告訴
你們，這裏有比所羅門更重大的事呢！32在審判的日子，尼尼微人
要站起來控告你們，因為他們聽見了約拿的宣道就棄邪歸正了。我
告訴你們，這裏有比約拿更重大的事呢！」

身體的燈

33「沒有人點亮了燈而把它藏在地窖裏或放在斗底下；相反地，
他一定把燈放在燈臺上，讓進來的人都看得見亮光。34你的眼睛好
比身體的燈。你的眼睛好，全身就光明；你的眼睛壞，全身就黑暗。
35所以，要當心，免得你裏面的光變成黑暗。36如果你全身充滿光明，
毫無黑暗，就會光輝四射，好像燈的亮光照耀你。」

譴責法利賽人和法律教師

37耶穌說完了這些話，一個法利賽人來請他吃飯，他就進去坐席。
38這個法利賽人看見耶穌飯前不先洗手，非常詫異。39主就對他說：
「你們法利賽人把杯盤的外面洗得乾乾淨淨，你們裏面卻盛滿著貪
慾和邪惡。40無知的人哪，那造外面的上帝不也造裏面嗎？41只要把
杯盤裏面的東西送給窮人，對你們來說，一切都算潔淨了。

42「你們法利賽人要遭殃了！你們把那些調味品，如薄荷、茴香，
和其他的香料，奉獻十分之一給上帝，但是忽視了正義和對上帝的
愛。其實，這才是你們必須實行的；至於其他的，也不可忽略。

43「你們法利賽人要遭殃了！你們喜歡會堂裏的特別座位，喜歡
人家在公共場所向你們致敬問安。44你們要遭殃了！因為你們好像
是沒有記號的墳墓，人在上面走過，卻不知道。」

45有一個法律教師對耶穌說：「老師，你這樣說，連我們也侮
辱了！」

46耶穌回答：「你們這班法律教師也要遭殃了！你們把難背的重
擔擱在別人的肩膀上，自己卻不肯動一根手指頭去減輕他們的負擔。
47你們要遭殃了！你們替先知修造墳墓，而那些先知正是你們的祖
宗所殺害的。48這樣，你們證明了你們同意祖宗所做的；他們殺害
了先知，而你們替先知修造墳墓。49所以，上帝的智者曾經說過：
『我要派遣先知和使徒到他們那裏去；有的要被他們殺害，有的要
受他們逼迫。』50因此，從創世以來，所有殺害先知的罪，51就是從
亞伯的被殺，直到在祭壇和聖所之間被殺的撒迦利亞為止的血債，

都要這一時代的人償還。是的，我告訴你們，這時代的人一定會為
這一切受到懲罰！

52「你們這班法律教師要遭殃了！你們把持著開啟知識寶庫的鑰
匙，自己不願意進去，也不讓想進去的人進去！」

53耶穌離開了那裏，經學教師和法利賽人開始激烈地批評他，向
他發出許多難題，54要找話柄來陷害他。

警戒偽善

12 1那時候，成千上萬的人羣擁擠在一起，甚至彼此踐踏。耶穌
先對門徒說：「你們要提防法利賽人的酵母，就是他們的偽善。
2一切隱藏的事都會被揭發；祕密的事也會被洩露。3因此，你們在
暗中所說的話會在光天化日之下被人聽到；你們在密室中的耳語也
會在屋頂上給宣佈出來。」

不要怕

4「朋友們，我告訴你們，那只能殺害肉體，卻不能進一步傷害
你們的，不用害怕。5我要指示你們該怕的是誰：你們要怕那位奪
走人的生命以後，又有權把他投入地獄的上帝。是的，我告訴你們，
應該懼怕的就是他！

6「五隻麻雀固然用兩個銅錢就買得到，可是上帝一隻也不忘記；
7就是你們的頭髮他也都數過了。所以，你們不要怕，你們比許多
麻雀要貴重多了！」

宣認基督

8「我告訴你們，凡在人面前認我的，人子在上帝的天使面前也
要認他；9凡在人面前不認我的，人子在上帝的天使面前也不認他。

10「說話冒犯人子的，可以蒙赦免；只是褻瀆聖靈的，不能蒙赦免。

11「人家把你們帶上會堂，或是帶到官長或統治者面前受審問的
時候，你們不用擔心要怎樣為自己辯護，或是要說些甚麼話；12因

為在那時候，聖靈會指示你們該說的話。」

無知的財主

13羣眾當中有一個人對耶穌說：「老師，請吩咐我的兄弟跟我分
父親的遺產。」

14耶穌回答：「朋友，誰指派我為你們審案或替你們分家產呢？」
15於是他繼續向大家說：「你們要謹慎自守，躲避各樣的貪婪；因為，
一個人無論怎樣富裕，他的真生命不在乎他有多少財產。」

16於是耶穌對他們講一個比喻：「有一個財主，田產豐富；17他心
裏盤算著：『我沒有夠大的地方來儲藏所有的穀物，該怎麼辦呢？』
18他又自言自語：『對了，我要把原有的倉庫拆了，改建更大的，來
存放五　和別的貨物，19然後我要對自己說，幸運的人哪，你擁有
一切好東西，足夠你多年花用，慢慢享受，吃吃喝喝，過舒服的日
子吧！』20可是，上帝要對他說：『你這個糊塗人，就在今夜，你得
交出你的生命；那麼，你為自己所積存的一切財物要歸給誰呢？』」

21耶穌結論說：「那為自己積聚財富、在上帝眼中卻不富足的人
也是這樣。」

信靠上帝

22耶穌又對門徒說：「所以，我告訴你們，不要為生活上所需的
食物，或身上所穿的衣服操心。23生命比食物貴重得多；身體也比
衣服貴重得多。24看看那些烏鴉吧。牠們不種不收，無倉無庫，上
帝尚且飼養牠們，你們比鳥兒貴重多了！25你們當中又有誰能藉著
憂慮多活幾天⑥呢？26如果你們連這樣的小事也做不到，又何必為
其他的事操心呢？27看看百合花怎樣生長吧。它們既不工作又不縫
衣，可是我告訴你們，甚至像所羅門王那樣的榮華顯赫，他的衣飾
也比不上一朵野花那樣的美麗。28野地的花草今朝出現，明天枯萎，

⑥「多活幾天」或譯「多長高幾寸」。

給扔在火爐裏焚燒，上帝還這樣打扮它們，他豈不更要賜衣服給你們嗎？你們的信心太小了！[29]所以，你們不要掛慮吃甚麼，喝甚麼，為這些事煩惱。[30]這些事是世上不信的人所追逐的。你們的天父知道你們需要這一切東西。[31]你們要追求上帝主權的實現，他就會把這一切都供給你們。」

論天上的財寶

[32]「你們這小小的一羣，不要害怕，因為你們的父親樂意把他的國賜給你們。[33]要賣掉你們所有的，把錢賙濟窮人；要為自己預備不會破損的錢袋，把財寶存在天上。在那裏，財寶是使用不盡的；因為盜賊偷不到，也沒有蟲蛀。[34]你們的財寶在哪裏，你們的心也在那裏。」

在4卷福音書裏，惟有路加用了最多的篇幅，記述耶穌往耶路撒冷之旅（九51～十九44）。這個單元一般被稱為「旅途敘事」，內裏所包含的資料當然也包括一些其他福音書都有的材料，但更有不少是路加獨有的。透過這些材料路加進一步呈現上帝之子的身分和職事，使提阿非羅或其他讀者都肯定所信是正確的，並且更體會耶穌的教導和事迹對自己的意義。

9.1. 踏上征途（九51～十42）

9.1.1. 決心朝耶路撒冷去（九51～56）

在路加的作品裏，**「耶穌被接升天」**（51節）包含了他的受苦、死亡、復活，以至升天的意思（參徒一11、22），而這一切事情都必須發生在耶路撒冷，所以耶穌**「決心朝耶路撒冷去」**（51節）。誠然，耶路撒冷一直是路加福音的一個主題，這從耶穌在耶路撒冷出生、被呈獻、在聖殿與猶太法律教師討論律法、在殿頂受試探等事件的鋪排中都清楚可見。作為成就猶太信仰和舊約預言的上帝之子，耶穌職事在耶路撒冷達至高峯是合理不過的事。此外，從福音書的開始，無論是西面或安娜的預言，抑或是耶穌自己的宣講和職事，處處顯示出那出乎人意料之外的「逆轉」信息；但這些信息不僅不能帶來所有人的支持，甚至惹來部分人士的埋怨、詛咒和惱恨。他踏上耶路撒冷一途，無疑是艱巨的使命，然而，對耶穌的跟從者而言，這是一個令他們更加明白耶穌的工作和身分的旅途。

與此「升天」一詞相近的是約翰福音裏經常出現的「榮耀」。其中所說的，不僅是指耶穌受苦，也是包括耶穌的復活和被接返天父那裏。在舊約聖經中亦有被接上升的人物，如以諾（創五21～24）及以利亞（王下二1）等。

就撒馬利亞人和猶太人的分歧，見約翰福音四章9至22節；亦參約瑟夫的《猶太古史》20.118～138。

耶穌和眾門徒南下的第一站是**撒馬利亞**，「可是那地方的人不歡迎他，因為他顯然是朝著耶路撒冷去的」(53節)。撒馬利亞人對耶穌一眾的敵視態度源於撒馬利亞人和猶太人間的歷史傷痕。這最早可以追溯至公元前8世紀，北國以色列戰敗後與異族共處而衍生的宗教文化變遷，而南國猶大與北國以色列之間早有積怨(參王上十二章～王下十七章)，分裂後南國猶大以耶路撒冷為中心，而北國以色列則以示劍(即撒馬利亞)為中心，這兩國各有自己的政治和宗教中心，對政治和宗教已有不同理解。公元前8世紀，北國為亞述人所滅和侵佔，其時的以色列人可能就是在這個處境下與外族通婚，成為被猶太人視為血統不純正且可厭的撒馬利亞人。

這種因民族歷史、宗教祭祀和信仰理解迥異而生的分歧，甚至仍可以在部分新約作品和同時期的猶太人作品裏找到。猶太人以耶路撒冷為敬拜中心，撒馬利亞人則以基利心山為崇拜的所在，互不相讓、互相鄙夷。耶穌既然朝著耶路撒冷去，自然為撒馬利亞人所不屑以致被拒絕。

雅各和約翰兄弟「呼喚天上的火來燒滅他們」(54節)是用先知以利亞的記述作背景，以達審判和悔改的宣告(參王下一10)；這亦與施洗者約翰在約旦河邊的宣告(三16～17)頗有類同之處。縱然歷史和民族的傷痛是真實的，但在信仰和敍事的角度下閱讀，卻能綻放不同的亮光。所以，耶穌「轉過身來，責備他們」(55節)，一如他回答施洗者約翰的使者所示，他的工作並不以審判為旨，而是以恩宥赦免為目的(七18～23)。「他們就到別的村莊去」(56節)說明了耶穌的旅程不是在撒馬利亞終結，這正是耶穌超越先知和施洗者約翰的地方。事實上，就在往後的敍述裏，耶穌曾借用撒馬利亞人作比喻來教導一個法律教師，並且福音至終也有傳入撒馬利亞地(參十29～37，十七11～19；徒八章)。

耶穌對撒馬利亞人的態度，對今日的信徒有甚麼提醒？

9.1.2. 作「門徒」的代價和挑戰（九57～62）

在往耶路撒冷的旅途上，路加藉著3個提問和對答，表述跟隨耶穌是嚴肅的，而且是要付代價的。這段經文與第九章逐漸顯明耶穌這彌賽亞的身分有莫大的關連。從差遣十二門徒開始，耶穌先後兩次向門徒顯明其彌賽亞的身分（參8.3.「上帝之子身分的啟示和門徒的意義」）；但從彼得的回應（33節）和門徒的爭議誰為大（46～48節），甚至門徒對待異己的態度（49～50、51～56節），可見他們並不能完全明白門徒的真義。如今這3段的對話，正是糾正跟從者對耶穌，以至門徒身分的謬解和錯誤期望：

作為耶穌的門徒是要付代價的。對你而言，你可以為信仰付多大代價？

> 有一個人對耶穌說：「你無論到哪裏去，我都要跟從你。」
> 耶穌告訴他：**「狐狸有洞，飛鳥有窩，可是人子連枕頭的地方都沒有。」**（57～58節）
>
> 他【即耶穌】對另一個人說：「來跟從我。」可是那個人說：「主啊，請讓我先回去埋葬我的父親。」
> 耶穌說：「讓死人去埋葬他們的死人吧！至於你，你要去傳上帝國的福音。」（59～60節）

正如耶穌也曾獲接納和支持，作基督的跟從者不一定是無家可歸。然而，撒馬利亞人的拒絕和耶穌至終被釘，說明他的跟從者必須認清這可能性。不然，他們是無法堅持的。耶穌以此挑戰跟從者衡量和思考自己的決定。誠然，決志跟隨並不是浪漫的。

耶穌再一次以強化，甚至是誇張的語氣和處境，挑戰跟從者認清跟從基督宣講上帝國度的**次序和代價**。在遠古的文化裏，埋葬父親是子女天經地義的責任和義務，若未能盡上這個責任，根本是難以想像的。然而，耶穌正以這樣匪夷所思的命令，否定任何可能的延誤和藉口：

事實上，並不是所有跟從者都是撇下一切跟從耶穌的，格拉森人就是一例。若此，耶穌的說話其實是挑戰人更深認識其內心的次序。

又有一個人說：「主啊，我要跟從你，但是請讓我先回去向家人告別吧。」
耶穌對他說：「手扶著耕犁而不斷向後看的人對上帝國是沒有用處的！」(61～62節)

以利亞對以利沙說：「好吧，你回去。我不阻止你！」(王上十九20)

同樣，向家人辭行是古代社會裏合情合理的做法，然而，耶穌的回應如前面兩個一樣苛刻。耶穌的隱喻，可能引申自列王紀上十九章19至21節**以利亞**呼召以利沙的傳統。只是以利亞向以利沙所說的話意義並不明顯，耶穌的說話就清楚和強硬了。

就如「平原寶訓」一樣，耶穌這裏的話屬於「創建」(poetic)語言，而不是規條式語言。創建式的語言目的不在於吩咐聽眾如實地遵守，而是激發和挑戰當事人反省內心的價值次序和世界觀。當然，在某種特別的處境下，跟從者極有可能仿照創建語言所講的實踐，但在更多的時候卻未必，也不必如是。但無論是那一種情況，跟從者都應該認清上帝國度在其生命中的優先性，這才是講論背後的精髓。

9.1.3. 70／72人的宣教(十1～24)

根據經文的傳統，這裏可能是70人，也可能是72人。當然，兩者對經文的意義都沒有實質的影響。

差遣**70／72**人工作的敍述，除了記載耶穌派遣跟從者出去宣教外，亦有深邃的意義。一方面，耶穌差遣這班門徒去宣教有如農場主人差派工人收割農作物一般(2節)；另一方面，這班門徒也將面對嚴峻的環境(3節)，後者可能正解釋為何這些被差的人行裝要如此簡便(4節)、節奏如此緊湊。

路加沒有詳細解釋為何耶穌要差遣70/72個門徒工作，但摩西選召70個長老管百姓的傳統(民十一16～17、25；參出二十四1、9～14)

卻可視為路加敍述的背景。從這個傳統看，路加不僅報道70／72個門徒宣教，同時亦藉此將摩西與耶穌的身分和工作對比呼應。同樣是耶穌差遣門徒的記述，70／72門徒與12個使徒（參九1～6）的異同可見下表列：

十二使徒被差派	70/72門徒被差派
九1～6	十1～24（馬太福音雖沒有「差遣70／72門徒」這段落，但這段經文某些經節亦散見於馬太福音不同位置之「Q底本」）
出現於馬太福音及馬可福音（太十1～20；可六7～13）	路加獨有記載
十二使徒被差遣	70人／72人被差遣
職事（趕鬼、醫治疾病、傳揚上帝國度的信息）	職事（醫治疾病、宣講上帝國度的信息）
不用帶備的東西（手杖、旅行袋、食物、錢、兩件衣服）	不用帶備的東西（錢包、旅行袋、鞋子）
——	要問人安
接待與拒絕	接待與拒絕
——	接待的「細節」（十8～11）
——	公開斥責哥拉汛、伯賽大、泰爾、西頓、迦百農（參太十一20～24）
——	聽從與棄絕（十16；參太十40）
——	感恩禱告（十21～22）；是「逆轉」的表達（參太十一25～26）

有沒有經歷過與弟兄姊妹一同出外傳福音（或參加短宣）？你的感受如何？有沒有經歷上帝的同在？

從上表列可見，路加十章的記述加強了宣講者和對象間的關係。事實上，第十章的氣氛似較第九章的緊張：**「我派你們出去，好像把小羊放在狼羣裏。」**（3節）如果十二使徒所指涉的是少數的組合，那70／72人就包含更多的對象。宣揚上帝國度的使者耶穌、門徒和以後的跟從者，都是將要面對挑戰和困難的傳道者。

路加記述耶穌對門徒一番囑咐後，接著便記載耶穌對哥拉汛及伯賽大城的譴責。在路加福音裏，哥拉汛只在此處出現(參太十一21)。但從地理的角度看，它鄰近的城鎮包括伯賽大(十13)和迦百農(15節)，應該是耶穌曾經去過宣教的地方，可能有相當多的猶太人在這些城聚居；另一方面，泰爾和西頓(13節)是沿海的城市，也是外邦人集居地方(這些城的位置可參附錄)。從這個角度看，耶穌的講論可能是批評同胞對他的職事麻木的反應。無論是哪個地方，悔改是回應上帝國度信息的惟一態度，所以，那些親眼見過耶穌工作而又拒絕的地方(哥拉汛、伯賽大和迦伯農)，將會面對更大的審判。這與施洗者約翰責備猶太人的信息，可謂有異曲同工之妙(參三8～9)。

耶穌責備迦百農時說：**「迦百農啊，你要把自己捧上天嗎？你會給摔進地獄去！」**(十15)這句話表面是宣布這城的結局，實質是宣布撒但權勢的結束，這種受罰的記號說明上帝主權已經隨著耶穌的職事而臨到(參約十二31；啟十二7～9)，這樣看來，耶穌早前在山上的宣告：**「站在這裏的人，有的在死以前會看見上帝主權的實現。」**(九27)已經應驗了。**耶穌的跟從者**獲賜權柄勝過仇敵一切的力量，**再不會受制於任何的困難和打擊**(十19)。這不是說耶穌的跟從者可以免於苦難，而是說這一切將不能使他們與上帝的國度隔絕，因為他們的名字已經被記錄在天上。

再沒有甚麼能加害耶穌的跟從者，使他們與上帝的愛隔絕；與此同類的信息亦見於保羅的羅馬書八章31至39節。

路加記述耶穌所講的一番話，說明耶穌是啟迪上帝國度的惟一中介(22節)。與此同時，這段話同樣描述了耶穌的跟從者是能夠看見地上有智慧的人和掌權者所未能看見、聽見的事(21節)，這正顯示這些門徒可得到從上帝而來的「特權」。耶穌的言論正正與當時以為只有聰明和有學問的人才有權「知」的文化和想法完全相反的，這亦是耶穌之所以說門徒「是多麼幸福」的意思(23節)。從路加福音整體的敘事看，出身低微、沒有學問的門徒能得著聰明和有學問的人所不能具備的睿見和啟示(24節)，正符合福音書中「逆轉」的主題。

9.1.4. 誰明天父心？「好撒馬利亞人的故事」(十25～37)

在往耶路撒冷的路途上，路加記述了一則耶穌和法律教師就永恒生命的討論。這個討論引申至猶太信仰的**最大誡命**的傳統(申六5)，然而，這並不是一個普通的討論，因為路加提到這個法律教師「試探耶穌……要表示自己有理」(十25、29)，似乎為敵視耶穌揭開了序幕(十一37～54)，同時回應了早前路加提到法律教師拒絕了上帝的啟迪和心意(七29～30)。

就最大誡命的討論，同樣見於馬太福音(二十二34～40)和馬可福音(十二28～34)，但在兩卷福音書裏，這討論是發生在耶路撒冷，是耶穌和經學教師並法利賽人爭辯的一部分。

再細看上文(十23～24)所記，接著的好撒馬利亞人的記述明顯是承接耶穌就天父旨意被顯露這主題而發展的。換言之，法律教師(聰明人、有學問的人)不一定能夠明白關於上帝的事。事實上，法律教師之試探耶穌，正是表明他們「看沒看見、聽沒聽到」，乃在於自己的頑梗。另一方面，從耶穌循循善誘向法律教師的解說中，可見即使那些抗拒耶穌的人，耶穌亦不會將他拒諸門外，他的比喻是公開給所有人的。當耶穌說：「你去，照樣做吧！」(37節)正表示啟示的門並未關上，凡願意回轉的人，仍可以把握機會悔改歸向上帝。

如果能回想耶穌在旅途首站遇到撒馬利亞人的拒絕(九51～56)，

而在此又借用撒馬利亞人作比喻，必然更體會這個比喻(十30～35)的力量。被猶太人視為「雜種」的撒馬利亞人竟然向落難的猶太人施出援手，反而那些讓猶太人尊敬和信任的祭司和利未人，卻對這落難的同胞置之不顧。相對於這伸出援手，卻是與猶太人為仇的撒馬利亞人，耶穌的比喻不啻是個諷刺和逆轉，更是個震撼！

在聽這個比喻的時候，你投入哪一個角色？為甚麼？

究竟這個比喻是向誰說的呢？是向那試探耶穌的法律教師？還是向所有以種族、社會階層、文化、經濟，宗教甚至宗派，將人分門別類的人？是向那些可以向人施援手的人？還是向那受創等待人救援的人？無論是誰，耶穌所說的**「那麼，你去，照樣做吧！」**(37節)的一句話，誠然叫人想起早前耶穌就上帝國度子民的教導了(六27～37)。

路加的記述停在這裏，因耶穌沒有進一步講話，那法律教師的反應如何也是個未知之數，這是值得所有讀者深思的一個空間。耶穌曉示了一個洞見，這敍事一方面說明即使是存心試探耶穌的法律教師亦有回轉的空間，另一方面，這空間似乎正是邀請所有讀者思考怎樣回應耶穌的啟示。

9.1.5. 馬大和馬利亞(十38～42)

如果以使徒行傳十六章裏的呂底亞為一例，馬大應該是家中的「主人」；而腓立比書中的友阿蝶和循都基也可能是類同的(參腓四2)。

既然耶穌和門徒繼續在往耶路撒冷的旅途上，一如耶穌吩咐他的門徒要仰仗別人的款待(九1～6，十1～11)，他同樣也需要別人的接待。有關**馬大**和馬利亞的記述，既保留耶穌旅程的片段，亦可能為初代教會如何接待遊行傳道者成了榜樣，也見證初代教會裏婦女職事的重要貢獻(參八1～3)。往更深的一層看，這個故事其實是從接待人這簡單的職事，進深思考信仰羣體相處的終極目標：上帝的道。

早前耶穌先後在九章和十章，已經提示他的跟從者以極單純的心態和要求投靠那些願意援助他們傳道的家庭。在馬大和馬利亞這個故事裏，耶穌則教導那些接待傳道者的家庭要明白在接待的事情上，要分辨緩急與輕重。門徒被差之首要目的是傳講上帝的道，收農場主人的農作物（十2），所以，提供接待的家庭，應知道接待的基礎並不在乎他們所提供的物質，因為**「你們【指被接待的人】無論到哪一個城市，如果有人歡迎你們，給你們預備甚麼吃的，你們就吃甚麼」**（十8），而是在於上帝的道。

馬大和馬利亞接待耶穌這故事，突顯了遠古社會裏婦女的地位。一般而言，婦女的角色和責任就是在家中負責服事和接待工作，務求使男人或到訪的客人稱意。這個文化期望使得馬大對其妹子的投訴顯得十分有理（40節）。耶穌的回答並不是否定待客之道，而是與之對比上帝之道與社會價值之間的緩急輕重問題，是要馬大明白上帝的道凌駕於社會角色和期望之上。從某個角度看，這故事是將婦女從文化的既定角色中釋放出來（以馬利亞為例），但卻同時肯定她們的貢獻（以馬大為例）。馬大的忙亂不必全然被否定，但馬利亞對道的渴望和聆聽是**「最好的」**（42節），是社會價值和期望所不能奪去的。

有學者認為這個記述的真正含意是叫婦女安靜聽道，這是變相的打壓婦女。你同意這說法嗎？你認為這段經文的重點何在？

當然，耶穌所講述的並不旨在討論「婦女的課題」（Feminist Issue），而是在於探問信仰羣體「本末」和「次序」的問題：究竟甚麼才是人生中最重要、最值得投資時間的東西呢？

你有想及甚麼實際例子，說明社會的價值、期望和計劃必須置放在福音之下？

溫習問題（9.1.） 在頁213。

9.2. 上帝國度的彰顯(十一1～36)

9.2.1. 上帝之子的禱告(1～13節)

你懂得背主禱文嗎?你曾有多少次是邊背邊默想內容?主禱文中最能觸動你心靈的是哪一句禱辭?

在路加福音裏,常常禱告是耶穌特有的氣質(參3.2.1.「上帝宣告:『你是我親愛的兒子,我喜愛你』」)。正如耶穌的跟從者要體會並且分擔他的身分和職事,禱告的素質也自然是門徒學習的方向。耶穌教導門徒的禱告,就是主禱文。

相對於馬太福音(太六5～13),路加的「主禱文」明顯是建基在禱告的耶穌身上,是傳授予門徒的生命和信念,表述父親與兒女的關係,陳明路加自敘事開始就有的盼望,顯明生活的真實的倚靠。

從主禱文的內容與你的平時禱告的內容作比較及反省,看看你禱告的內容有何處要改進的。

耶穌指出人可以稱上帝為**「父親」**(十一2),這說明禱告者可以稱上帝為父,顯示和確認了父上帝的權柄、責任和忠誠。這個稱謂,是為其後有關教導禱告的一個基礎,也是構成往後幾個敘事的信念(如十五章的父親與兩個兒子的比喻;參10.3.2.「上帝的心」)。**「願人都尊崇你的聖名」**(2節)這句子可見於猶太禱文的傳統,這是認信上帝是超乎萬物的一個宣告,而不僅是受人所尊崇的意思。而**「願你在世上掌權」**(2節)正與耶穌公開宣講和職事的中心相符:上帝國度及主權的來臨(參九2、11、27、60、62,十9、11)。當說**「賜給我們每天需要的飲食」**(3節)說明禱告的人——耶穌的跟隨者——必須完全依賴上帝不斷的供應(參九1～6,十1～11)。再說**「饒恕我們的罪,因為我們也饒恕所有得罪我們的人」**(4節),從耶穌所教導的禱告顯示,耶穌的跟從者的生命不僅是指跟從者與上帝的關係,而是也要敏感於與「他者」的關係。這樣有關赦罪和寬恕的主題,與耶穌所展示的生命和教導是相互呼應的(參七36～

50，十七1～4，二十三34）。而**「不要讓我們遭受承擔不起的考驗」**（十一4）更表述禱告者必須倚靠上帝的保守，而不是仗恃自己的能力或意志（參二十二40、46）。簡言之，路加的「主禱文」不是一篇禮儀文，而是信念的表述，難怪路加馬上用兩個精簡的比喻闡述其中的意義和信念。

從認信天父的禱告，耶穌轉而談及「祈求就必得著」的比喻，更具體地說明禱告的人與父上帝的關係。比喻的辨證原則和關鍵是在第13節：**「你們雖然邪惡還曉得拿好東西給自己的兒女；那麼，你們的天父豈不更要把聖靈賜給向他祈求的人嗎？」**從論證的方法講，這是個「以小證大」的原則（*qal wehomer*；這是典型的猶太拉比論證方法的一種）。以不情願的朋友「尚且」供給麵包，以及邪惡的人「尚且」以好東西給自己的兒女這兩比喻，來顯示一個主題，就是慈愛的上帝「更願意」應允祈求者的禱告，以最好的賜給祂的兒女們。

從耶穌有關禱告的教導裏，你認為禱告的中心是甚麼？

在遠古社會裏，朋友間是有一定的義務和責任（如借貸），但在某些情況下，這些義務卻不一定要實踐（如夜晚門已關上）。「夜裏向朋友借麵包」這比喻（5～8節）的情況帶出了「尚且」這意義。無論是基於求索者一再地懇切求，還是基於借麵包的人對社會文化的期望，儘管可能很不情願，朋友尚且起來為需要者給予麵包。所以，運用「以小證大」的原則，祈求的人就必得著。

最大的恩賜就是聖靈，這是路加作品的應許（二十四44～49；參徒一～二章）。新約其他作者如約翰、保羅的作品亦有相同的觀點。

正如父親供應的比喻以人間的關係說明賜予的必然，蛇或蠍子只是極端的例子，而不表示作父親的會讓兒子面對這些危險；同樣，夜裏求麵包的比喻要說明天父一定會供應，並不是說天父上帝會不耐煩。兩個比喻同時進一步表述天上父親會將最好的給祂的兒女，這最好的就是**聖靈**。兩個比喻，同是鼓勵屬上帝的人不要因為自己身分低微、是社會邊緣人等而卻步不敢祈求。

與此同時，「祈求就必得著」的講論(9～10節)，並不構成妄求的藉口，祈求就必得著、敲門就開門的前設和基礎是主禱文(2～4節)。這是說明禱告的原委和主旨，必須以上帝主權和旨意、而不是以人的需要和冀盼為中心。

9.2.2. 上帝國度的來臨(14～23、24～28節)

福音書的作者報道耶穌行神蹟奇事，重點往往不在異能本身，這些神蹟背後帶著更深的意義。以路加敍述耶穌趕出啞巴鬼的事件為例，這個記載的目的在於指出上帝國度已經來臨，並藉著神蹟向人見證耶穌的職事和身分。

記述趕鬼這一則事件再一次說明耶穌工作的重點不在於異能神蹟。路加的記述，既要突出耶穌的身分，也表述敵對者的頑梗。從敍事的發展看，耶穌的職事必然引起糾紛和攔阻，但耶穌受到批評和挑戰也不是前所未有的(六6～11)，其中固然亦有人會因耶穌的能力而希奇。反之，從耶穌對批評和拒絕者的責備(十13～15，十一29～32，十二13～21，十二54～十三9，十三22～30)，說明了耶穌亦是審判的先知。

別西卜原為迦南地神祇的名稱，後被等同作撒但(參本叢書由張略、黃錫木合著的《奔走風塵的僕人——馬可福音析讀》，頁88)。

十一章14至23節的記載卻是轉捩點，以呈現張力的惡化。這事件顯出最根本的問題並不是羣眾不認同耶穌的工作，而是人們誣蔑耶穌的能力源頭是來自鬼王**別西卜**；他們想將耶穌「標籤」為撒但或鬼王別西卜的黨羽，藉魔化耶穌的身分，使百姓厭惡他，從而達至結束耶穌的職事。

對於這個嚴重的指控，耶穌的回應有3方面：(一)藉魔鬼趕鬼這講法本身是自相矛盾的；(二)提出指控的人不公允，因為他們的子弟也曾趕鬼；(三)若如耶穌所説上述兩點不成立，那麼耶穌的趕鬼就只有一個結論：彰顯上帝的能力的實在，也説明上帝國度的臨到，撒但權勢的終結(21～22節)。

以這個熾熱的爭論氣氛作為背景，耶穌所説的一句話：**「那不跟我同夥的就是反對我；那不幫我收聚的便是在拆散」**(23節)，就不難理解了。耶穌在這裏的説話重點在於強調跟從者要在惡劣的處境下仍然決斷地委身，而不是排斥別人。換言之，耶穌在這裏的話跟先前因門徒埋怨有些傳道者不跟從耶穌，而向門徒説的一番話：**「不要禁止他，因為不反對你們就是贊同你們。」**(九50)並沒有矛盾。

鍥而不捨的跟從，是服膺上帝主權之人義無反顧的態度，否則他們只會落在更痛苦的處境裏。路加藉著耶穌的比喻警語，帶出這個真切卻又讓人警惕的信息。

誠然，跟從耶穌並不只是朝夕的事情，24至26節便要説出這個道理。這段經文看似是一段獨立的記載，但實際上它是循21至22節武士的比喻，作進一步的説明。**「所附的人」**(24節)固然不是指14節那個被啞巴鬼所附的人。這是一個比喻，以耶穌趕鬼的事件作基礎，進而指出得以擺脱的污鬼的纏繞並不是終結，人必須避免在隨後的生活裏為魔鬼留地步。耶穌這比喻，説明了一時一刻的潔淨並不保證長久的更新。沒有矢志有恆的委身，可能招致更大的問題。

在信徒家庭長大的人是否一定有福？非信徒家庭出身的是否不及他們那麼容易信主？你屬於哪一類？

耶穌話語裏的智慧，使得人羣中一個女人稱讚他和他的母親。在路加福音裏，被稱讚為有福的並不罕見(一45，六20、21、22，七23，十23)。耶穌便直指出何謂真正的福氣：**「聽見上帝的話而遵守的人才真有福呢！」**(十一28)事實上，耶穌就曾教導説：**「落在好土壤裏的種子是指人聽了信息，**

以良善和誠實的心持守它，恆心等待，直到它結出果實。」(參八4～18) 恆心地守道是跟隨耶穌的人要聽的信息。畢竟，界定一個人是否屬於上帝，並不在於其血統、關係和背景，而是在於其所信的是否能在生活中呈現。

9.2.3. 上帝國度的徵兆：約拿的神蹟(29～32節)

在耶穌驅趕啞吧鬼之後，有人誣蔑他是藉鬼王別西卜的能力趕鬼的(15～16節)，如今羣眾圍繞著耶穌，所關注的似乎又是神蹟奇事。正如耶穌曾指出他所作的一切是代表了上帝國度的來臨，在此，他以先知約拿的事迹帶出這信息背後的精髓。在路加福音提及有關約拿的事迹，重點在於「約拿怎樣成為尼尼微人眼中的神蹟」(30節上)，從而引申「人子也要同樣成為這一代人眼中的神蹟」(30節下)。約拿怎樣將上帝的救恩傳給尼尼微人，上帝之子也怎樣將福音傳給外邦人。

南方的女王是指舊約聖經所記載的示巴女王，她的國土位於阿拉伯西南。她被稱為「南方女王」，是因為她的國是位於巴勒斯坦以南。

外邦人認識上帝的「楷模」，除了約拿－尼尼微之外(參拿一～三章)，還有所羅門—**南方女王**(王上十1～13；代下九1～12)。尼尼微城的人因聽了約拿那審判的宣告後，立刻悔改；南方的女王因聽了所羅門智慧之言，便稱頌所羅門並他所信的上帝。這兩個傳統有共同的中心信息：外邦人皈依上帝以及上帝怎樣使用人；這信息成了耶穌職事的支點。耶穌以這傳統作例子同時反映出猶太人的自滿；結果，尼尼微人和南方女王這些外邦人將要成為猶太人的審判者。耶穌比所羅門更偉大，他將要成就比尼尼微城更大的事，就如西面所預言的，他要成為外邦人的光，也要成為審判者(二32)。

9.2.4. 照亮生命的光（33～36節）

從上下文看，路加將耶穌有關「燈」的格言集中理解為耶穌的啟示上，而不是像馬太福音（參六22～23）般將重點放在個人生命素質的塑造裏。從另一角度看，路加亦指出，受眾要認識並且接受耶穌所帶來的生命的光，同時亦要知道若拒絕他便會陷入黑暗中。凡接受耶穌啟示的人，猶如全身發放光明，也讓人看得見的光。

溫習問題（9.2.） 在頁214。

9.3. 指斥與教導（十一37～十二34）

9.3.1. 對法利賽人和法律教師的指斥（十一37～44、45～54）

早前耶穌和法利賽人已就安息日有所爭論（六1～11），現在因為潔淨的儀節引起的矛盾更形明顯。在37至54節裏，這個衝突源自一次餐筵。

有關猶太人的潔淨儀節，請參利未記十二至十五章，亦參利未記二十一章14、21節，以及民數記十九章11至22節。猶太信仰裏潔淨的概念，主要不是現代人所說的衛生，而是帶著宗教禮儀裏的禁忌。

法利賽人對耶穌的批評，不是單純地指吃飯前要洗手這清潔的行為，而是基於古時候猶太人的儀節。為保證沒有沾染不潔淨的人或物，猶太人按律法發展條例以抵消污穢，其中洗濯就是除淨不潔的做法。當然，古時候猶太人所關注的污穢，與今日的髒污並不相同。猶太人所著重的不潔是從**禮儀**、文化的角度看的。所以，外邦人、行經時的女人、或疾病等其他的因素都可構成污穢。所以，在與人交接的情況（如自外返家、進餐等），都會以指定的方式規條將污穢解除。隨著年日，這些規條愈見累積，也成為牢固的規範。

耶穌以7次（6次指出他們「遭殃」，1次說他們「無知」）指斥法利賽人和法律教師來回應他們的批評。他們的問題在於將信仰本末倒置（42節）、貪愛名聲（43節）、陷人於不義（44節）、不只不肯幫助人，更加重擔於人（46節）、殺害先知（47節）、阻擋人明白上帝（52節）。耶穌指出法利賽人只糾纏於規條和外在的體面，反而沒有正視律法的精髓和生命內裏的質素。他們有的是徒具形式、本末倒置的生命，這是不能貫徹愛上帝愛人的生命（申十四22～29，二十六12～15）。路加尤其重視的是「**把杯盤裏面的東西送給窮人**」（十一41），雖然不容易決定「**杯盤裏面的東西**」所指何物，但從路加福音中耶穌對貧窮人的關注，杯盤裏的東西應該就是法利賽人所關心的「錢財」（參十六13～14）。這種分享的生命，才能叫人潔淨。耶穌的講論非常清楚：規條的外表絕不能使人聖潔。所以，耶穌對法利賽人的警告就自然不過了，因為法利賽人將「末」（即「規條」；參十一42上）變成「本」（即「正義和上帝的愛」；參42節下）。他們所貪愛和關心的不過是人的榮耀和恭維（43節）。

從耶穌的斥責中，可以清楚看見路加福音中的主題和神學，就是強調物質的分享和關顧貧弱者。將東西送給窮人等如行了潔淨的禮儀，這是將信仰從儀節轉化至道德實踐層面上（41節）。同樣，正義和對上帝的愛比十一奉獻的宗教責任更重要。從這個角度看，耶穌所說的「**無知的人**」並不是指愚笨，而是指不認識上帝心意的人。

在猶太宗教傳統裏，「無知」不是智力平庸的意思，而是生命的一種型態（參詩十三1；箴一22；另參路十二20）。

耶穌指責法利賽人像「**沒有記號的墳墓**」（44節），這是因為他們使人在不知不覺間受到污染，因為死屍亦會為人帶來污穢（民十九13～

16；參利二十二1～9）。耶穌的行為正表示他是超越律法規條、甚至社會禮儀的先知，從而指斥虛偽的法利賽人。

耶穌接著斥責法律教師。在猶太的文化中，法律教師原是受人景仰的一羣，因為他們向目不識丁的老百姓解釋律法，使他們能夠在生活中表達信仰。但正如法利賽人糾纏律法的條文而忽略其中的精髓，法律教師並沒有使老百姓更明白和體會信仰，反因製造和演繹更多的條文而使百姓疲於奔命，背負難以實踐的擔子（46～47節）。在他們的「教導」下，信仰變成了吃人的禮教，而不是指向上帝心意的明燈。

無論**「替先知修造墳墓」**（47節）是為表示法律教師只作門面的修飾功夫，又或是為慶祝先知的死，甚至是希望死去的先知不會騷擾他們，這都顯示出在猶太歷史裏，先知一直為人所逼迫和殺害（48～50節）。他們這樣的行徑已足以證明他們認同了祖宗過往所作的事——殺害先知，亦説明他們亦將會參與其中。法律教師要殺害先知的事，早已在第六章裏見其端倪（六11）。緊隨的張力（十一53）並耶路撒冷旅程的目的（自第九章接著的揭示），都顯露了耶穌作為先知這身分，他也將會循先知受害的歷史途徑遇到逼迫（四24，六22～23，十三33～34；徒七52）。所以，**「這一時代的人」**（十一51）正是指耶穌當時代的人，接著所提的懲罰是預言耶路撒冷將要面對被羅馬人攻佔和拆毀的審判。耶穌的警告和責備自然引起激烈的批評和反對：**「耶穌離開了那裏，經學教師和法利賽人開始激烈地批評他，向他發出許多難題，要找話柄來陷害他。」**（53～54節）

法利賽人已墮入糾纏於嚴守規條的陷阱中，以致拒絕上帝。若你／你的弟兄也有這情況，你會怎樣幫助自己／他歸回上帝的恩典中？

在路加福音裏，耶穌曾以**「遭殃」**、**「有禍」**這字眼來指責5種不同的對象，其中包括富有、飽足、歡笑的人（六24～26），還有不悔改的城市（十13）、絆倒人的人（十七1）、出賣耶穌的猶大（二十二22），以及這段經文所指的法利賽人。他這樣的譴責是帶著嚴厲的語氣，表示被譴責者會面對嚴厲的審判。若再加上較早前路加曾描述法利賽人和法律教師「**拒絕了上帝為他們安排的計劃**」（七29～30），至此，法利賽人在路加福音中的「形像」可謂清楚不過了。

9.3.2. 面對危機的講論（十二1～12）

耶穌與法利賽人爭論和對峙的幾個片段構成了以下講論的背景。

為何信主日子愈久會愈易跌入「偽善」的危機中？怎樣才可能「以真摯待人」？

所以，「**法利賽人的酵母**」便是經文所解釋「**偽善**」（1節）的意思，這偽善應該是指耶穌曾經在他的講論中所指斥法利賽人的一切（六1～11，十一37～52）。除了法利賽人的虛偽作假，耶穌也提醒門徒留意酵母會有發大、傳播感染的能力。若此，耶穌既是提醒門徒不可作假的同時，也提醒他們防備這種感染力的可怕。

十二章2至3節與八章17節的言論極為相似，但有不同的方向和中心信息：

> 任何隱藏的事總會被張揚出來，任何掩蓋的事也會被揭露出來，為人所知。所以，你們要留心聽；因為那有的，要給他更多；那沒有的，連他自以為有的一點點也要奪走。（八17～18）
>
> 一切隱藏的事都會被揭發；祕密的事也會被洩露。因此，你們在暗中所説的話會在光天化日之下被人聽到；你們在密室中的耳語也會在屋頂上給宣佈出來。（十二2～3）

這兩個言論基本上是指向耶穌的跟從者而言，提醒他們行事應該「光明磊落」，但所指涉隱藏的事就大有分別。在第八章，耶穌以明燈喻示門徒的生命，他們要以生命將上帝所隱藏的奧祕揭示出來；而十二章則提醒門徒不要仿效法利賽人般行事虛偽，甚至在逆境中仍不作假，勇於表達信仰，不怕壓力，因為凡虛假的事，表面上似乎是隱藏的，但終有一天都會被揭發。顯而易見，｜　章的講論是在被壓迫的處境下的勸勉。隨後而來的講論，進一步的表述。

十二章4至7節中的「怕／害怕」共出現5次，加上十二章的上下文和語言特色，這個講論似乎指涉門徒將要面對審判和逼迫的處境(參11～12節)。面對著那「**只能殺害肉體，卻不能進一步傷害你們的**」(4節)力量和權勢，門徒是不該怕，倒要認識那能定下至終審判，「**奪走人的生命以後，又有權把他投入地獄的上帝**」(5節)，才是真正懼怕的對象，因為祂會拒絕一切不肯在人面前承認耶穌的人。跟從者要認識祂的保障和救贖(6～7節)，同時要確信上帝的靈會幫助他們面對困逼。所以，在這個脈絡下，「**褻瀆聖靈**」(10節)應該是拒絕上帝的靈、不以上帝為終極審判對象的意思。

現代信徒可能對路加福音裏提及門徒遇到的逼迫感到陌生，但今天我們就不需要面對由信仰帶來的逼迫？今日的基督徒所面對的又是甚麼逼迫？

9.3.3. 錢財帶來的逼迫和恐懼(十二13～34)

生活或信仰上的逼迫不一定以恐嚇人和威脅的樣子現於人面前。事實上，逼迫可以透過人生活實際的需要和誘人的計劃靜悄悄臨到，使人失去生命真正的方向、目標和信仰的對象。路加使用耶穌回答一個人的問題和言訓，巧妙地帶出這個教導。

今日教會和基督徒在面對財富和生活需要的時候有甚麼試探？耶穌的提醒對我們適用嗎？為甚麼？

「**有一個人對耶穌說……**」(13節)這種帶出事件的手法幾乎是路加的一種敘述的特色。路加愛以模糊的人物形像引出主題，同時讓讀者不知不覺間代入故事當中而體會其教訓和意義。這個段落承接著上文所提及對逼迫的提醒，但重點卻在心裏因錢財而生的內在張力，而不在於外來的壓迫和力量。就結構而言，這個故事以兩個人的對話（13～14節）開始，引申至耶穌「**向大家說**」（15節）的一個叮囑，再以一個比喻說明這言訓（16～20節），最後以一個短句作結論（21節）。耶穌的說話已經是從對個人的教導巧妙地提升為對每一個讀者的教導了。

請人作主分家的事並不罕見。在猶太的習俗律法裏對分家業有所教導（參民二十七1～11，三十六7～9；申二十一15～17；《米示拿》之〈論最後一道門〉〔m. Baba Bathra 8：1～9：10〕）。根據這些資料顯示，長子得父親產業三分之二，而次子只得三分之一。

耶穌拒絕在這些問題的技術上糾纏，因為他看準問題不在於如何**分家**，而在於人如何看待財富。事實上，在猶太傳統中，並不缺乏分家產的安排和規條。然而，最合理合法的安排和判決並不一定掩蓋生命的苦毒、醜陋和陰暗。若此，「如何」分家產並不是真正問題所在。問題的核心在人的生活的價值觀和他的生命的取向。所以，耶穌的回應不是具體的指引，而是生命的忠告「**謹慎自守**」（15節）。

耶穌的比喻（16～21節），是進一步啟示生命的真諦，就是：誰是「在上帝眼中看為富足的人」？對於相信上帝的人而言，這是一個必須撫心自問的問題。如果這個比喻提醒人，一個只「**為自己積聚財富**」（21節）而打算和籌劃的人不是上帝眼中富足的人，誰會是？回想早前耶穌對法利賽人的責備（十一41），看來樂意分享物質財物的人就是在上帝眼中富足的人。

將這個比喻中的財主與十六章19至31節裏的財主作比較。

以上的說法對於那些在財物上有餘的人而言，能和別人分享固然是適切的信息，但對那些缺乏的大多數而言，究竟應該如何看待這些既真實又惱人的問題？這就引進耶穌另一個講論。

路加藉耶穌的言說，順勢進一步縷述門徒對財富的看法。如果以上是藉一則事件、一個比喻，帶出人不應讓財富掩蓋生命更深入和真摯的需要，耶穌在十二章22至34節是從另一個角度安慰門徒，不必憂慮的理據和基礎就是「上帝的看顧」。

耶穌用了自然界的現象作對比，看看上帝是如何照顧跟隨祂的人。他指出那些只有一朝一夕生命的花草，上帝「**還這樣打扮它們**」，更何況是我們這些跟從者，上帝「**豈不**」(28節)更加以照顧？路加在此再次用「以小證大」的原則來論證上帝無微不至的愛顧。耶穌不但提醒門徒知道上帝的愛顧，同時亦教導門徒面對處理因缺乏而來的憂慮的方法，就是應以上帝主權的實現為生命的目的，並以信心相信上帝的供應和照顧。耶穌的教訓與他早前教導門徒禱告的精髓是相互呼應的(參9.2.1.「上帝之子的禱告」)：門徒禱告和生命之目的，就是上帝主權和國度的彰顯。循著這個信念看，耶穌以下就著財富而作的結語便並不為奇。

路加福音裏提及的門徒意義和代價，對今日的基督徒有甚麼提醒？

耶穌在此稱那些受眾為「**小小的一羣**」(32節)，是指出雖然他們是社會裏的邊緣小數派，但身為耶穌的跟從者，是不必害怕權勢的迫害(4～7節)；他們亦不應因為生活中的缺乏而擔驚受怕。生命不是靠擁有和屯積財物來量度的，所以生命的價值並不以財產的多寡來衡量。擁有愈多，只會愈多計算、貪婪、搶奪、爭競，至終是帶來恐懼。

生命是以因認識生命的主宰而來的洞見而盛載的，這種識見認清生命就是恩賜，是來自上帝的恩賜。人若明白這點，人的內心不其然會產生感恩之情，使人願意與別人分享。人不必否定財富的貢獻，但卻要拒絕讓財富成為生命素質的量度。這種生命識見體會人的限制並上帝終末的審判。事實上，因為上帝主權的臨到，一切人間的量度和價值都被抵消。在上帝的主權下，相信和倚靠並隨而衍生的給予和分享就是真正的財寶。

最後，耶穌以「**你們的財寶在哪裏，你們的心也在那裏**」(34節)作結，說明人若放眼在天上的財寶，必會將生命投資永恆；若著眼在地上財寶，必被地上的憂慮牽制著。

溫習問題(9.3.) 在頁215。

溫習問題（9.1.）

1. 撒馬利亞人是甚麼人？路加怎樣描述他們對耶穌的反應？耶穌和門徒對撒馬利亞人的態度有甚麼分別？（參九51～56）
2. 在耶穌旅途上的講論和職事中，你看到門徒有哪些素質？（參九57～62）
3. 在差派十二使徒及差派70／72個門徒時，耶穌之吩咐有何異同？（比較十1～24及九1～6）
4. 在十章25至31節裏，耶穌講述好撒馬利亞人的故事有何意義？這個比喻是向誰說的？（參十25～31）
5. 從馬大和馬利亞身上如何看出耶穌對接待者的要求？（參十38～42）

溫習問題(9.2.)

1. 試略述路加記載主禱文的意義，以及這禱文的內容。(參2～4節)
2. 從耶穌教導禱告的比喻中，如何看見路加使用了「以小證大」的論證方式表達？(參5～13節)
3. 當耶穌趕出啞巴鬼(14～23節)之後，羣眾的反應如何？耶穌又如何回應？
4. 耶穌的宣講中借用約拿—尼尼微及所羅門—南方女王的例子，意義何在？(參29～32節)
5. 路加在這段落所記載的事件中，如何顯出耶穌的身分及職事？(參29～32節)

溫習問題(9.3.)

1. 法利賽人和法律教師如何借用「耶穌吃飯前不洗手」來質詢耶穌？耶穌怎樣藉此斥責他們？(參十一37～52)
2. 路加眼中的法利賽人是怎樣的？(參十一37～44)
3. 十二章2至3節與八章17節的言論都有談及「隱藏的事」。兩者在背景上及內容上有何差異？
4. 在耶穌旅途的講論和職事中，你看到上帝國度有哪些特質？(參十二章)
5. 就耶穌對有關財富的講論，你有甚麼看法？(參十二章)

第十章

旅途敘事（二）

（十二35至十五32）

- 警醒、等候
- 認識上帝的國度
- 上帝國度的筵席

經文

警醒的僕人

12 35「你們要隨時準備好，束緊腰帶，點上燈，36好像僕人等候
主人從婚宴上回來。主人回來敲門的時候，他們立刻為他開
門。37主人回來，發現這些僕人警醒，他們就有福了！我實在告訴
你們，主人要束上腰帶，讓他們坐下來吃飯，親自伺候他們。38甚
至主人延遲到半夜或黎明才回來，他若發現僕人警醒，他們就有福
了！39要記住這一點：一家的主人要是知道小偷甚麼時候要來，他
一定不會讓小偷破門而入。40你們也要隨時準備好，因為人子會在
你們料想不到的時候來臨。」

可靠和不可靠的僕人

41彼得說：「主啊，你這比喻是對我們說的，還是也對大眾說的？」
42主說：「那麼，誰是那又可靠又機智的管家呢？就是受主人指派
來管理家務、按時把糧食分配給其他僕人的那個人。43主人回來的時
候，看見這僕人這樣忠於職守；這僕人是多麼有福啊！44我實在告訴
你們，主人要派他管理他所有的產業。45但是，如果這僕人心裏盤算，
『我的主人不會那麼早回來』，於是動手毆打其他的奴僕和婢女，並
且吃喝鬧酒，46主人會在他料想不到的日子，在他不知道的時候回來。
主人要重重地責打他①，使他和其他不可靠的僕人同受懲罰。
47「僕人知道主人要他做些甚麼，卻不準備，也不照主人的意思
做；這樣，他會受重重的鞭打。48至於那不知道主人的意思而做了
該受鞭打的事的僕人，會受比較輕的鞭打。上帝多給誰，就向誰多
取；多付託誰，向誰的要求也大。」

---

①「要重重地責打他」或譯「要把他攆出去」。

分裂的原因

[49]「我到地上來是要點燃烽火，我多麼盼望它已經燃燒起來了！
[50]我應當受苦難的洗禮。在經歷這苦難以前，我心裏多麼困擾！[51]你
們不要以為我是帶和平到世上來的。我告訴你們，我並不是帶來和
平，而是帶來分裂。[52]從今以後，五口之家將要分裂，三個跟兩個
爭，兩個跟三個鬥。[53]他們將起紛爭：父親跟兒子爭，兒子跟父親
鬥；母親跟女兒爭，女兒跟母親鬥；婆婆跟媳婦爭，媳婦跟婆婆鬥。」

洞察時代的徵兆

[54]耶穌又對羣眾說：「你們一看見西邊有雲彩出現，立刻說『快
下雨了』，果然這樣。[55]南風一吹，你們說『天氣要燥熱了』，果然
這樣。[56]偽善的人哪，你們很會觀察天地的顏色，為甚麼不會洞察
這個時代呢？」

跟對頭和解

[57]「你們為甚麼不自己判斷甚麼是合宜的事？[58]如果有人控告你，要
把你拉上法庭，你就該盡所能，趁著還在路上的時候跟他和解，免得
他把你交給法官，法官把你交給法警，法警把你關進牢裏去。[59]我告
訴你，非等到你繳清罰款的最後一分錢，你是不能從監獄出來的。」

不悔改則死亡

13 [1]當時，在那裏有人告訴耶穌，說有些加利利人在向上帝獻祭
的時候被彼拉多殺害。[2]耶穌說：「因為這些加利利人死於非
命，你們就以為他們比其他的加利利人更有罪嗎？[3]我告訴你們，
不是的；除非你們悔改，你們也會遭遇到同樣的結局。[4]西羅亞塔
倒塌時所壓死的那十八個人，你們以為他們比其他住在耶路撒冷的
人更壞嗎？[5]我告訴你們，不是的；你們要是不悔改，你們也要同
樣死亡。」

不結果子的無花果樹的比喻

6接著，耶穌對他們講一個比喻：「有一個人在自己的葡萄園裏
種了一棵無花果樹。他想在樹上找果子，卻找不著。7於是他對園
丁說：『你看，三年來，我在這棵無花果樹上找果子，甚麼也沒有
找到。把它砍了吧！何必白佔土地？』8園丁說：『主人，請再寬容
一年，等我挖鬆它周圍的泥土，加上肥料。9如果明年結果子便罷；
不然，你就把它砍掉。』」

在安息日治好駝背的女人

10一個安息日，耶穌在某會堂裏教導人。11有一個女人被邪靈附
著，病了十八年，腰老是彎著，不能站直。12耶穌看見她，就叫她，
對她說：「婦人，你的病離開你了！」13耶穌用手按著她，她立刻直
起腰來，就頌讚上帝。

14會堂的主管看見耶穌在安息日治病，十分惱怒，對大家說：「我
們有六天好工作，要治病應該在這六天裏，而不該在安息日。」

15主回答他：「你這偽善的人哪，難道你們在安息日就不解開槽邊
的牛、驢，牽去喝水嗎？16這女人是亞伯拉罕的後代，她被撒但捆綁
了十八年，難道在安息日就不應該解開她的鎖鍊嗎？」17耶穌這話使
他的敵人都覺得慚愧，但是羣眾對他所做一切奇妙的事都很興奮。

芥菜種的比喻

18耶穌說：「上帝國像甚麼呢？我要拿甚麼來比擬呢？19它好比一
粒芥菜種子，有人把它種在自己的園子裏。芥菜長大以後，成為一
棵樹，連飛鳥也在它的枝子上面搭窩。」

麵酵的比喻

20耶穌又說：「我要拿甚麼來比擬上帝的國呢？21它好比酵母，
有女人拿來放在四十公升的麵裏，使全團麵都發起來。」

窄門

[22]耶穌經過許多村鎮，朝耶路撒冷去，沿途教導人。[23]有人問他：
「主啊，得救的人不多吧？」

[24]耶穌回答他們：「你們要努力從窄門進去。我告訴你們，有許
多人想進去，卻進不去。[25]等到一家的主人起來關了門，你們才站
在門外敲門，說：『先生，請給我們開門！』他要回答：『我不曉得
你們是從哪裏來的！』[26]你們要說：『我們曾經跟你一起吃喝；你也
在我們的大街上教導過我們。』[27]可是，他要說：『我告訴你們，我
不曉得你們是從哪裏來的。你們這些作惡的人，走開！』[28]你們看見
亞伯拉罕、以撒、雅各，和先知們都在上帝的國度裏，而你們卻被
驅逐在外面的時候，就要哀哭，咬牙切齒了！[29]從東西南北各地都
有人要來參加上帝國裏的筵席。[30]那些居後的，將要在先，在先的，
將要居後。」

為耶路撒冷哀哭

[31]就在那時候，有幾個法利賽人來見耶穌，對他說：「你得離開
這裏到別的地方去，因為希律想要殺你。」

[32]耶穌回答他們說：「你們去告訴那狐狸：『你瞧！今天和明天
我要趕鬼治病，第三天我要完成我的工作。』[33]雖然這樣，今天、明
天、後天，我必須向前走，因為先知在耶路撒冷以外的地方被殺是
不對的。

[34]「耶路撒冷啊，耶路撒冷啊，你殺了先知，又用石頭打死了上
帝差派到你這裏來的使者！我多少次要保護你的子女，像母雞把小
雞聚集在翅膀下一樣。可是你們不願意！[35]瞧吧，你們的家園將變
成一片荒涼。我告訴你們，你們從此再也見不到我，直到你們說：
『願上帝賜福給奉主名而來的那位！』」

耶穌治好病人

14 1有一個安息日，耶穌到一個法利賽人領袖的家裏吃飯；有些
人窺伺著他。2剛好在他面前有一個患水腫病的人，3耶穌就
問那些法律教師和法利賽人說：「我們的法律准不准許在安息日治
病呢？」

4他們都閉口不言。耶穌就扶著那人，治好他，打發他走。5於是
他對大家說：「你們當中誰有兒子或牛在安息日掉進井裏去，而不
立刻把他拉上來？」

6他們對耶穌所問的話無法回答。

謙卑和待客之道

7耶穌注意到有些客人替自己挑選筵席上的首位，就用比喻對大
家說：8「你被請去參加婚宴的時候，不要坐在首座上，恐怕有比你
更受尊重的客人也在被邀請之列。9那個邀請你們的主人要上來對
你說：『請讓座給這一位吧！』那時候，你會覺得很難為情，不得不
退到末座。10你被請的時候，就去坐在末座，讓主人來對你說：『朋
友，請上座。』這樣，你在賓客面前就有光彩。11因為上帝要把自高
的人降為卑微，又高舉自甘卑微的人。」

12耶穌又對宴請他的主人說：「你招待午飯或晚餐的時候，不要
邀請你的朋友、弟兄、親戚，或是富有的鄰居，恐怕他們要回請你，
還了你的人情。13你要請客，就請那些貧窮的、殘疾的、跛腳的、
失明的；14這樣，你就有福了，因為那些人無力報答你。在義人復
活的時候，上帝要親自報答你。」

大宴會的比喻

15同席有一個人聽見了這些話，就對耶穌說：「能夠在上帝的國
裏享受筵席的人多麼有福啊！」

16耶穌對他說：「有人大開宴會，邀請了許多客人。17入席的時
候，他差派僕人去向被請的客人說：『請來吧，一切都準備好了！』

[18]可是他們開始一個一個地推辭。頭一個說：『我剛買了一塊地皮，
不能不去看看。請原諒我，我不能來。』[19]另一個說：『我買了五對
牛，剛要去試一試。請原諒我，我不能奉陪。』[20]又有一個說：『我
才結婚，實在無法分身。』[21]那僕人回去把這情形都報告給主人。
這家的主人非常惱怒，就對僕人說：『趕快出去，到城裏的大街小
巷，把貧窮的、殘疾的、失明的、跛腳的都帶進來。』[22]不久，僕
人來回話說：『主人，你所吩咐的已經辦好了，可是還有許多空位
呢！』[23]主人就對僕人說：『到馬路和陋巷裏去，強拉人進來，坐滿
我的屋子。』[24]我告訴你們，那些先前所邀請的人絕不能享受我的
筵席！」

作門徒的代價

[25]有許許多多的人跟耶穌一起走。耶穌轉過身來對他們說：[26]「到
我這裏來的人要不是愛我勝過愛自己的父母、妻子、兒女、兄弟、
姊妹，甚至於他自己，就不能作我的門徒。[27]不願意背起自己的十
字架來跟從我的，也不能作我的門徒。[28]你們當中有誰想蓋一座高
樓，不先坐下來精打細算一番，看看有沒有完成全部工程的費用？
[29]否則，恐怕地基奠好以後，樓房無法完成，看見的人都會笑話他，
[30]說：『這個人開工建造，卻不能完工！』[31]假使有一個國王領著一
支一萬人的隊伍，要去跟另一個擁有兩萬人軍隊的國王打仗，他
一定先坐下來估量自己的實力，看看能不能對抗敵軍；[32]如果不
能，他就得趁著敵軍還在遠方的時候，派遣使節去跟對方談判和
平的條件。[33]同樣，你們無論誰，除非放棄所有的一切，不能作我
的門徒。」

無用的鹽

[34]「鹽原是好的，但如果失了味，怎能使它再鹹呢？[35]就是把它當
土壤或肥料也不適宜，只好丟棄。有耳朵的，都聽吧！」

迷羊的比喻

15 1有一次，好些稅棍和壞人都來聽耶穌講道。2法利賽人和經
學教師們埋怨說：「這個人竟接納壞人，並且跟他們一起吃飯！」
3因此，耶穌給他們講一個比喻：

4「假如你們當中有人有一百隻羊，其中的一隻迷失了，怎麼辦
呢？他一定把其他的九十九隻留在草場，去找那隻迷失的，直到找
著了為止。5一旦找著了，他就高興的把羊兒擱在肩膀上，6帶回家
去，然後邀請朋友鄰居，對他們說：『來跟我一起慶祝吧，我那隻
迷失的羊兒已經找著了！』7同樣，我告訴你們，一個罪人的悔改，
在天上的喜樂要比已經有了九十九個無需悔改的義人所有的喜樂還
大呢！」

失錢的比喻

8「假如一個女人有十個銀幣，失掉了一個，怎麼辦呢？她一定
點起燈來，打掃房子，到處仔細尋找，直到找著為止。9一旦找著
了，她就邀請朋友和鄰居來，對她們說：『來跟我一起慶祝吧，我
那遺失的銀幣已經找著了！』10同樣，我告訴你們，上帝的天使也要
為了一個罪人的悔改而高興。」

仁慈父親的比喻

11耶穌繼續說：「某人有兩個兒子。12那小兒子對父親說：『爸爸，
請你現在就把我應得的產業分給我。』父親就把產業分給兩個兒子。
13過幾天，小兒子賣掉了分得的產業，帶著錢，離家走了。他到了
遙遠的地方，在那裏揮霍無度，過放蕩的生活。14當他花盡了所有
的一切，那地方發生了嚴重饑荒，他就一貧如洗，15只好去投靠當
地的一個居民；那人打發他到自己的農場去看豬。16他恨不得拿豬
吃的豆莢來充飢；可是，沒有人給他任何東西吃。17最後，他醒悟
過來，說：『我父親那裏有許多雇工，他們糧食充足有餘，我反倒
在這裏餓死嗎？18我要起來，回到父親那裏去，對他說：爸爸，我

得罪了天，也得罪了你。19我再也不配作你的兒子；請把我當作你
的雇工吧！』20於是，他動身回父親那裏去。

「他離家還遠，父親望見了他，就充滿愛憐，奔向前去，緊抱著
他，不停地親吻。21兒子說：『爸爸，我得罪了天，也得罪了你；我
再也不配作你的兒子。』22可是父親吩咐僕人說：『趕快拿最好的衣
服給他穿上，拿戒指給他戴上，拿鞋子替他穿上，23把那頭小肥牛
牽來，宰了，讓我們設宴慶祝！24因為我這個兒子是死而復活、失
而復得的。』於是大家歡宴起來。

25「那時候，大兒子正在農場。他回來，離家不遠，聽見音樂和
跳舞的聲音。26他叫一個僕人過來，問他怎麼一回事。27僕人回答：
『你弟弟回來了，你父親看見他無災無病地回來，把小肥牛宰了。』
28大兒子非常生氣，不肯進去；他父親出來勸他。29他卻對父親說：
『你看，這些年來，我像奴隸一樣為你工作，沒有違背過你的命令，
你給過我甚麼呢？連一頭小山羊讓我跟朋友們熱鬧一番都沒有！
30但是你這個兒子，他把你的財產都花在娼妓身上，現在回來，你
就為他宰了小肥牛！』31父親對他說：『孩子啊，你常跟我在一起；
我所有的一切都是你的。32可是你這個弟弟是死而復活、失而復得
的，我們為他設宴慶祝是應該的。』」

在耶路撒冷的旅途上，耶穌繼續透過他的宣講和工作，揭示他的身分，同時亦啟示上帝國度的奧祕。在以下幾個段落裏，耶穌的講論使門徒和聽道的人更進一步體會上帝國度的邀請和要求，並自己的機會和責任。更重要的是，耶穌的職事和宣講將天父上帝的心懷呈現在所有聽道者的面前。

10.1. 警醒、等候(十二35～59)

10.1.1. 等候的僕人(35～48節)

上帝國度的子民因為仰仗祂的眷顧，故此對錢財和物質生活有正確和合乎中道的態度。他們相信量度生命的準則是上帝，而至終的評核將會發生在終末日子與上帝相遇那刻。這個信念塑造他們成為一個等候與主人相遇的僕人。耶穌以下的講論，就説明了他們應有的特質。

耶穌以僕人迎接主人回來的比喻作講論，強調門徒要警醒裝備以迎接**人子的來臨**。在猶太人的信仰裏，人子(或上帝)的臨到(或回歸)標誌著歷史的終末和上帝的審判與救贖的來臨(參但七13～14)；所以，這段講論可稱為「終末的講論」(eschatological discourse)。在路加福音裏，除了這個段落外，還有其它地方出現這終末講論的經文：十七章20至十八章8節，十九章12至27節，二十一章7至36節。這個講論突出以下4個重點：

新約和初代教會時代對上帝回歸的盼望成為對耶穌再來的盼望。就路加的作品，參使徒行傳一章11節，以及啟示錄整卷書。

1. 門徒必須非常警醒地「隨時準備好，束緊腰帶，點上燈」(十二35)，隨時等候主人回來(36節)；
2. 主人一定會回來(36、37、38、40、43、45、46節)；

等候是一件很難學習的功課，若要在等候中加上警醒，會是難上加難。你會怎樣操練自己學習這門功課？

❸ 沒有人知道主人回來的時間，因為可能「**主人延遲到半夜或黎明才回來**」(38節)，他回來時會像竊賊一樣「**會在你們料想不到的時候來臨**」(38～40節)；

❹ 警醒迎接主人的僕人「**有福了**」(37、43節)；驚訝的逆轉，因為主人「**親自伺候他們**」(37節)。

耶穌終末的講論固然對門徒有提醒的意義，甚至對初代教會而言，也必定非常重要，因為使徒後的教會同樣以警醒等候的心迫切等候人子回來。但隨著時日逝去，耶穌並沒有在想像的日子內回來(參45節)，教會對警醒、等候、再來的言論難免會有懈怠之情。這種情況就是在新約其它作品裏也能見端倪(參彼後三8～10)。

事實上，彼得接著對耶穌的提問：「**主啊，你這比喻是對我們說的，還是也對大眾說的？**」(41節)就將講論的對象從耶穌跟前的十二使徒，推展到更多的對象，說明這個講論不僅對門徒有意思，就是對往後的信徒也有同樣重要。

如果35至40節的講論強調耶穌的跟從者必須警醒等候主再回來，在接著的經文裏，耶穌的講論是進一步說明門徒在等候期間應有的生活責任和態度。從表面看，耶穌的應對並沒有正面回答彼得的問題(42節)，但卻揭示一個常為人忽略的重點：**警醒不僅是個人的責任**，也是羣體的問題。等候的人若是領袖，他不僅要向所等候的主負責，也要透過服事向他所帶領的一眾負責，這一眾人都是與他一同等候主的(45～46節)。換言之，領袖的權柄是透過事奉「**按時把糧食分配給其他僕人**」(42節)表述出來的。在一個信仰羣體中，領袖的怠惰和散漫，將會是他日面對審判和責罰的因由。畢竟，在信仰羣體中，個人擁有的地位、條件和恩賜並不是

路加提出耶穌這部分的講論，對好像提阿非羅等的社會權貴人士尤有深意。

身分高低的象徵，而是所委託責任的輕重和實踐：「**僕人知道主人要他做些甚麼，卻不準備，也不照主人的意思做；這樣，他會受重重的鞭打。**」(47節)擁有愈多的是愈會以此幫助別人，這正是「**多給誰，就向誰多取；多付託誰，向誰的要求也大**」(48節)的意思。相反，以自己的權位、恩賜和條件去壓抑別人的，是扭曲了上帝的恩惠，結果必會受嚴厲的懲罰。

你怎樣了解你自己的位分、恩賜和條件？耶穌的講論對你有甚麼提醒？

10.1.2. 上帝之子的職事(49～53節)

耶穌所説「**到地上來是要點燃烽火**」(49節)，斷不能從字面上理解它。路加在第九章曾記載有撒馬利亞一個村莊的人拒絕接待耶穌，他的門徒雅各和約翰就要求耶穌以火來燒滅這村莊，耶穌卻斥責他們(九51～56)。這個片段説明，如果耶穌不願意以火燒滅拒絕他的撒馬利亞人，他此處所指的必不是一般的「火」，而是帶有另一層的意義。

從猶太人信仰的傳統看，「**火**」往往表徵「審判」。在路加福音裏，早於施洗者約翰的宣講中曾以火形容耶穌的職事，其中不乏審判的含意(三17)。所以，「**我到地上來是要點燃烽火**」的意思應該是指耶穌的職事會帶來審判。再從上下文看，耶穌所帶來的火，與他即將面對的洗禮又有莫大的關係。至於耶穌所説的洗禮，就是「**苦難的洗禮**」(十二50)，明顯是指耶穌在耶路撒冷所將要面對的苦難。

從路加作品整體來看，「火」亦有更新和潔淨的意思，其中還可能包括聖靈的賜予(參徒二1～13)。

但真正讓人感到非常不安的，還是耶穌接著所講論的內容(51～53節)：耶穌的來臨竟會帶來分爭和衝突，這個信息難免讓人感到困惑。若説耶穌帶來世人平安和好消息(福音)，為何會有令人如此不安

「這孩子【耶穌】被上帝揀選，是要使以色列中許多人滅亡，許多人得救。他要成為許多人毀謗的對象，並因此揭露了這些人心底的意念。憂傷要像利劍刺透你的心。」(二34～35)

的後果？然而，路加福音從一開始就披露耶穌的身分和職事確實會帶來對立和爭戰。當嬰孩耶穌在耶路撒冷被呈獻的時候，**西面早已預言耶穌的職事**將會造成分別。從耶穌職事肇始，並踏上耶路撒冷的旅途，他的講論和工作往往造成了人與人之間的分立和對峙。從敍述的發展和角度看，這並不是匪夷所思的。

從另一個角度看，任何改變難免引起不同的意見和感受，愈是重要和徹底的改變，愈引起尖鋭的糾紛和衝突。無論是個人內在的掙扎還是羣體間的角力，都會因而經歷撕裂的苦痛。然而，也許就是經歷這樣的大破大立，人與羣體的價值觀和次序才能得以徹底地更新和改造。在路加福音裏，這種不安源於跟從者對上帝之子耶穌的認同和接受，因為耶穌宣講所展示的憧憬和遠象，都會使社會裏許多的觀念和次序得以改變和更新。這種改變無可避免地帶來歧異、分裂，甚至逼迫。正因如此，這也是耶穌對跟從者的要求，他們必定要明白，追隨他的代價往往會造成與其他人產生分歧和距離(九57～62)。

你個人或身處的羣體有沒有因某些改動／改變而引起糾紛和衝突？你認為問題的癥結是否在於改變背後的價值觀和次序？你又如何面對這些糾紛衝突？

上帝之子破壞人倫關係嗎？

耶穌的講論予人一種錯覺：耶穌的呼召和職事就是要拆散人的家庭關係。我們應該了解，耶穌所面對的是一個極為險要卻又牢固的處境，打從施洗者約翰開始，上帝國度來臨的緊迫性就塑造了他們宣講的迫切。耶穌的宣講和職事扭轉了社會和宗教的結構並意識型態，其中包括了家庭。誠然，耶穌的宣講對當時的社會確實有翻天覆地的震撼，但細心地思考，與其說耶穌推翻，不如說他從逆轉更新人與人之間的關係。

耶穌並不是要破壞人倫的關係，而是要讓人從一個嶄新的角度看人倫間的關係和責任。比方說，他之肯定婦女和小孩的地位，這點就當時的人而言，不只是難以接受，更可能是大逆不道的。所以，認同以至跟從他的人自然免不了與一般人(特別親人)對立。於是，就此推論耶穌要拆散家庭，無疑是不知就裏的講法。就從新約整體作品看，如保羅書信(參弗五21～六9；西三1～四1)，家庭成員之間的互重互愛是明顯的例子，其中也貫徹耶穌那打破時代桎梏的觀點。

10.1.3. 上帝之子帶來的契機(54～59節)

耶穌這篇講論，必須放在一個終末的處境、緊湊的氣氛中去理解。耶穌對羣眾所說的這番話，就是說明在非常時期下所作非比尋常的決定。耶穌以巴勒斯坦地的氣候特色，向眾人指出閱讀「契機」(56節；希臘文即“*kairos*”；《現修》譯作「**時代**」)的重要：從西邊的雲彩(從地中海而來的雨雲)就可推斷是否即將下雨；南風(從沙漠來的熱風)一吹就會有燥熱的天氣。(巴勒斯坦地勢可參附錄)聽眾如果可以觀測大自然的氣候變化，他們亦應該曉得分辨當下的契機而作出適當的回應。耶穌緊接著以另一個比喻(58～59節)來強調「審判前尋求和解以免面對懲罰」，藉此進一步闡述聽眾適時的回應，是為要避免將臨的禍害。就敘事發展而言，當下的契機自然由耶穌的職事和宣講所披露，至於甚麼是適當的回應，就是緊接而來第十三章的其中一個重點。

無論是服事上帝或接受救恩，也要把握機會。你是否仍對祂猶疑未決？

溫習問題(10.1.) 在頁248。

10.2. 認識上帝的國度(十三1～35)

10.2.1. 審判、契機、悔改(1～9節)

路加以「當時」(1節)一詞作此段落的開首語，説明十三章1至9節的詮釋必須連接著十二章講論的脈絡。從結構的角度看，這段經文以兩個歷史片段(1～5節)引申出十二章54至59節一個可算是暗示的主題：悔改。

對路加的讀者而言，耶穌的警告實在是發人深省，因為路加福音成書的時候，耶路撒冷已經被羅馬人所攻佔。猶太人和羅馬人爭戰所帶來的傷亡，應該不是彼拉多在加利利所殺害的人數所能比擬的。

彼拉多殺害加利利人的記載(1節)並不見於路加以外的典籍，然而約瑟夫卻有類似的記述；西羅亞樓倒塌的意外導致18人死去，同樣也沒有其他佐證。雖然如此，但事件所指涉的意思清楚不過：人必須辨識「這時候／契機」，審時度世，衡量合理的悔改回轉行動。

「悔改」這個主題從福音書開始已出現，它是施洗者約翰宣講職事裏的重點信息，這亦是耶穌職事裏其中一個不能忽視的主題。除了以上十二章內容提及之外，也可以在其他地方找到這信息(十13，十一32，十五7、10，十六30，十七3、4，二十四47)。

每當遇到天災人禍，不少基督徒都急忙用簡單的因果關係解釋事件。你能想起一些例子嗎？耶穌的教導有甚麼提醒？(參約九1～3)

從神學的角度去思考，耶穌以兩個災難事件強調悔改的同時，也質疑以簡易因果關係看苦難的信念。無論是在耶路撒冷發生的天災，抑或是由彼拉多一手造成的人禍，其中的人死去都不是由於死去的人比在生的人更有罪或更壞。事實上，耶穌完全沒有探討苦難的成因，只是提醒羣眾從這樣的災難中學習一個重要的功課，就是既然不知道災難何時來臨，就更應該有悔罪和警醒的心。

正如路加福音的比喻都有其背景，從以上兩項事件引申的警告，就成了無花果樹比喻的背景由來，也是解釋比喻的參照點。

無花果沒有果子的記述，亦見於馬太福音和馬可福音（參太二十一18～19；可十一12～14）。3個記述共通的中心信息是「審判」，但卻有相異之處：首先，路加是明顯的「比喻」（十三6），而馬太福音和馬可福音的記載，則以真實「事件」帶出意義。其二，路加的記述發生在往耶路撒冷的旅途上，而馬太福音和馬可福音所記述的事件則發生在耶路撒冷城內。第三，從事件發生的地點可見馬太福音和馬可福音所指涉審判的對象是猶太人。而根據路加的記述重點，審判的對象並不限於猶太人，而是所有面對機會回轉悔改的人。

比喻中砍樹的警告呼應早前施洗者約翰的宣講信息，警告羣眾回轉悔改（三9）。與此同時，比喻顯示上帝一直賜予人悔改和結果子的機會：「**主人，請再寬容一年，等我挖鬆它周圍的泥土，加上肥料。如果明年結果子便罷；不然，你就把它砍掉。**」（十三8～9）在耶穌的講論中，審判迫切的信息與寬容的時間成了吊詭的張力。然而，正因為這個張力，使終末論不僅是在遙遠的未來，也是在此時此刻。

審判是基督徒要面對的現實，而寬容更是基督徒所需要的，你經歷過上帝的寬容嗎？你如何回應祂的寬容？

路加的故事裏不乏「開放」的片段。在故事的結局裏並沒有完全定斷誰可以回轉悔改，如法利賽人西門（七36～50）；試探耶穌的法律教師（十25～37）。

換言之，審判不單只是在將來面對上帝，也是在當下面對耶穌作出的回應。值得注意的是，正如路加在其他地方所顯示的特色，**比喻的結局仍然是開放的**。審判無疑是清楚的，但回轉悔改機會同樣存在。

10.2.2. 上帝國度的彰顯：安息日治病（10～17節）

安息日治病的主題，早見於耶穌的初期職事（六6～11），亦會在

你【以色列人】要記住，你曾經在埃及作過奴隸；我—上主、你的上帝以大能大力把你搶救出來。所以我命令你，你必須遵守安息日(申五15)。

隨後的敘事出現(十四1～6)。安息日治病除了是要顯出耶穌有行神蹟的能力之外，更揭示他權柄的宣告，同時也突出耶穌和敵人的衝突和矛盾。

根據**申命記五章12至15節**，以色列人之所以要恪守安息日是為紀念上帝將他們自埃及的捆綁中釋放出來，所以，耶穌在安息日醫治這個被撒但捆綁的女人，正是標示上帝「解放」(《現修》譯作「**解開**」〔十三15〕；希臘文“*luô*”的意思是指「釋放」)的恩惠和力量，宣告撒但權勢告終。所以，耶穌治癒這女人的記述，也就是突顯耶穌展現上帝解放的權柄。換言之，耶穌所作的正顯示他就是那更有力的武士(十一22)。從耶穌在拿撒勒會堂的宣講裏看，耶穌在安息日所行的，就是「**主的靈臨到我**」(四18)最好的說明。

「**這女人是亞伯拉罕的後代**」(十三16)是這個敘述的另一個重點。在路加福音裏被稱為「**亞伯拉罕的後代**」的人，包括在約旦河一帶聽施洗者約翰講道的猶太人(三8)、這段經文中的羣眾和有病的女人，此外就是往後篇幅中出現的財主(十六19～31)和稅務長撒該(十九1～10)。有趣的是，這個在安息日得醫治的女人和撒該都是社會所摒棄的人，一個是被邪靈附身為人厭棄的婦人，另一個是欺詐別人為社會所唾棄的稅棍。一個是彎著腰不能站直，另一個是個子矮小。兩個都是在羣體裏毫不起眼、無關宏旨的人，卻被上帝所看中；在此再次反映上帝偉大的救恩偏偏就是要臨到那些被遺棄的人，這是另一個「逆轉」的信息。

當敘述完耶穌事迹後，路加往往在結尾加插羣眾或法利賽人的反應(二47，四15、28，五26，六11，七16，八25、56，十一53，十八43，二十三47)，但在這段落所描述的「他的敵人」和羣眾也成了強烈的對比。耶穌的說話使這些無理取鬧的偽君子更形理虧，甚至在信仰的事上本末倒置。與此同時，羣眾的頌讚和喜樂就是最合宜的回應了。

10.2.3. 上帝國度的彰顯：由微小隱藏開始（18～21節）

在希臘文原文聖經裏，這段經文開始時是有一個連接詞“*oun*”（意即「所以、於是」；《呂振中譯本》譯作「於是……」，是譯出這個意思的惟一中文譯本）。從這連接詞可見，接著的講論仍是與上一段所論説上帝國度有關，是承接耶穌在安息日治病的片段之後。

以路加的作品為例，從福音書至使徒行傳，讀者不難體會耶穌所言的真實。一個毫不起眼的運動卻成為改變世界的信仰。一個被釘在十字架上的木匠兒子，卻是人類的救主。

在此論述中，耶穌借用了兩個當時的人日常生活的瑣碎事來作比喻，以示**天國原本看來都是微不足道**之外，同時亦實在的呼應路加福音裏「逆轉」的主題。微小、**隱藏的芥菜種子**和麵酵，卻能發展到讓人驚訝的果效並深遠的影響。耶穌所説的，既暗喻自己的職事和身分，更指涉由他的跟從者所組成的羣體。這些羣體原本是不受重視的邊緣羣體，但他們因天國的緣故所帶來的影響將會極為深遠，十二使徒就是其中一個具體的例子。

這裏所説的芥菜屬灌木類，與我們今天在菜市場買到的芥菜不同。但灌木能長大成樹並供飛鳥作窩已經是叫人驚訝的了。

路加敘事中出現的税棍、罪人、婦女、病患者和外邦人等，不約而同地批判那些自以為是的上帝子民。這些記述顯示，即使是上帝子民身分的人同樣要經歷逆轉。無論是矮小的税棍或是被鬼附的佝僂女人，他們都是不顯眼、甚至是被社會厭棄的邊緣人，然而，他們卻被稱為亞伯拉罕的兒女。至於那些自以為是亞伯拉罕子孫的猶太人，卻至終被趕逐於上帝國度之外（十三28～30）。

10.2.4. 誰在上帝的國度裏？（22～30節）

論到上帝的國度，不能避免進一步的問題：「究竟誰會在上帝的國度裏？」如果上帝國度是微小、隱藏的，那麼，得救的人是否只屬少數人，而且大多是社會的邊緣人？

在往耶路撒冷的途中，路加再次以一個不知名的人「有人」(23節)，締造耶穌宣講和提醒的空間，同時推進敍述的發展。耶穌的講論，説明進入上帝的國度並不是理所當然的。若參照上文(1～9節)，耶穌在此處所説的「努力」(24節)應該是指悔改回轉，若再追溯更前的段落，「努力」更應該包括遵守主道的人(參六46～49)，和那些聽了道之後又能恆心忍耐、堅持，並結出果實的人(八11～15)。

嚴格來説，耶穌對「得救的人不多吧？」(十三23)的回答並不是直接的，他並沒有説得救的人數少，而是説將有許多人不得其門而入。路加記載了門裏門外兩邊的對話：

> 「我們曾經跟你一起吃喝；你也在我們的大街上教導過我們。」……
> 「我告訴你們，我不曉得你們是從哪裏來的。你們這些作惡的人，走開！」(26～27節)

耶穌與法利賽人同席的經文(七36，十一37，十四1)。耶穌與其他人坐席的經文(五29，十38，十四7，十五1～2，二十二14)。耶穌以筵席作比喻的經文(十四16，十五23，十六19)。

這一番對話不斷叫人想起路加敍述裏早前的場景和聲音。事實上，在所有福音書中，**耶穌與人同席的記述，要數路加為最**。在這些記述中，不乏與耶穌同席的法利賽人。這些在門外被稱為「作惡的人」(27節)，就是敍事中面對耶穌、聽他講道教訓，卻又拒絕他的人。

對於我們這些非猶太人來説，耶穌這段講論有甚麼意義和提醒？

耶穌所描述如亞伯拉罕等的先賢，加上早前路加所記載的指斥(三9，十一45～54)，暗示耶穌所指「被驅逐在外面」(十三28)的人其實就是拒絕他的猶太人。若從路加福音本身的文本看，那從東、從西、從南、從北而來、將要在上帝國度裏坐席的外邦人，就是將要起來控告他們的「尼尼微人」（參十一32）；若再參考使徒行傳，這些人是指來自羅馬帝國版圖裏各方各地的人（參徒二9～12）。委實，在耶穌跟前的人是包括猶太人和外邦人，只是那在地上歷史裏的猶太人，並非必然在上帝國度的筵席裏有分，只在救恩歷史裏被稱為「真猶太人」的，才可以享受這筵席。「**居後的，將要在先，在先的，將要居後**」（十三30）這句話正要說明以上的道理，就是那些自稱是上帝子民但又拒絕耶穌的人，不要以為自己比其他的人先認識上帝而有特別優惠，可優先進入上帝的國度；然而，那些後來聽福音的人卻必然居上，比那些拒絕救恩的人先進入這國度，享受美好的恩典。這段說話無論是對耶穌跟前的聽眾抑或是路加的讀者，又或是猶太人和外邦人，這確實是個極不平凡的信息。

10.2.5. 耶路撒冷、耶路撒冷（31～35節）

法利賽人對耶穌的提醒（31節）究竟是出於善意不是？這是無從稽考的。按敘述的發展，希律的出現倒是耶穌將要面對苦難的投射，從而引入耶穌對耶路撒冷職事的感喟和悲歎。

根據路加的敘事和角度，以「狐狸」喻希律應視作貶意。路加福音除了闡明希律安提帕殺害施洗者約翰之外（三18～20），亦將他與耶穌的受害相連起來（參九7～9，二十三6～12）。在4卷福音書裏，只有路加將希律加入苦害耶穌的人物名單中（二十三8～12），是故，耶穌就將面對的苦難作出預見，確實是順理成章。

耶穌的感喟悲歎，固然是有感自己的受害而發。另一方面，耶穌同時亦悲哀耶路撒冷的頑梗，從拒絕和殺害上帝的使者和先知，一直到耶穌自己，耶路撒冷所代表的猶太領袖之頑梗，早在先前的敘述已

羅馬人與猶太人於公元66至70年間在巴勒斯坦進行戰爭，最後羅馬人成功平服猶太人的起義運動。據史料所記，戰況甚為激烈，正如耶穌所言，戰後耶路撒冷頓成荒場一片。

經流露出來（四24，六22～23，十一47～51）。

他們將來面對的慘變（**羅馬人的侵佔**），正是因為他們拒絕上帝之子職事所展示的寬恕、仁愛和憐憫的信息，他們寧願選擇強盜也要堅持厭棄耶穌。他們的選擇其後印證了耶穌所預言的悲劇。

溫習問題（10.2.） 在頁249。

10.3. 上帝國度的筵席（十四1～十五32）

10.3.1. 上帝國度的筵席（十四1～24、25～35）

耶穌再一次應邀到法利賽人家裏吃飯，説明他並不斷然拒絕與法利賽人相交；從這個角度看，路加眼中的法利賽人不是全都拒絕耶穌的，亦顯出法利賽人回轉的機會仍然是開放的。另一方面，「安息日」的爭持和「窺伺【耶穌】」（1節）的動機，顯示這個敍述必然有更深的意義（參六1～5、6～11，十三10～17）。窺伺耶穌的人大概執著**安息日不能作工的規條**，監看耶穌會否觸犯律法。耶穌洞悉他們的動機，同時亦指出他們執著條文的表面而忽視法律的精髓（十一37～46）。

根據猶太口頭傳統《米示拿》之〈論安息日〉7.2，雖然安息日不能作的工主要有39項，但不包括治病。

耶穌在這裏所披露的，無疑是進一步指出法利賽人的虛偽。如果他們會不顧安息日而拯救自己的兒子和牲口，為甚麼不能夠接受別人在安息日醫治或幫助有需要的人？耶穌的説話暴露法利賽人以虛偽對待法律。接著的比喻，是要顯示法利賽人的虛榮。

法利賽人喜歡上席、渴望別人的尊重和問安（參十一43，十六15，

「你不可在王面前妄自尊大，想引起王的注意。寧可等人請你坐高位，不要讓人請你下座，讓位給比你重要的人。」

二十46)，目的為要表示自己身分的高貴。耶穌的比喻，是先以傳統的智慧揶揄法利賽人的愚昧，他所說：**「你被請去參加婚宴的時候，不要坐在首座上，恐怕有比你更受尊重的客人也在被邀請之列。」**(十四8)是參照自舊約智慧書(參**箴二十五6～7**)。用廣府話說就是：「面是人家給的，架是自己丟的」。

但耶穌講論的不是生活上的智慧，而是上帝國度的啟示。他所用的比喻為要指向更深的逆轉信息：**「因為上帝要把自高的人降為卑微，又高舉自甘卑微的人。」**(十四11)

你現在會更明白為甚麼法利賽人會對耶穌與稅吏和罪人一起食飯感到不以為然吧。

耶穌有關請客的教導(12～14節)，恰恰與當時的文化和制度相反。在遠古時候的宴會，有主客間身分互相肯定和認同的意味。一般的宴請對象都是朋儕、親友、貴客等平輩或更高一等的人，這種宴會對樹立自己的身分極其重要；反過來說邀請低下階層的人是變相的自我否定。

請貴客是一種回饋的制度，若請低下階層的客人便不能期望任何東西，**「因為那些人無力報答你」**，所以不能達到請客的目的。但只有邀請貧窮低下的人，請客的目的才不是為自我的肯定，其評價亦非來自社會的價值，而是來自上帝的標準；於此，服事的真正對象是上帝，至終的報答也是來自上帝：**「在義人復活的時候，上帝要親自報答你。」**(14節)

自第六章的「平原寶訓」開始，路加福音裏的耶穌一而再地稱富足人為有禍的。試從十二章13至21節耶穌以嚴苛的話指責為將來籌算的「無知財主」，再從十六章19至31節「不懂得為未來預備的財主」的比喻中財主的結局便一目了然。那麼，究竟富足的人是否註定滅亡？他們如何可以得福？路加在十四章14節便提供了其中一個答案：人必須學習與貧窮和需要的人分享。當然，耶穌說的這番話不僅是向著富有的人講的，也切合所有耶穌的跟從者，難怪分享財富和物質，為貧窮人捐獻等，是使徒行傳一個重要的主題，也是初代教會的特色(徒二44～47，四32～37，二十35；羅十五25～27；林後八1～15)。

然而，耶穌的講論還不單只是生活和羣體的倫理指引，這個筵席的比喻引入的是更深一層的意義：上帝國度裏的救恩筵席。

耶穌接著所說的「大開宴會」(十四15～24)比喻，與上文請客的教導頗有關連。這裏宴請的對象原應是按一般情況下約定的，所以，賓客若是在沒有預先知會的情況下缺席，便是大大的羞辱主人。事實上，那些賓客所提出的是不成理由的理由(18～19節)，所以主人的惱怒是完全合理的。在此，賓客既羞辱了請他的主人，亦否定了自己的身分。

若仔細再看，主人宴請的身分並沒有因為原先的賓客缺席而有所虧損，因為他吩咐人出去將所有被視為不配的人帶來參加宴會(21～23節)。筵席將會如常舉行，主人還是主人，只是原先被請的賓客卻因拒絕而不得進內(24節)。

當然，猶太人拒絕上帝的使者，並不限於耶穌，舊約的先知及使者同樣遭受逼迫拒絕(參十一45～52)。

在路加福音裏，這個比喻明顯與猶太人對耶穌的身分和職事的態度有分不開的關係，**猶太人的拒絕**，間接造就了外邦人入席。這些賓客結果不得進入，而不配的人反可進入宴會的情景，亦是路加敘述中逆轉的主題。

從路加的敍述看，基督徒關顧貧窮弱小羣體並不是「慈惠事工」，而是門徒應有的素質。你同意嗎？今日教會怎樣看鄰舍和邊緣羣體？

正如上文討論所示，這個比喻應該以耶穌的身分和職事為解讀的關鍵：比喻中的人所拒絕的是上帝通過耶穌職事所開設的「宴會」，換言之，他們拒絕的是耶穌，這是比喻中所帶出的基督論——解釋耶穌身分和工作——的含意。另一方面，這個比喻亦有救恩歷史——上帝救贖的次序——的含意，猶太人的拒絕參加宴會造就外邦人進入筵席。然而，從福音書整體的角度看，比喻還有第三層的意思。在路加的敍述中，耶穌的職事和身分就是跟從者的榜樣和模式。所以，主人吩咐他的僕人出去引帶貧窮和傷殘的人，自然地耶穌的跟從者也應順從耶穌的心意，作向外邀請工作，而這種表現也應成為門徒的具體素質。若耶穌關顧貧窮弱小的，他的跟從者亦要同樣地照應邊緣的羣體，正如耶穌早前教導人宴客要邀請貧窮人和殘疾人（參十四13～14）。如果「大開宴會」有門徒意義的話，十四章25至33節的出現就是自然而然的了。

「大開宴會」比喻所昭示的是上帝那毫不吝嗇、沒有條件的恩情。表面看來，毫不吝嗇、沒有條件似乎是等同不須付代價，這也許是「許許多多的人跟耶穌一起走」的原因。正因如此，「耶穌轉過身來對他們說……」（25節），這是揭示上帝無條件的恩情並不等同廉價恩典。若此，跟從者必須要認真思考作門徒的代價，這代價猶如蓋樓房、領兵作戰一樣（28～32節）。

事實上，回應、實踐耶穌的呼召和教訓將無可避免地招來非議、批評，甚至唾棄。跟從耶穌的人極多，但他們必須明白及認真地計算跟從主所付出的代價。從某個角度看，這段經文與早前的一個問題遙遙呼應：「主啊，得救的人不多吧？」（十三23）耶穌對這個問題的回應並不是直接的，卻指出另一個重點：「你們要努力從窄門進去……」（十三24）而在十四章這段經文裏，耶穌在這裏所講論的，無疑是回應十三章的提問。

「有許許多多的人跟耶穌一起走。耶穌轉過身來對他們說」，反映了同行的人雖多，但至於得救的人數是否成正比，路加福音卻沒有給予答案。與其給予答案，不如認清問題的意義。

那麼，「耶穌是拆散家庭的嗎？」即使不是，都應向跟從者講論清楚，說明跟從耶穌的代價不菲：「到我這裏來的人要不是愛我勝過愛自己的父母、妻子、兒女、兄弟、姊妹，甚至於他自己，就不能作我

的門徒。」(十二49～53)在遠古的社會裏並不存在個人的身分，每一個人的價值，基本上都是由所屬的羣體所賦予和界定的。所以，路加敍述耶穌提出的「反家庭」講論，對當時的社會和人來説，實在是極大的挑戰，甚至引起不安(八19～21，九59～62，十二51～53，十八29，二十一16；另參10.1.2.「上帝之子的職事」)。

你能想起路加福音中那些「邊緣人」的喜悦嗎？你可以講述他們認識耶穌之前和之後的異同嗎？

誠然，跟從耶穌的代價首先見於失掉其身分。跟從耶穌的人是上帝的兒女，其身分的定義、價值的取向和生活的次序，已經不再是由族羣、文化和其它價值系統所賦予或界定。對於邊緣的人而言，這無疑是大喜的信息，但對於在穩定的社會系統裏的人而言，這不能不是個顛覆的意識型態，更是個使人跌倒的十字架，因為這樣必定會招來羞辱、恥笑和厭棄。

照理説任何人都應該因為別人獲助／得救而高興感恩，但為何有人竟然會不滿？為何這樣的工作竟招來厭棄和羞辱？耶穌的講論也是今日信徒的寫照嗎？

耶穌的講論必須放在這樣的社會文化裏理解。所以，耶穌所説**「愛我勝過愛」**(十四26；這短語的希臘文只有「恨」一字)並不是情緒上的憎惡，而是行為上的悖逆(相對於當時的文化價值觀而言)。事實上，一個跟從耶穌的人可以非常愛他的家人(情感上)，但他生活的選擇和次序卻使家人(包括妻子，參太十37；可十29，比較路十四20及十八29)極之難堪、極不光彩，這便是耶穌所説的「恨他們」。

耶穌所説的**「恨自己」**(原文意思)正符合早前**「捨棄自己」**的講法(九23)，而隨後的結語：**「同樣，你們無論誰，除非放棄所有的一切，不能作我的門徒。」**(十四33)亦呼應與人分享財物的教導(十二33)。

基督教是教人厭棄家庭的嗎?

跟隨耶穌基督是會帶來家庭的衝擊，這從保羅作品裏可見一斑：「如果一個信徒已經娶了非信徒作妻子，而妻子願意繼續跟他一起生活，他就不可以離棄妻子。如果有一個女信徒已經跟非信徒結了婚，而丈夫願意繼續跟她一起生活，她也不可以離棄丈夫。因為那沒有信主的丈夫是因信了主的妻子而蒙上帝悅納的；同樣，那沒有信主的妻子也是因信主的丈夫而為上帝所悅納的。要不是這樣，他們的兒女就算不蒙悅納了；事實上，他們是上帝所悅納的。然而，如果沒有信主的一方要離開信主的伴侶，就由他去吧。在這種情形下，那信主的，無論是丈夫或是妻子，都可以自由了。上帝呼召了你們，要你們和睦相處。信主的妻子啊，你怎麼能肯定救不了自己的丈夫呢?信主的丈夫啊，你怎麼能肯定救不了自己的妻子呢」(林前七12～16)。這段經文反映耶穌講論中所觸及的矛盾；然而，保羅的教導卻補充耶穌的講論，他清楚的顯示，信主的人不應該厭棄其配偶，或放棄與自己不同信仰的家庭成員和好的機會，反有更大的責任，使未信的人可同享這信仰的福分。

誠然，耶穌一而再地強調一個現實，就是跟隨他而行並不是浪漫的旅程，而是捨棄自己而又刻苦的，所以跟從者必須認真思考。一如路加敘述的特色，先記述耶穌的講論(十四26～27)，再以兩個比喻來闡明所講論的(28～30、31～32節)，其意義也就更深化而又清楚不過了：「計算、持守、計算」，這是門徒應有的心態。

身為耶穌門徒的你，能否面對耶穌的挑戰?你已計算清楚所付的代價嗎?

記述完耶穌這段論說之後，路加以「鹽」的比喻作結。在34節，路加以"*oun*"(這詞是大部分中文譯本沒有譯出來的)這連接詞作開首，表示接著的內容是與以上一段有關。鹽若失了味，既不能調味，也不能防腐，是無所用處了。這意思是說跟隨耶穌的人為上帝作工原本是好的，但若在跟隨之先沒有好好計算代價，令致半途而廢或已失去作門徒的素質，這跟從者又何以稱得上是耶穌的門徒呢？正如鹽失去「鹽」的特性，至終只有被丟棄。耶穌這番講論並不是要趕走那些「**跟耶穌一起走**」那「**許許多多的人**」(25節)，而是要讓他們在踏上這旅程之先，要認清自己所面對的將會是怎樣的人生，免得至終被撇棄。

誠然，這不僅是耶穌跟前的門徒的挑戰，亦是歷世歷代所有聆聽耶穌聲音的人的挑戰，所以「**有耳朵的，都聽吧**」(35節)！

10.3.2. 上帝的心(十五1～32)

這說明了比喻「非描述性」的特質，也提示了解釋比喻時應注意的方向。比喻屬於創建式語言，其功能不在於客觀、仔細無遺地如實報道，而是激發或突出聽者心中的憧憬和信念。忽略了這點，難免會因比喻的枝節而捨本逐末。

表面看來，路加福音第十五章**似乎與敘事的發展沒有甚麼關係**，但如果耶穌講述上帝國度筵席的聲音依然縈繫於耳(參10.3.1.「上帝國度的筵席」)，耶穌接著所講說的3個比喻，不僅與上文緊緊相扣，更是較「大開宴會」的比喻再進一步披露深層次的真諦：上帝的心。

不可諱言，「大開宴會」比喻內宴客的主人留下一個惱怒的形像，甚至他宴請貧窮、殘弱和低下的人出席宴會也是迫於無奈的下策。看來，這些後來得入筵席的人只是次選或不配得的後補。然而，耶穌在接著的比喻卻指出這並不是上帝的看法。

耶穌接待罪人與法利賽人心中的議論和鄙夷，似乎是路加敘述裏的典型狀況(參五29～32，七39，十一37～38)。當耶穌講說這些比喻之時，耶穌、罪人、自以為義的法利賽人和經學教師，成了場景裏的人物(十五1～2)，為耶穌的比喻提供了詮釋的參照點和對比。

法利賽人等的議論和不滿，是因為耶穌與那些不配的稅棍和壞人一起，而耶穌連續講的3個比喻，正是為他們而說的。耶穌的比喻，目的不是要奚落那些拒絕他和厭棄別人的法利賽人和經學教師，而是為要他們有所洞見和體會：分享罪人回轉的喜樂，明白父上帝的心意。這是耶穌予法利賽人的邀請。

耶穌所說第一個比喻是尋羊的比喻（4～7節）。這比喻的重點是清楚不過，牧羊人因尋回迷羊而喜樂，並且大事慶祝。以此喻指「一個罪人的悔改，在天上的喜樂要比已經有了九十九個無需悔改的義人所有的喜樂還大」（7節），這明顯指出在上帝的眼中，罪人並不是不配的後補或次選。

第二個比喻是尋回銀幣的比喻（8～10節），它與尋羊的比喻意義相同。「點起燈來，打掃房子，到處仔細尋找，直到找著為止」（8節），這說明女人刻意並主動地尋找所失去的。這個「銀幣」並不是無可奈何、聊備一格的代替品。事實上，這個女人竟然會為一個銀幣與朋友和鄰居「一起慶祝」，讀者可以想像「一個銀幣」與「一起慶祝」之不對等嗎？「一起慶祝」所花費的豈不是超過「一個銀幣」嗎？若此，這個女人豈不是極之重視這「一個銀幣」？

第三個比喻是一向被稱為「浪子的故事」的比喻（11～32節），其實更正確的題目應該是「父親的故事」，以此表述「上帝的心」。它與前兩個比喻的重點，分別在於尋找的人，前者是牧羊人和女人，而這個比喻的重點在於那等候兒子的父親；前兩個比喻描述尋得迷羊和失物的喜樂，這個比喻描述等候兒子回轉的喜樂。相對於前兩個比喻，耶穌所說「父親的故事」有完整的敘述結構，其情節發展、人物的互動和場景的轉換，使尋回而得的喜樂更感人，其敘事的效果更震撼，神學的內涵也更豐富。

你試過經歷「失而復得」的興奮感覺嗎？那麼，你體會上帝的心嗎？你現今是屬於大兒子抑或小兒子的景況？

「某人有兩個兒子。那小兒子對父親說：『爸爸，請你現在就把我應得的產業分給我。』」（11～12節）在不適合的時間（即父親仍在世），兒子以不正確的態度離開父親(賣掉產業，離家出走)，在猶太人的社會裏，這小兒子極惡劣的形像已經清楚無遺，沒有一個古代的讀者或聽眾會對他存任何好感。無論他將來的結果如何，這都是他自食惡果之故。他離家後過著放任的生活(13節)，也進一步説明他的差劣，後來他淪落到做至低賤的看**豬**工作，這正好説明他墮落到極點(14～16節)，即使他的醒悟想回家，似乎也是充滿了計算(17～20節)。

猶太人視豬為不潔的動物，他們既不會飼養，也不會吃牠。小兒子現在看豬，説明他的境況。

另一方面，比喻中的父親同樣是匪夷所思的。按一般人的想法和價值觀，他有足夠理由拒絕、甚至奚落這個小兒子，但他心中的喜樂，竟來自看到小兒子的回轉。他對小兒子的表現，充分説明他恩情的奇妙。「【小兒子】離家還遠，父親望見了他，就充滿愛憐，**奔向前去**，緊抱著他，不停地親吻。」(20節下)這短短的一句子竟接連出現5個動作(望見、充滿愛憐、奔向、緊抱、親吻)來表達父親看見兒子時的反應，加上他吩咐僕人為小兒子預備「衣服、戒指、鞋子和宴會」，充分顯示父親對兒子那無條件、毫不吝嗇的愛，一如那為一隻迷羊而歡欣的人，和那為找回失了的一個銀幣而慶祝的女人。

《現修》似乎用了5個動詞來描述父親做了5個動作，但在希臘文聖經只出現4個動詞，因為「奔向前去」是分詞，形容「緊抱」這動詞，這分詞將父親緊抱兒子的迫切感表露無遺。

這比喻與前兩個比喻雖有相同之處，亦有在意義上的分別，或更突出的地方是在比喻的後半部：這個父親還有另一個大兒子。同樣，大兒子在不適合的時間(所有人都在慶祝的時候他不參加)，以不正確的態度蔑視父親(要父親出來勸他，一如父親在門外等他弟弟般)。沒有一個古代的讀者或聽眾會對他存任何好感。他雖然長期在家裏，但彷彿從來都沒有在家裏一樣(29～30節)，因為他看自己為奴僕，不是兒子。按一般人的想法和價值觀，父親絕對有理由強迫和責備這個大兒子，但他心中的

你心目中上帝的形像是怎樣的呢？這個比喻能否豐富或調校你的印象和信念？

喜樂，就是看到大兒子的回轉：分享他的喜樂。正如他奔向前去迎接他的小兒子，他對大兒子的表現（出來勸他），同樣說明他的奇異恩情。

耶穌這個比喻可以說是3個比喻中的結晶。它既揭示父親的心腸，同時亦指向那自棄的「小兒子」並那自義的「大兒子」。來聽這信息的人包括：好些稅棍和壞人、法利賽人和經學教師（1節）。這比喻切合所有的聽者，向自義者（法利賽人和經學教師），耶穌邀請他們一同喜樂，體會上帝的心腸；向自以為不配者（好些稅棍和壞人），耶穌的3個比喻清楚說明，儘管他們為人所鄙視，他們絕不是後補的代替品，他們被上帝苦苦尋找或等候的，他們的回轉，就是上帝的喜樂。

你認為這個父親公平嗎？如果你是大兒子，你會進去參加這個你所厭棄和鄙視的人所預備的筵席嗎？為甚麼？

正如上文曾經指出，路加敘述的結束往往都是開放式的。敘述裏人物的終局並未完全被判定，他們仍然有選擇回轉的空間。大兒子有沒有進去歡迎小兒子的宴會？這端乎大兒子是否看重父親的心腸，還是自己的「義」和受到父親「不公平」的待遇。大兒子會不會投入父親的懷裏，與小兒子同享這個宴會？耶穌雖然沒有明言，但卻成了每一個聽這個比喻的人的呼喚。

溫習問題（10.3.） 在頁250。

溫習問題(10.1.)

1. 十二章35至48節的內容對「主再來」有甚麼教導？請總結其重點。
2. 在十二章41至48節，耶穌要求跟從他的人要負上「警醒」的責任。這責任包括哪兩方面？試簡單闡述。
3. 耶穌說的他「到地上來是要點燃烽火」(十二49)是指甚麼意思？
4. 根據十二章49至53節的講論，耶穌要來破壞人與人之間的關係嗎？
5. 耶穌如何以巴勒斯坦地的氣候特色，向對眾人指出「契機」的重要性？(參十二54～56)

溫習問題（10.2.）

1. 你認為災難與罪是否有一定的關係？請先根據耶穌的講論（十三1～9）討論，繼而從聖經其他教導作整體思考。
2. 試從十三章10至17節論述耶穌在安息日治病的含意。（另參十四1～6）
3. 路加怎樣介紹上帝的國度？請討論上帝國度的特色，並與耶穌的關係。（參十三18～21）
4. 請討論上帝的國度與耶穌跟從者的關係。（參十三22～30）
5. 耶穌為何為耶路撒冷悲嘆？這與他的受難有何意義？（參十三31～35）

溫習問題(10.3.)

1. 十四章1至24節耶穌教導有關請客的態度，與當時一般的猶太人有何分別？
2. 在十四章25節當耶穌看見「有許許多多的人跟」他之時，他竟説出「作門徒的代價」這信息。他如此行是否要挫那些跟從他的人進入上帝的國度士氣？
3. 十四章34至35節所言「鹽」的比喻與「作門徒的代價」這講説有何關連？
4. 十五章1至32節耶穌所講的3個比喻是説給哪些人聽的？
5. 耶穌所説尋羊、尋銀幣與兒子的歸回這3個比喻有何異同之處？這對受眾有何深刻的意義？

第十一章

旅途敘事（三）

（十六1至十九44）

- 預備未來
- 上帝之子的講論和訓喻
- 誰在上帝國度裏？
- 進入耶路撒冷

經文

機警管家的比喻

16 [1]耶穌對他的門徒說：「某財主有一個管家；有人向他告狀，
說這管家浪費主人的財物。[2]主人就把管家叫來，對他說：『我
聽到的是怎麼一回事呢？把你經管的帳簿交出來吧，你不能再擔任
管家的職務了。』[3]那個管家心裏想：『主人要辭退我了，今後我去
做甚麼呢？鋤地嗎？沒有力氣；討飯嗎？怕難為情。[4]對了，我曉
得怎麼做，好使我在失業的時候有朋友肯接我到他們家裏住。』

[5]「於是他把主人的債户一一叫了來。他對頭一個說：『你欠我主
人多少？』[6]他回答：『一百桶橄欖油。』管家說：『這是你的帳，快
坐下來，改寫五十。』[7]他問另一個說：『你呢，你欠多少？』他回答：
『一百石麥子。』管家說：『這是你的帳，改寫八十。』

[8]「主人誇獎這個不誠實的管家的機警行為。因為在應付世事方
面，俗世的人竟比光明的人更加精明。」

[9]耶穌接著又說：「我告訴你們，要用今世的錢財結交朋友，這
樣，錢財完了的時候，你可以被接到永久的家鄉去。[10]一個人在小
事上靠得住，在大事上也靠得住；一個人在小事上不誠實，在大事
上也不誠實。[11]如果你們在處理今世的錢財上靠不住，誰又會把那
真實的財富付託你們呢？[12]如果你們對屬於別人的東西靠不住，誰
會把你們自己的東西給你們呢？

[13]「沒有僕人能夠伺候兩個主人。他要不是厭惡這個，喜愛那個，
就是看重這個，輕看那個。你們不可能同時作上帝的僕人，又作錢
財的奴隸。」

其他的教導

[14]那些愛錢的法利賽人聽見這些話，就譏笑耶穌。[15]耶穌對他們
說：「你們在人面前儼然正人君子，但是上帝洞察你們的內心；因
為人所看重的，在上帝眼中卻是可憎惡的。

16「摩西的法律和先知們的書的效用到施洗者約翰為止；從此，
上帝國的福音被傳開了，人人都想猛烈地擠進去。17可是，天地消
失要比法律的一筆一劃被塗抹還容易呢！

18「任何人休棄自己的妻子去跟別的女人結合就是犯姦淫；娶了
被休棄的女人也是犯姦淫。」

財主和拉撒路

19「從前有一個財主，每天穿著華麗的衣服，過著窮奢極侈的生
活。20同時有一個討飯的，名叫拉撒路，渾身生瘡；他常常被帶到
財主家的門口，21希望撿些財主桌子上掉下來的東西充飢；連狗也
來舔他的瘡。

22「後來這窮人死了，天使把他帶到亞伯拉罕身邊。財主也死了，
並且埋葬了。23財主在陰間痛苦極了；他抬頭瞧見亞伯拉罕在遙遠
的地方，又看見拉撒路在他身邊，24就呼叫說：『我的祖宗亞伯拉罕
哪，可憐我吧！請打發拉撒路用指尖蘸點水來涼涼我的舌頭吧，因
為我在這火燄裏，非常痛苦！』

25「可是亞伯拉罕說：『孩子啊，你該記得你生前享盡了福，
可是拉撒路從來沒有好日子過；現在他在這裏得著安慰，你反
而在痛苦中。26而且，在你們和我們之間有深淵隔開，人要從這
邊到你們那邊去是不可能的，要從你們那邊到我們這邊來也不
可能。』27財主說：『祖宗啊，既然這樣，求你打發拉撒路到我父
親家去；28我有五個兄弟，讓他去警告他們，免得他們也到這痛
苦的地方來。』

29「亞伯拉罕說：『你的兄弟有摩西和先知們去警告他們，讓你
的兄弟去聽他們吧！』30財主說：『祖宗亞伯拉罕哪，那是不夠的。
假如有人從死裏復活，到他們那裏去，他們就會悔改。』31可是亞伯
拉罕說：『如果他們不聽摩西和先知們的話，即使有人從死裏復活，
他們也不會相信的！』」

論罪

17 1耶穌向他的門徒說：「使人犯罪的事是必然會有的，可是造
成這種事的人要遭殃了！2倒不如用大磨石拴在他脖子上，沉
到海底去；這樣比讓他使任何一個微不足道的人犯罪還好。3你們
總要當心！

「如果你的弟兄犯罪，勸誡他；要是他悔改，饒恕他。4如果他
在一天裏得罪了你七次，每一次都回頭對你說：『我懊悔了』，你都
得原諒他。」

論信

5使徒們對主說：「請增加我們的信心！」

6主說：「你們若有像一粒芥菜種子大小的信心，就是對這棵桑
樹說：『連根拔起來，去栽在海裏！』它也會聽從你們。」

僕人的責任

7「假使你們當中某人有一個種田或放羊的僕人，他從農場回來
時，你會不會對他說『趕快坐下來吃飯』？8當然不會！你會對他說：
『先替我預備晚飯，繫上圍裙，伺候我，等我吃過了，你才吃。』
9僕人照著主人的吩咐做事，難道主人還得向他道謝嗎？10你們也是
一樣。當你們做完上帝吩咐你們做的一切事，要說：『我們原是無
用的僕人；我們不過盡了本份而已。』」

治好十個痲瘋病人

11耶穌在往耶路撒冷去的旅途中，經過撒馬利亞和加利利中間的
地區。12他進了一個村莊的時候，有十個痲瘋病人迎著他走過來。
他們遠遠地站著，13高聲喊說：「耶穌，老師啊，可憐我們吧！」

14耶穌看見了，對他們說：「你們去，讓祭司檢查你們吧！」

他們去的時候已經潔淨了。15其中有一個人看見自己已經好了，
連忙轉回來，大聲頌讚上帝，16又俯伏在耶穌腳前感謝他。這個人

是撒馬利亞人。[17]耶穌說：「得到醫治的有十個人，其他的九個在哪裏呢？[18]為甚麼只有這個外族人回來感謝上帝呢？」[19]於是耶穌對他說；「起來，去吧！你的信心治好你了。」

上帝主權的實現

[20]有些法利賽人來問耶穌，要知道上帝的主權甚麼時候實現。耶穌回答：「上帝主權的實現並不是眼睛所能看見的。[21]沒有人能說：『看吧，它在這裏！』或『它在那裏！』因為上帝的主權是在你們心裏①！」

[22]接著，他又對門徒說：「日子將到，你們渴望能看見人子當權之日的來臨，卻見不到。[23]有人要對你們說：『看吧，在那裏！』『看吧，在這裏！』你們不要出去看，也不要追隨他們。[24]正像閃電橫掃天空，從天的這邊照射到天的那邊，人子來臨的日子也是這樣。
[25]但是他必須先受許多苦難，被這時代的人棄絕。[26]正像挪亞的時代，
人子來臨的日子也是一樣。[27]那時代的人照常吃喝嫁娶，一直到了
挪亞進方舟那一天，洪水來到，把他們都消滅了。[28]人子來臨的日
子，又像羅得的時代；那時代的人吃喝如常，買賣如常，也耕種也
建造。[29]到羅得離開所多瑪的那一天，火和硫磺從天上降下來，把
他們都消滅了。[30]人子顯現的那一天也會這樣。

[31]「那一天，在屋頂上的，不要下來到屋子裏拿他的東西；同樣，在田野工作的，也不要回家。[32]要記住羅得妻子的遭遇！[33]那想保全自己生命的，要喪失生命；那失掉生命的，要保存生命。[34]我告訴你們，那天夜裏，兩個人睡在一張床上，一個被帶走，一個留下；
[35]兩個女人一起推磨，一個被帶走，一個留下。②

[36-37]門徒問說：「主啊，這些事會在哪裏發生呢？」

耶穌回答說：「屍首在哪裏，禿鷹也會聚在那裏。」

---

①「在你們心裏」或譯「在你們當中」或「忽然出現在你們當中」。

② 有些古卷加36節「兩個人在田裏做工，一個被帶走，一個留下。」

寡婦和法官的比喻

18 1耶穌向門徒們講一個比喻，要他們常常禱告，不可灰心。
2他說：「某城有一個法官，他既不敬畏上帝，也不尊重人。
3那城裏有一個寡婦常常去見他，請求他主持公道，制裁她的冤家。
4這個法官一直拖延，但後來心裏想：我雖然不敬畏上帝，也不尊
重人，5可是這個寡婦不斷地煩擾我，不如為她伸冤，免得她經常
上門，糾纏不休。」

6主接著說：「你們聽聽那不義的法官所說的話吧！7難道上帝不
會替那些日夜向他求援的子民伸冤嗎？他會延遲援助他們嗎？8我
告訴你們，他一定儘快為他們伸冤。可是，人子來臨的時候，他能
在世上找到這樣的信心嗎？」

法利賽人和收稅人的比喻

9耶穌又講另一個比喻，是針對那些自以為義而輕視別人的人說
的。他說：10「有兩個人到聖殿裏禱告：一個是法利賽人，一個是收
稅的人。11那個法利賽人昂然站立，禱告說③：『上帝啊，我感謝你，
因為我不像別人那樣貪婪、不義、淫亂，更不像那個稅棍。12我每
星期禁食兩次，又奉獻全部收入的十分之一。』13但是那個收稅的人
遠遠地站著，連抬頭望天都不敢，只捶著胸膛說：『上帝啊，可憐
我這個罪人！』14我告訴你們，這兩個人回去的時候，在上帝眼中的
義人是那個收稅的人，而不是那個法利賽人。因為上帝要把那自高
的人降為卑微，卻高舉自甘卑微的人。」

耶穌祝福小孩子

15有人帶著他們的嬰兒來見耶穌，要讓耶穌為他們按手。門徒看
見了，就責備他們。16可是耶穌叫孩子們到他跟前來，說：「讓小孩
子到我這裏來，不要阻止他們，因為上帝國的子民正是像他們這樣

---

③「昂然站立，禱告說」另有些古卷作「站著，自言自語地禱告說」。

的人。17你們要記住：凡不像小孩子一樣接受上帝主權的人，絕不能成為他的子民。」

財主的難題

18有一個猶太人的領袖來請教耶穌說：「良善的老師，我該做甚麼才能夠得到永恆的生命呢？」

19耶穌問他：「你為甚麼稱我為良善的呢？除上帝一位以外，再也沒有良善的。20你一定曉得誡命所規定的：『不可姦淫；不可殺人；不可偷竊；不可作假證；要孝敬父母。』」

21那個人回答：「這一切誡命我從小都遵守了。」

22耶穌聽見這話，再對他說：「你還缺少一件。去賣掉你所有的產業，把錢捐給窮人，你就會有財富積存在天上；然後來跟從我。」23那個人一聽見這話，就垂頭喪氣，因為他很富有。

24耶穌看著他，就說：「有錢人要成為上帝國的子民多麼難啊！25有錢人要成為上帝國的子民比駱駝穿過針眼還要難！」

26聽見這話的人就問：「這樣說來，誰能得救呢？」

27耶穌說：「人所不能的，上帝都能。」

28這時候，彼得說：「你看，我們已經撇下我們的家來跟從你了。」

29耶穌說：「是的，我實在告訴你們，凡是為上帝的國而撇下自己的房屋、妻子、兄弟、父母，或兒女的，30一定要在今世得到更多，並且在來世享受永恆的生命。」

耶穌第三次預言自己的死

31耶穌把十二使徒帶到一邊，對他們說：「我們現在上耶路撒冷去；先知所記述關於人子的每一件事都要實現。32他將被交在外邦人的手裏；他們要戲弄他，侮辱他，向他吐口水，33又要鞭打他，殺害他；但第三天，他將復活。」

34門徒對這些事一樣也不明白，對耶穌所說的話茫然無知，因為那些話的意思是隱藏著的。

耶穌治好失明的乞丐

35耶穌來到靠近耶利哥的地方，有一個盲人坐在路旁討飯。36他
聽見羣眾經過，就查問是甚麼事。

37有人告訴他：「拿撒勒的耶穌正經過這裏。」

38他就呼喊：「大衛之子耶穌啊，可憐我吧！」

39在他前頭走的人責備他，叫他不要作聲。他卻更大聲地喊叫：
「大衛之子啊，可憐我吧！」

40於是耶穌站住，吩咐把盲人帶到他面前來。他近前的時候，耶
穌問他：41「你要我為你做甚麼？」

他回答：「主啊，我要能看見！」

42耶穌對他說：「你就看見吧！你的信心治好你了。」

43盲人立刻能看見，就跟隨了耶穌，一路頌讚上帝。羣眾看見這
事，也都頌讚上帝。

耶穌和撒該

19 1耶穌進耶利哥城，正要從那城經過。2當地有一個稅務長，
名叫撒該，是個很有錢的人。3撒該很想看看耶穌是怎樣的一
個人，可是他身材矮小，在人羣中無法看到耶穌。4於是他跑在大
家前頭，爬上一棵桑樹，要看看耶穌，因為耶穌就要從這條路經過。
5耶穌走到那地方，抬頭看撒該，對他說：「撒該，快下來！今天我
必須住在你家裏。」

6撒該急忙下來，非常高興地接待耶穌。7大家看見都埋怨說：「這
個人居然到罪人家裏作客！」

8撒該站起來對主說：「主啊，我要把我財產的一半分給窮人；
如果我欺詐過誰，我就還他四倍。」

9耶穌對他說：「今天救恩來到這一家了，因為這個人同樣是亞
伯拉罕的子孫。10人子來是要尋找和拯救迷失的人。」

僕人和金幣的比喻

11大家正在聽這話，耶穌又告訴他們一個比喻。這時候，耶穌已
經快到耶路撒冷，他們以為上帝的主權就要實現。12耶穌說：「有一
個貴族到遠方去，要被册封為王，然後回來。13動身以前，他把十
個僕人召來，每人給了一個金幣，說：『我不在的時候，你們拿這
錢去做生意，看看能賺多少。』14他本國的人一向恨他，打發代表隨
後去說：『我們不要這個人作我們的王。』

15「那貴族被册封為王回來以後，立刻命令那些領過金幣的僕人
到他面前來，要知道他們每人做生意賺了多少。16頭一個上來說：
『主人，我用你給的那個金幣賺了十個金幣。』17主人說：『很好！
你是個好僕人；你既然在小事上可靠，我要委派你管理十座城。』
18第二個僕人上來說：『主人，我用你給的那個金幣賺了五個金幣。』
19主人對他說：『你也要管五座城。』20又有一個僕人上來說：『主人，
你的金幣在這裏；我用手帕把它包起來。21我一向怕你，因為你是
個嚴厲的人。沒有存放的，你還要提取；沒有栽種的，你還要收割。』
22主人對他說：『你這個壞僕人，我要用你自己的話定你的罪！既然
你知道我是一個嚴厲的人，提取沒有存放的，收割沒有栽種的，
23那麼，你為甚麼不把我的錢存入銀行，讓我回來的時候，可以連
本帶利收回呢？』24於是他向侍立在左右的人說：『把他的金幣拿過
來，給那個有十個金幣的僕人。』25他們對他說：『主人，他已經有
十個金幣了。』26主人說：『我告訴你們，那已經有的，要給他更多；
那沒有的，連他所有的也要奪走。27至於不要我作他們的王的那些
敵人，把他們帶來，在我面前殺掉吧！』」

光榮進耶路撒冷

28說完這些話，耶穌走在前頭，上耶路撒冷去。29快到伯法其和
伯大尼、向著橄欖山去的時候，耶穌打發兩個門徒先走，30吩咐他
們說：「你們到前面的村子去，進去的時候，會看見一匹還沒有人
騎過的小驢拴在那裏。你們把牠解開，牽到這裏來。31如果有人問

你們為甚麼解開小驢，你們就說：『主④要用牠。』」

32他們去了，所遇見的正和耶穌所告訴他們的一樣。33當他們在
解開小驢的時候，驢的主人問他們：「你們為甚麼解開小驢呢？」

34他們回答：「主要用牠。」35然後他們把小驢牽到耶穌跟前，把
自己的衣服搭在驢背上，扶著耶穌騎上去。36耶穌前進的時候，大
家拿自己的衣服鋪在路上。

37當他靠近耶路撒冷、到橄欖山下坡那地方時，眾門徒因所看見
的這一切奇蹟就都感謝上帝，大聲歡呼：38「願上帝賜福給奉主名來
的君王！天上有和平，榮耀歸於至高上帝！」

39人羣中有幾個法利賽人對耶穌說：「老師，命令你的門徒安
靜吧！」

40耶穌回答：「我告訴你們，他們要是不作聲，這些石頭也會呼
喊起來。」

為耶路撒冷哀哭

41耶穌快到耶路撒冷的時候，看見那城，就為它哀哭，42說：「但
願你今日知道那有關你和平的事，可是你現在那樣的盲目。43日子
將到，那時候你的仇敵要造土壘包圍你，從四面困住你。44他們要
徹底消滅你和你城牆裏面的人民，不留一塊石頭在另一塊石頭上面，
因為你沒有認出上帝拯救的時機。」

④「主」或譯「牠的主人」。

11.1. 預備未來（十六1～31）

這個單元的講論對象是門徒（1節；參十七1），然而，耶穌對門徒講論的同時，法利賽人仍有參與對話中（14節）。這顯示耶穌的講論是公開而又沒有排斥其他的聽眾，只是門徒是耶穌講論的主要對象，他們的身分和品格塑造也就成為解釋經文的一個參照點。

11.1.1. 為未來預備的管家（1～8節）

當你在研讀福音書時遇到難解的比喻，你會以何方法處理這些難題？你以甚麼原則去看聖經裏受質疑的內容？

對現代讀者而言，路加福音十六章1至8節是一個難解的比喻①。像比喻裏這樣的一個管家，怎麼可能還得到主人的誇獎？更遑論值得耶穌引申作教導的基礎。然而，這只是現代人的困難，對耶穌當代的人，甚至路加的讀者來說，這個管家的行為未必如我們想像的不堪。現代讀者若要了解這個比喻，必須先掌握當時的文化背景，同時亦要注意路加福音整體的脈絡。讀者要先明白這個比喻在十六章（甚至整卷路加福音）的功能，才可以明白這個比喻的意思。

解釋這個比喻的首要關鍵，在於掌握這個管家所作的是否當時文化所允許的。管家叫他主人的債戶所減去的，究竟是他自己應得的佣金？還是主人徵收過高而不合理的利息，以致管家既能為自己安排後路，也為主人挽回一些名聲？抑或這是一個徹底的欺詐行為？究竟這個管家是**「不誠實」**（8節；《和合本》譯作「不義」），還是精明？上述的問題是歷來學者所提出比較重要的質疑。

值得注意的是，比喻沒有清楚交代真正的背景，似乎管家的行為既沒有觸犯當時的法律，也是當時文化處境所能夠接受的。所以，在

在古代社會裏的階級是不容易改變(low social mobility)。一個人若由高的階層變為較低的階層，將會是不折不扣危機。

沒有責備管家行為的前提下，詮釋的重點應該放在路加記述這個比喻的目的：歸根究底，管家的行為是為**即將來臨的危機**作回應。事實上，管家所作的安排極可能是對3方面(主人、管家自己、債戶)都有利的：債戶固然得到減免債項，管家亦不愁沒有出路，主人因減免別人債項而得到好名聲。

而以警醒態度面對將臨的危機並予以適切的準備，是路加福音自第三章開始的主題(參三9)，而在往耶路撒冷的旅途上，耶穌就一再提醒人要懂得辨別時機，並作合宜的回應(十二55～59，十三1～9)。管家所作的一切，正是為將臨的危機作部署。這個管家的「精明」亦是十二章那個只顧自己享樂而不知危機將至的財主之「無知」的反義。從這個角度看，這就是這個管家的「榜樣」，也是門徒之所以要學習的地方，也是俗世人比光明的人更精明的意思。換言之，這是一個「為將來預備的管家」的比喻。路加以耶穌這個比喻重複教導門徒要向將臨的危機預備。

11.1.2. 怎樣預備(9～18節)

注意經文並沒有顯示這個管家所作的是違法的勾當。耶穌這個比喻絕不是鼓勵我們以不擇手段獲取金錢，然後又以善行或捐款補償，甚至合理化自己的行為。

在比喻裏**管家運用物資的調動**，藉著幫助別人而迎接即將臨到的危機。使用物質使人得益是路加一直就錢財使用的觀點。對法利賽人警告(十一40～41)、無知的財主(十二16～21)、請客的教導(十四13～14)，無不與耶穌接著說的一句呼應：「我告訴你們，要用今世的錢財結交朋友，這樣，錢財完了的時候，你可以被接到永久的家鄉去。」(十六9)

耶穌這句話說明了錢財物質是中性的。在合理、合法、合情的情況下擁有和安排錢財並不是問題所在，關鍵在於門徒如何使用以面對將來的審判。換言之，整個比喻和引申的教訓的對象是門徒（參1節），是耶穌教導門徒對錢財的正確價值觀。這個使用錢財物資以助他人的主題，一直都是路加福音和使徒行傳的重點之一。

這詞的希臘文“tou mamona tes adikias”字面確實有「不義之財」的意思，但要決定經文的意思，不能單靠字面意義，必須考慮上文下理。詳參釋經短註。

所以，世俗的錢財是「**今世的錢財**」（《和合本》譯作「不義之財」）；「**結交朋友**」所指的朋友，並不是指普通的「廣交朋友」，而是照路加福音一貫的思路，這些朋友就是耶穌早前教導人宴客要邀請的貧窮人和殘疾人（參10.3.1.「上帝國度的筵席」），他們沒有任何回饋，令致施予的人至終會用完所有的錢，但這樣卻可以將人「**接到永久的家鄉去**」（9節）。門徒對今世的錢財的態度不是擁有，而是與有需要的人分享。耶穌藉著比喻所說的是要他的門徒學習為未來預備，這未來不是指個人財務和今後生活的安排，而是要重視那「在上帝眼中看為富足」的事。按上述的思路和了解，接著的10至13節的意義就更加清晰了。

表面看，10至13節似乎是1至9節的反義。事實上，耶穌在第10節先借用一個普通的道理，來說明11至12節的真理。如果比喻中的管家確實是「**不誠實**」，他的不誠實說明了他是完全靠不住的。但與此同時，我們也無法理解主人為甚麼要稱讚他，甚至耶穌以他作為有意義和合法的教導例子，所以這「**不誠實**」是另有所指。若11節是對比10節，而又與9節有關連的話，「**靠得住**」就是指恰當管理、願意分享和賙濟貧窮人的意思（參**十四12～14**），而這樣才能獲「**真實的財富**」；相反地，這「**不誠實**」便是指沒有好好地將「**今世的錢財**」運用在有需要的人身上，只用在一己的私利上。再者，耶穌以「**今世的錢財**」對應「**小事**」，「**真實的錢財**」對應「**大事**」，

耶穌又對宴請他的主人說：「你招待午飯或晚餐的時候，不要邀請你的朋友、弟兄、親戚，或是富有的鄰居，恐怕他們要回請你，還了你的人情。你要請客，就請那些貧窮的、殘疾的、跛腳的、失明的；這樣，你就有福了，因為那些人無力報答你。在義人復活的時候，上帝要親自報答你。」（十四12～14）

所以在耶穌眼中，跟從他的人不應重視世上的財物。

按上下文看，12節所說「**別人的東西**」仍然指「**今世的錢財**」，這些東西是屬世人，而不是屬耶穌的跟從者的，這同時也說明耶穌的跟從者其實並沒有真正擁有任何世上的東西。因此，「**於別人的東西靠不住**」自然是指不合宜地運用「**今世的錢財**」；相反地，合宜的運用「**今世的錢財**」的，將會得到應該得到「**自己的東西**」——天上的財寶（「**要賣掉你們所有的，把錢賙濟窮人；要為自己預備不會破損的錢袋，把財寶存在天上**」；參十二33）。

上文提及耶穌的比喻，絲毫沒有鼓勵跟從者取奪世上的金錢的意思。十六章13節正是最有力的證據，也是杜絕任何強解的企圖，事實上，這一句說話是提示我們詮釋耶穌這個難解比喻的方向。耶穌鄭重地講出跟從他的人運用今世錢財的原則就是，攫取世上財物的人，是不可能同時得享天上的賞賜。

所以，比喻裏的管家，其「榜樣」在於他能辨識即將來到的危機，並作出相應的部署；同理，耶穌的門徒亦應為將來而預備。但門徒的預備絕對不是以金錢為主導，而是以上帝的心意為主導。作為上帝的僕人，門徒的預備自然以上帝的價值為依歸。

上帝的話是活潑有效的。它比雙刃的劍還要鋒利，連靈和魂，關節和骨髓，都能刺入。它能判斷人心中的欲望和思想（來四12）。你沒有經歷過被上帝的話嚴厲地責備過？你如何服在祂的話語上？

當耶穌說完這番話之後，法利賽人立時譏笑耶穌，他們的反應確立了上述的解讀，亦反映出耶穌說對了他們內心真實景況——貪財。法利賽人的反應也暗示了耶穌指示的價值觀與他們的想法截然不同。耶穌當著其他人面前，即時指斥他們是上帝可憎惡的人，耶穌對法利賽人這樣的指斥，與早前責備他們虛偽的宗教外表非常相似（十一39～44）。他們的偽裝或可瞞騙別人，卻不能逃過上帝的洞察。由這個角度看，直斥其非的耶穌，亦顯出上帝的洞察和睿見。

接著耶穌所說有關法律、先知和施洗者約翰的話語，可能如某些學者所言，是指向上帝工作的次序：法律和先知到施洗者約翰是一個階段，繼由耶穌開始宣講上帝國度是另一個階段，最後是聖靈降臨教會之後的宣教拓展。然而，從上下文看，16至18節同時指向律法的價值和重要性，似乎指斥法利賽人未能真切恪守律法、又貪財（14節）、又恣意休妻（18節）。

如果第一個比喻的意義及其引申的教導含糊，那隨後而來的另一個比喻「不懂得為未來預備的財主」（19～31節）就如反面教材，將路加記述耶穌教導的整體，完整地呈現出來了。路加福音十六章整章經文有一個貫徹的主題：財富與未來。更準確的說，是個人的未來繫於他如何使用財富來關顧貧窮人。

11.1.3. 不懂得為未來預備的財主（19～31節）

就故事的形式和內容而言，這個比喻與好些古代近東的故事頗為相似。但在路加的敍述來說，這個比喻將敍述中的逆轉主題緊緊扣著上文所帶出「為終末的未來預備」這主題。與此同時，這個比喻的下半部更有濃厚的辯論甚至審判的氣氛，揭示法利賽人頑梗拒絕摩西、先知，以至上帝關顧貧窮人的囑咐。

縱使故事中的人物沒有用任何言語表述自己的背景，但憑路加描述的對比，財主和拉撒路在路加敍事中的位置已是呼之欲出（19～20節）。

你如何看這個財主？若你是一個財主，你願意成為一個怎麼樣的財主？

財主	拉撒路
有一個財主：	有一個討飯的，名叫拉撒路：
• 每天穿著華麗的衣服	• 渾身生瘡
• 過著窮奢極侈的生活	• 他常常被帶到財主家的門口
	• 希望撿些財主桌子上掉下來的東西充飢
	• 連狗也來舔他的瘡

「一個財主」相對討飯的「拉撒路」(「拉撒路」這名字的意思是指「上帝幫助的」)清楚說明兩個人在敍事裏的地位。雖然前者是個財主，但他卻沒有名字；後者雖然是個乞丐，但卻被稱為「上帝幫助的」。

所有關於這個乞丐所使用的動詞都是被動語態，說明他是個需要人幫助的人，這似乎亦暗示，上帝的幫助要透過其子民表達和實踐，才能在有需要的人身上彰顯；另一方面，那財主卻是每天宴樂。他的問題並不在於衣著華麗和享受宴筵，而是在於這個財主對他家門口的拉撒路和這人的需要視而不見。

只要回想耶穌早前的宣講，不難預見這個財主即將面對的禍患：

你對耶穌這個宣講有何感受？你認為要怎樣生活才可以成為一個快樂的人？

> 貧窮的人多麼有福啊；你們是上帝國的子民！
> 現在飢餓的人多麼有福啊；你們要得到飽足！現在哭泣的人多麼有福啊；你們將要歡笑！……
> 但是，你們現在富有的人要遭殃了，因為你們已經享夠了安樂！
> 現在飽足的人要遭殃了，因為你們將要飢餓，現在歡笑的人要遭殃了，因為你們將要哀慟哭泣！(六20～25)

耶穌的講論所指向的逆轉，是在兩人死後出現：拉撒路在亞伯拉罕懷裏得安慰，而財主則在陰間受苦，甚至求沾點兒水也不能。

況且，耶穌先後用兩個比喻，以正反兩面說明在上帝面前富足的人應該如何使用財富。在十二章16至21節的比喻，那無知財主只曉得用財富供自己「**過舒服的日子**」（19節），他所預備的將會隨他的生命結束而終結；而在十六章1至9節那比喻中的管家卻能藉俗世的錢財結交朋友。那些真正辨識危機的人，會以物質接待有需要的人，至終得到上帝的報答，也就是「**錢財完了的時候，你可以被接到永久的家鄉去**」（9節）。

你認為怎樣的生活方式才可以在舒適的日子中仍警醒？你對那機警的管家的行徑有何意見？

從這個角度看，這個財主與拉撒路的比喻，可以說是善用財富與將來的預備的關係這教導的頂點；藉著「為未來預備的管家」（1～8節）和「不懂得為未來預備的財主」（19～31節）這兩個比喻，路加將逆轉的主題的正反兩面整合起來。如果先前管家可以因妥善安排而獲稱讚，這個財主之不懂得為未來預備而得的苦況，就是一個反面的教材。

管家	財主
知道將臨的危機	不知道將臨的危機
為危機而預備	日日奢華宴樂
減低債戶帳項	無視拉撒路的需要
被人接到家裏去住	死後到陰間
被誇獎為機警	在陰間受苦

比喻下半部的內容，就是財主和亞伯拉罕的對話。財主的說話，將早前模糊的角色明顯化、具體化。耶穌這樣描繪財主在陰間的景況，並不是完全沒有理由的。他與拉撒路既有深淵相隔，仍可以遠遠看見對方，只是平日近在眼前卻不能看見家門口的他？他兩次要求亞伯拉罕「**打發**」（24、27節）拉撒路，顯示他儘管在陰間，仍然看低貧窮、

弱小的人。他徹底的傲慢、無知和剛硬，由他們數句對白表露無遺。

除此以外，從財主和亞伯拉罕對話的內容可發現內中包含兩個主題：其一，亞伯拉罕和財主的距離是無法跨越的，但最根本問題仍是財主和他的親友不能接受摩西和先知的話語。從敘事的層次看，財主兩次稱亞伯拉罕為「我的祖宗」(24、27節)可見他無疑是代表猶太人，而摩西和先知的話，可能就是類似申命記十五章1至11節和以賽亞書五十八章6至7節的關顧貧窮人的命令。按路加記述施洗者約翰的宣講(三7～11)和描述法利賽人之貪愛錢財(十六14，二十47)，整段經文就衝著這些貪婪的猶太領袖而說的。但從讀者的角度看，敘述的對象既不限於部分猶太人，也包括門徒，亦可引申至提醒教會羣體同樣需要關顧貧窮人。

有人認為對「終末」的信念是直接影響當下的生活。你同意這個講法嗎？試以十六章這兩個比喻反思。

最後，耶穌藉這比喻指責猶太領袖唾棄先知的傳統(31節；參十一45～54)，也預言他自己也即將面對被釘受苦。這比喻亦可以有更深一層的意義，就是他們甚至拒絕從死裏復活的耶穌。比喻的信息説明耶穌的身分和職事與猶太的聖經和宗教傳統一脈相傳；另一方面，比喻除了突出猶太人拒絕耶穌，甚至也是猶太信仰頑梗的一面。

就敘述的脈絡而言，法利賽人的嗤笑和自義正是這個比喻所針對的，他們真的願意聽摩西和先知之言嗎(參十六16～18)？

溫習問題(11.1.) 在頁290。

11.2. 上帝之子的講論和訓喻(十七1～十八8)

在上述講論之後，耶穌轉向門徒，要叮囑他們有關羣體生活的訓喻。此外，耶穌的講論亦有終末的意味，提醒門徒對生命的應有態度。

11.2.1. 對門徒的4個訓喻（十七1～10）

路加記述耶穌對門徒講論的羣體生活原則，散見在其餘符類福音書裏不同的地方，他在此記述了4段教訓，就是論絆倒人（1～2節）、論饒恕（3～4節）、論信心（5～6節），以及論僕人的責任（7～10節）。他所要帶出的背後的意義，可從他擺放經文的位置揣摩推敲出來。這4個講論看似是獨立的，實質上，彼此是有關連的。

你認為甚麼原因使耶穌如此嚴厲地提醒門徒不要絆倒人？基督徒可以避免作絆腳石嗎？要怎樣行才可以凡事顧及別人的需要？

第一個講論與馬太福音（十八6～7）和馬可福音（九42）中「無論誰使信徒中一個微不足道的人離棄我」相比，路加的**「使任何一個微不足道的人」**（十七2），説明他所關心的對象並不僅限於信仰羣體裏，也包括羣體外的人。

不使人犯罪的另一面是如何面對得罪自己的人，耶穌接著的第二個講論，就是針對這個真實卻難處理的問題（3～4節），赦免寬恕是這個短論的中心。耶穌所提到的「七次」是象徵「完全」或「無盡之意」，不是指第八次就不必原諒的意思。此外，耶穌看似嚴厲的責難，以**「你都得原諒他」**為終結（3～4節），表示了信仰羣體當面對回轉的人，他們的反應並不是以之為禍，而是**「勸誡他；要是他悔改，饒恕他」**。耶穌的警誡無疑對受眾是非常嚴厲，但他同樣以完全寬廣的門戶，迎接回轉懊悔的肢體。

在這4段教訓（論絆倒人、論饒恕、論信心，以及論僕人的責任）之中，你覺得最難學習的是哪一個？為甚麼？

第三個講論中，使徒求耶穌加增他們的信心。上文下理並沒有交代使徒所指的信心為何，但從耶穌的回應（6～7節）看來，這裏的信心表面看似指涉行大能奇事的信心，但從路加福音裏可發現耶穌之前曾有兩次將信心與赦罪相連（五17～20，七36～50），而這段講論以犯罪和赦罪開始（十七1～4）；因此，門徒所求的信心，極可能是指寬恕別人的信心。誠然，接受赦罪的人是需要信心，但在更多情況下，要寬恕得罪自己的人同樣需要信心，因為我們心裏都會常常問：「我怎麼知道他這一次是真的悔改呢？我怎知他不再騙我？」

無論門徒所指的信心是否指神蹟大能抑或是指他們接待或原諒別人，但從7至10節這第四個講論中顯示，他們所作的並不構成任何自義的理由；畢竟，他們只是完成分內之事的僕人。如果他們能寬恕，那是因為他們已經為主所赦免。

耶穌的比喻以古代的奴隸制度為背景。奴隸的工作不同僕人或管家，後者的在工作後可獲發酬勞，而前者卻不是如此，因為服事主人原是他們的本分。無論使徒們的工作是如何（不絆倒人、接納人，以及信心），他們僅如奴隸一樣，作成分內的工作而已，而不能冀望任何賞賜或酬勞。即或有賞賜（參十二37），主權仍在主人身上，也是完完全全的恩典，而不是應得的。

11.2.2. 為甚麼只有這個外邦人？（十七11～19）

在路加的敘述裏，耶穌行神蹟之重點，往往不在於事件本身，而在於所引申的意義。就「事件」而言，這次的潔淨大痲瘋與五章12至14節的記載頗有相似之處。但對比兩個記載，它們之間有著明顯的分別，而這些分別正是這個潔淨10個大痲瘋故事的中心所在。

五12～14	十七11～19
1個痲瘋病人	10個痲瘋病人
求耶穌醫治	求耶穌醫治
耶穌觸摸並醫治	在去見祭司的途中得醫治
囑咐病人往祭司處	囑咐病人去見祭司
	其中1個回來歸榮耀予上帝、感謝耶穌
	歸回的人是撒馬利亞人
	耶穌的講論：外族人對比猶太人（9個）
	「你的信心治好你了」（七50，八48，十七19，十八42）

你會怎樣表達你對上帝的「信心」？這個撒馬利亞人對你有沒有甚麼提醒？

邊緣的弱勢社羣在路加敘述中的位置一直都是得到肯定的。痲瘋病人、撒馬利亞人曾在福音書裏出現，他們得到醫治並不是意料之外的事，但這次的記述的轉捩點卻在獲醫治人的回應。在10個痊癒的人裏，只有一個知恩感謝，其餘9個卻不知所蹤（15節），而這個惟一回來讚美上帝和感謝耶穌的人，不是猶太人而是撒馬利亞人（16節）。這個故事無疑與路加一直以來的敘述相符。邊緣人士（種族、性別、年齡、社會階層）原來比其他人更知道和接近上帝的恩惠。

在這個故事裏，信心不僅是經歷醫治，也是透過讚美展現上帝的能力。信心不僅是向內的掌握、認知和經歷，也是外向的呈獻和感恩。

11.2.3. 終末的講論（十七20～37）

在耶路撒冷的旅途上，法利賽人再一次向耶穌發出提問。這個問題引發了耶穌就上帝國度的講論。

《呂振中譯本》就著十七章20節下的翻譯值得參考：「上帝國之來臨，並不是以守候窺察而看到的。」

法利賽人問耶穌：「上帝的主權甚麼時候實現」(20節上)。表面上看，耶穌的回答：**「上帝主權的實現並不是眼睛所能看見的。」**(20節下)其意思自是明顯不過：上帝國度主權的來臨是不能體察的，只是這樣的理解卻與十一章20節和二十一章25節的意義相違背。

二十章20節「窺伺」這希臘文在《現修》譯作「只好再等機會」，而《和合本》譯作「窺探」。

「眼睛所能看見」一詞，其實是路加用作描述法利賽人「**窺伺**」這詞匯(希臘文"*paratêreô*"；參六7，十四1，二十20)。若此，耶穌對法利賽人的回答(讀者在此當注意，這說話是針對法利賽人)，本意並不是說上帝國度的來臨是否可以觀察到這論題，而是在於提醒他們不能以這樣懷疑和偏隘的態度來窺伺上帝的國。是故，耶穌接著回應的一句：「因為上帝的主權是在你們心裏」，這意思更可能譯作「因為上帝的主權在你們當中」(十七21)。就希臘文而言，這兩種譯法都是可能的，但前者將上帝的國度內在化，與路加一直的縷述頗有出入。後者指涉上帝的國藉耶穌在他們中間的工作彰顯出來，只要他們用另一種眼光看，他們就一定會體察上帝的國降臨。

「上帝國度甚麼時候來？」其實是一個錯誤的提問；事實上，上帝一直不斷在呼喚人進入祂的國度。關於祂的國度，其關鍵不是一個時間表，而是人悔改回轉的態度，並其生活品格和素質。

耶穌回應了法利賽人的提問之後，便轉向對門徒講論。如果對法利賽人而言**悔改和回轉**才是面向上帝國度的態度，那麼耶穌的跟從者亦不必糾纏在人子再回來之時，所帶來審判的具體地點和時間上(23節)。門徒對人子來臨的日子的關注，就是靠警醒和隨時的準備。路加記述耶穌以兩個例子説明人子帶來的審判，將會無情地挑戰那些重複地過無方向生活的人。以挪亞為例，羣眾平常生活：吃、喝、嫁、娶(28節)，卻因洪水突然來到，而結束了穩定的生活(參十三1～7)；再以羅得為例，平常生活：吃、喝、買、賣、耕種、蓋造，突然間火與硫磺把生活結束了。面對物質生活的誘惑，貪戀生活而忽視生命真義的，至終還是走向滅亡，羅得的妻子就是一個反面的例子(29、32節)。為此，耶穌以連串極嚴肅的講論，突出警醒的需要(24、30節)。

耶穌最後的一句：「屍首在哪裏，禿鷹也會聚在那裏」(37節)，是回應門徒的提問：「這些事會在哪裏發生呢？」(36節)本質上門徒的問題與法利賽人有關上帝國度甚麼時候來臨的問題十分相似(20節)，而耶穌的回答亦是相似的，他既沒有向法利賽人說明具體時間，亦沒有向門徒說出具體地點。正如面對上帝國度的關鍵是態度而不是時間，面對審判的關鍵同樣是態度而不是地點。因為生活物質的誘惑而失去生命並不只限於某段時間或一個地方，不管在何時何處，扭曲的價值就必然導致腐敗的生命。

11.2.4. 堅持、恆忍的禱告(十八1～8)

耶穌的講說論及終末的來臨，所涉及的內容包括要求跟從者不以短暫物質生活為目的之外，亦有講論自己將要受苦的情況，而十八章1至8節有關禱告的比喻，明顯是由以上教導引申出來的。

此比喻採用了「以小證大」的論證方式來表達，以一個不義的官「尚且」會應允一個執著的寡婦，為她伸冤，說明上帝「必然」聽其子民的呼求，為他們伸冤。此外，這比喻亦微妙地引帶門徒進入更深的省思裏。

比喻中的兩個人物，可以說是相關但又矛盾的。相關的是寡婦在遠古社會裏是個無所倚靠的人，如果她被人欺壓，只能訴諸那應該秉承裁決和執行公義責任的官。兩者間的矛盾在於比喻中的官「既不敬畏上帝，也不尊重人」(2、4節)。換言之，沒有任何原因可以驅使這個法官為寡婦主持公道。寡婦的冤屈和官的怠惰就成了兩個人物間的張力：「寡婦常常去見他……法官一直施延」(3、4節)。

在談及禱告的時候，一般的焦點都是「蒙應允」。耶穌這個教導對你有何意義？

比喻裏張力的疏解在於那法官自己的思想，而他的想法又源自那寡婦的堅持（4下～5節），因此，這個比喻的中心不在於談論禱告是否應允，而在勉勵門徒的執著、禱告和堅持。然而，比喻裏的法官亦構成了耶穌教導的另一層的意義，一個不義的官「尚且」不甘糾纏而為寡婦伸冤，「何況」那寬容選民的上帝？

《現修》的「他會延遲援助他們嗎？」（7節）這節經文並沒有譯出「上帝寬容」的意思。但《和合本》的翻譯卻有這意思：「他縱然為他們忍了多時。」

在此，耶穌的說明藉比喻的人物作了微妙的部署，耶穌的門徒和聽眾應該藉比喻的人物對自己作深入的省思。那堅忍的寡婦期待冷漠的官為她主持公道；選民也應同樣盼望可以向上帝伸冤。然而，上帝不是冷漠的官，**祂長期寬容選民**（或為選民忍受），但選民是那堅忍的寡婦嗎？從這點看，耶穌以「**可是，人子來臨的時候，他能在世上找到這樣的信心嗎？**」（8節）作為這個教導的結束，說明這不僅是禱告應允的教導，而是上帝子民生命的塑造和挑戰。

溫習問題（11.2.） 在頁291。

11.3. 誰在上帝國度裏？（十八9～十九10）

在論及上帝國度來臨的時間和地點後，還有另一個問題必然要處理的，就是進入上帝國度的人是誰？如果法利賽人是假冒為義的人，上帝眼中的義人是怎樣的？究竟誰住在上帝國度裏？

11.3.1. 上帝眼中的義人（十八9～14）

當描述耶穌講述比喻之時，路加往往都會記述其背景和因由。耶穌在這裏所說的比喻，是衝著一些自以為義、並鄙視別人的人而說的（9節）。比喻裏的法利賽人和稅棍，是路加福音裏的典型人物，他們早於路加福音第三章就已經出現。隨著路加敍事的發展，法利賽人和稅棍的人物刻畫造型，也是愈更清楚。法利賽人是社會裏備受尊敬的人，但卻不能夠體會上帝的心意；相反，稅棍是社會裏被厭棄的人，但他們卻出乎意料地成為接受上帝恩惠的人。顯而易見，這是另一個比喻，再一次說明路加福音裏逆轉的主題。

雖然這個比喻與之前出現過的比喻或故事同樣指涉逆轉的主題，但它卻顯示更深的意義：上帝的逆轉並不是基於祂變幻無常的喜惡，而是在於人的頑梗拒絕抑或自卑倚靠。此外，比喻清楚顯示，義是由上帝界定，而不是由人自我劃分的。

比喻中法利賽人的信仰生活有問題嗎？為甚麼他不及那稅棍？你認為耶穌是否要否定敬虔的宗教生活呢？

表面看來，法利賽人有他們所謂的義（11～12節），但仔細看，法利賽人的義只是將自己抬舉並貶抑別人。當法利賽人的感恩變成奚落別人，他們的信仰就已經將上帝摒諸門外。當自信變成踐踏別人，當「義」成為牆壁，宗教就已經淪為將人分級界等、甚至分成敵我的意識型態。當信仰的對象已經被邊緣化，人所膜拜的不過是強化等級的鄙視和敵意。

另一方面，連抬眼看也不敢的稅棍，惟一能說的就是哀求，看見的也就是自己的罪；所以，他惟一能作的就只是仰仗上帝的憐憫（13節）。他相信只有上帝的憐憫才可以為他的生命開出新的可能性，不是自己的敬虔、宗教義務和奉獻。「這兩個人回去的時候，在上帝眼中的義人是那個收稅的人，而不是那個法利賽人。因為上帝要把那自高的人降為卑微，卻高舉自甘卑微的人。」（14節）從耶穌這個比喻看，上帝的逆轉豈是沒有理由的嗎？

11.3.2. 嬰孩、領袖、上帝之子(十八15～34)

在這段經文裏，路加以3段不同的插曲表述上帝國度的特質，從而帶出上帝國度對人的挑戰，也引申談論參與上帝國度之人的身分。雖然這3個片段亦見於馬太福音(十九13～30)和馬可福音(十13～31)，但路加的陳述卻充分表達出其對貧富、強弱的獨特關注和色彩。

你能找出耶穌時代的稅棍和嬰孩相似的地方嗎？你有沒有他們的特質？

根據路加的描述，人帶到耶穌面前是「嬰兒」，而不是馬太福音和馬可福音裏所說的「小孩子」。如果馬太和馬可藉小孩在遠古的社會裏沒有地位，以表達接受上帝國者謙卑的話，那麼路加的嬰孩，就更是突出其微弱和無助了。以嬰孩為例子，是要説明進入天國者根本一無所誇、絕無可恃的，就像那稅棍一般無助，只能仰仗上帝的憐憫。這相對於那以禱告詡詡自誇的法利賽人，其差異就明顯不再了。

路加既刻畫承受上帝國的人的條件，亦突出上帝國度的特質。因為「凡不像小孩子一樣接受上帝主權的人，絕不能成為他的子民」(十八17)的一句原文亦可翻譯作「凡不接受上帝國像小孩子般的，一定不能進去」。後者譯句指出了讓人驚訝的一點，上帝的度國竟像小孩子般脆弱、卑微和低下，但細心的讀者不難體會這點。從路加福音敍述耶穌降生開始，直至他的職事和宣講，無時不在演繹「上帝看重卑微」這個主題，上帝的國度的的確確是接納和擁抱那些卑微和低下的族羣。從某個角度看，上帝的國果然是由這些邊緣和脆弱的人所組成，而至整個國度的中心點，莫如耶穌自己即將面對被邊緣化、壓迫、受苦，以致被釘受難。

耶穌會繼續向門徒縷述上帝國度這個逆轉特質，即使這樣，門徒至終也不能明白他的意思：「門徒對這些事一樣也不明白，對耶穌所說的話茫然無知，因為那些話的意思是隱藏著的。」(34節)至於那些有權位和自以為義之輩，耶穌的啟示所帶來的要求，只會引發他們的睥睨和輕視。對另外一些而言，耶穌的挑戰的確會讓他們感到憂愁難過。

嬰兒與上帝國度的講說，使隨之而來的一個猶太人的領袖與耶穌對話的插曲的重點昭然若揭。細觀對照符類福音有關的記載(參十25～37；太十九16～29；可十17～30)，路加的記述似是另有所指。再者，單從路加本身的敍述看，路加對「領袖／官」、「法利賽人」和「富有人」素有嚴苛的描述(六24~25，十一37～52，十二16～21，十六14，十八9～14，二十45～47)。加上這個富有的領袖問道的記述與前法律教師試探耶穌的記載(十25～37)頗為相似。這些考慮似乎說明了這裏是有關永生的探討，是「窺問」、不是「求問」。

太十九16～29	可十17～30	路十25～37	路十八18～30
16 有人……	17 有一個人……	25 有一個法律教師……	18 有一個猶太人的領袖……
說：「老師，我該做些甚麼善事才能夠得到永恆的生命呢？」	問他：「良善的老師，我該做甚麼才能夠得到永恆的生命呢？」	說：「老師，我該做甚麼才能得到永恆的生命？」	說：「良善的老師，我該做甚麼才能夠得到永恆的生命呢？」
17 耶穌回答：「你為甚麼問我關於『善』的事呢？只有一位是善的。如果你要得到永恆的生命，就應該遵守誡命。」	18 耶穌問他：「你為甚麼稱我為良善的呢？除上帝一位以外，再也沒有良善的。	耶穌說：「法律書上說的是甚麼？你是怎樣解釋的呢？」	19 耶穌問他：「你為甚麼稱我為良善的呢？除上帝一位以外，再也沒有良善的。
18 他就問：「哪些誡命呢？」		27 那人回答：「你要全心、全情、全力、全意愛主—你的上帝，又要愛鄰人，像愛自己一樣。	

耶穌說：「不可殺人；不可姦淫；不可偷竊；不可作假證；[19]要孝敬父母；要愛鄰人，像愛自己一樣。」	[19]你一定曉得這些誡命：『不可殺人；不可姦淫；不可偷竊；不可作假證；不可欺詐；要孝敬父母。』」		[20]你一定曉得誡命所規定的：『不可姦淫；不可殺人；不可偷竊；不可作假證；要孝敬父母。』」
[20]那青年回答：「這一切誡命我都遵守了，還要做些甚麼呢？」	[20]那個人回答：「老師，這一切誡命我從小就都遵守了。」		[21]那個人回答：「這一切誡命我從小都遵守了。」
	[21]耶穌定睛看他，心裏很喜愛他，		
[21]耶穌說：「如果你要達到更完全的地步，去賣掉你所有的產業，把錢捐給窮人，你就會有財富積存在天上；然後來跟從我。」	就說：「你還缺少一件。去賣掉你所有的產業，把錢捐給窮人，你就會有財富積存在天上；然後來跟從我。」	[28]耶穌對他說：「你答得對，照這樣做，就可以得到永恆的生命。」	[22]耶穌……說：「你還缺少一件。去賣掉你所有的產業，把錢捐給窮人，你就會有財富積存在天上；然後來跟從我。」
[22]那青年一聽見這話，垂頭喪氣地走開了，因為他非常富有。[23]於是，耶穌告訴他的門徒說：「我實在告訴你們，有錢人要成為天國的子民多難哪！……」	[22]那個人一聽見這話，臉色變了，垂頭喪氣地走了，因為他很富有。[23]耶穌環視左右的門徒，對他們說：「有錢人成為上帝國的子民是多麼難哪！」	[29]那個法律教師為要表示自己有理，就問耶穌：「誰是我的鄰人呢？」[30]耶穌說：「……[37]……那麼，你去，照樣做吧！」	[23]那個人一聽見這話，就垂頭喪氣，因為他很富有。[24]耶穌看著他，就說：「有錢人要成為上帝國的子民多麼難啊！……」 *耶穌繼續說話時他仍在場。

你認為這位猶太領袖有沒有可取的地方？他與你有沒有相似的地方？

對比馬太和馬可的記載，就記述的目的和意義而言，路加的筆觸明顯不止於這個問道的領袖。首先，路加的筆下所針對的不僅是一個人，而是一個「領袖」(十八18)。毋庸諱言，領袖、法利賽人、法律教師等類身分的人，在路加的敘述裏多少已經有一定的色彩，再加上最後的描述：**「他很富有」**(23節)，對於這個人的評價就更是呼之欲出了。

經過一番對話之後，路加沒有馬可那句讓人感動的描述「耶穌定睛看他，心裏很愛他」(可十21)。路加所記載的這個人雖然努力(從小都遵守律法)，但都不能使耶穌產生憐憫之情，因為他不是向耶穌問道，而是「窺探」耶穌。馬太和馬可記述這個人最後「垂頭喪氣地走了」，這似乎將整個對話塑造成個人面對耶穌的挑戰的抉擇，耶穌繼而向其他的人講論進入上帝國度的難處(參太十九22；可十22)。但是，路加所描述的領袖與耶穌對話之後並沒有走掉，他只是垂頭喪氣，但仍留在現場。耶穌**「看著他，就說……」**。耶穌對他講論進入上帝國度的難處，委實是個挑戰，也是個邀請。

若再將路加福音十八章18至30節和十章25至38節作比較，路加表述耶穌挑戰權貴人士的這一層意義，似乎是呼之欲出了。此外，這個領袖仍然在場，一如那在十章試探耶穌的法律教師一樣，雖然他們都是帶著不正確的動機來問道，他們並不一定與救恩隔絕，這在乎他們能否**「那麼，你去，照樣做吧」**(十37)！

你覺得你自己因擁有甚麼「條件」而引以為榮的呢？它會成為你跟從耶穌的障礙嗎？

然而，難以進入上帝國度的，還不僅是富有的人，因為路加在接著的篇幅裏有記載一個財主進入上帝國度的一個例子(十九1～10)。路加所針對的問題不一定在於富或貧，而是在於以「擁有」為安全感的人。這既可以是財富，也可以是宗教名聲、地位、律法的知識和恪守律法，甚至事奉的經驗。以自己的擁有為條件的，確實難以進入上帝國度，難以接受上帝的主權。上帝國度不是要求所有人要像嬰兒一樣嗎？嬰兒擁有甚麼條件呢？他連丁點兒的能力和倚仗都沒有。但要求那些擁有條件的人作這樣的降服是容易的事嗎？難怪耶穌以一句極為誇張的話表述這個矛盾：**「有錢人要成為上帝國的子民比駱駝穿過針眼還要難！」**(十八25)

按常理説，耶穌這樣的回應已説明財主進入上帝國度倒實在是一樁不可能的事，所以，有人接著便問：**「這樣説來，誰能得救呢？」**(26節)然而，得救這問題並不在於誰能夠、而是誰願意的事。基於嬰兒的比喻，我們應該體會一個事實，就是正當人體認自己不能的時候，才有得救的可能性。而惟一的可能，就只源自上帝：**「人所不能的，上帝都能。」**(27節)從這個角度看，路加筆下這位領袖的未來，可能要比馬太和馬可的記述更開放和更有可能性。

接著彼得的反應和耶穌的回答，呼應了耶穌早前所引用財富的例子：無知的財主(十二16～21)、為未來預備的管家(十六1～8)、不懂得為未來預備的財主(十六19～31)，以及他的講論(十二21、33～34，十四33)。

對後來的信徒而言，耶穌在八章19至21節的說話，就是「定要在今世得到更多」的最好詮釋。

耶穌的回答說明了他期望他的門徒要撇下一切的跟從他(參十四25～33)；此外，他還回應了一個疑問，就是撇下一切跟從他的人**「定要在今世得到更多，並且在來世享受永恆的生命」**。若參考馬太福音，便清楚耶穌這回應的底蘊(參太十九27「將來要著甚麼呢？」)。耶穌這樣的回答一方面要讓那些自以為「擁有許多」的人(猶太人領袖)明白何謂真正的擁有，也要讓那些自以為「撇下許多」的人(彼得)不要以為自己犧牲了許多。

從耶穌與門徒私下的對話，你認為耶穌與門徒的關係有多深？你願意與耶穌建立這種關係嗎？

耶穌講完論財富的一番話後，就帶走十二使徒，與他們有一段私人的對話，就是預言他的受難。這次的預言與之前的有些微分別，因為耶穌披露了外邦人亦參與羞辱和殺害他的行列中(參九21～22、43～45，十二50，十三33～35，十七25)。然而門徒對耶穌所說的話茫然無知，他們的不解似乎基於：不明白舊約聖經所講(二十四25～26)，對彌賽亞的了解表面化(十九11)，不願意與耶穌共赴患難(二十二31～34)，不願意像耶穌一般自我謙卑(九46，二十二24～30)。耶穌的講論其實是十分清楚明確的，但對門徒而言，它之所以「隱藏」，是因為他們並不以此為然。

接著是記載耶穌治好失明的乞丐。一如路加記述耶穌其他的神蹟，失明的乞丐得醫治的記載並不在乎所行的奇事異能，而是另有所指。這神蹟背後所帶出的意義，其一是路加藉這個記述指出耶穌作為大衛後裔這身分(一27、32、69，二4、11，三31)。就路加福音而言，大衛式彌賽亞的身分的啟迪，這還是頭一次。其二，從這乞丐的表現顯出這個記述與作門徒的意義亦有關連。

你有沒有嬰兒或那乞丐的特質？你願意放下自己，尋回那全然倚靠上帝的心嗎？

從敘事的發展來看，路加記述盲人得看見，與先前嬰兒被帶到耶穌前的記載不無相似之處：

十八15～17	十八35～43
嬰兒被帶到耶穌面前	耶穌吩咐人把這乞丐到他跟前
被門徒禁止	被人羣責備
嬰兒：脆弱、無能無力、邊緣	失明的乞丐：無助、無能無力、邊緣
耶穌的回應：進上帝國度的正是這樣的人	耶穌的回應：你的信心治好你(五20，七50，八48、50，十七19)
	這乞丐跟從耶穌、讚美上帝

進入耶穌所宣講和曉喻的上帝國度的人，正是好像這些嬰兒和失明的乞丐般無助的人，他們必須全然倚靠上帝的恩惠。此外，正如回來謝恩的那一個痲瘋病者一樣(參十七11～19)，這乞丐也跟從耶穌去了。他的跟從不但以行動表示他的決心，而且是甘心樂意的，因為他邊走邊讚美上帝，所以他的表現是作為門徒職事和身分的一個模樣。這個記述再一次叫人想起耶穌在拿撒勒會堂的宣講，微小、卑賤的人不被上帝棄絕，反倒比富裕和有權有能之人更有信心、更願接受上帝的主權(四16～19)。

11.3.3. 稅務長撒該(十九1～10)

你認為撒該有何值得欣賞和效法的地方？

路加對撒該的描寫是耐人尋味的：撒該既是「財主」、又是「稅務長」。路加的讀者應該體會路加筆下財主或富有人的潛台詞。不久前他所提及一個富有的領袖(十八18～23)，不也是垂頭喪氣嗎？更不要說所引用比喻中的兩位財主了(十二16～21，十六19～31)。另一方面，讀者也不會對耶穌接納稅棍感到陌生(五29～32，十五1～2)。從以上所提出的兩個特質，造成了一定的張力，使撒該的將來和發展，帶來一定的懸疑。

十八18～25	十九1～10
這人的地位：一個富有的猶太人領袖	這人的身分：一個名叫撒該的稅務長、富有的人
這人發問：我該做甚麼才能夠得到永恆的生命？	這人尋找：他要看看(「看看」希臘文 *"zêteô"* 的意思是「尋找」)耶穌是怎樣的一個人
他的特徵：他從小遵守誡命	他的特徵：他身材「矮小」，是個罪人
耶穌的要求：賣掉你的產業，把錢捐給窮人……然後來跟從耶穌	耶穌的應許：今天我必須住在你家裏
領袖的反應：垂頭喪氣	撒該的反應：歡歡喜喜的接待耶穌
領袖沒有任何行動的改變	撒該的改變：我把我財產的一半分給窮人；凡欺詐過的，就還他四倍
耶穌的教導：有錢人要成為上帝國的子民比駱駝穿過針的眼還要難！	耶穌的教導：今天救恩來到這一家了，因為這個人同樣是亞伯拉罕的子孫
耶穌的總結：凡為上帝國而撇下自己的……定要在今世得到更多，並且在來世享受永恆的生命	耶穌的總結：人子來是要<u>尋找</u>和拯救迷失的人

他替羅馬人向猶太同胞收稅，難免被視為是羅馬人的「走狗」。

撒該是一個稅棍，必然被視為壓詐別人的罪人，猶太人甚至視他為「**走狗**」，而他的猶太人身分（十九7、9），除了在社會階層中產生衝突，亦在此之上加多一份宗教文化的壓力。不受人歡迎、羣眾的簇擁、使得他短小的身量，強化了這種無奈，他必得要爬到樹上才能見耶穌。耶穌的反應引起眾人看見並私下議論，說：「這個人居然到罪人家裏作客！」（7節）可見整個羣體皆與他為敵。他們的表現不也是一種禁止人到耶穌面前來的一種行為嗎？所以，嬰兒、失明的乞丐，以及撒該的共通之處不正是被邊緣化、被棄絕的嗎？

撒該的回應：「主啊，我要把我財產的一半分給窮人；如果我欺詐過誰，我就還他四倍。」幾乎是回應了耶穌在以前不同處境的宣講（六30～31、38，十一41，十二33，十六9，十八22、29）。耶穌的宣告：「今天救恩到了這一家了，因為這個人同樣是亞伯拉罕的子孫。人子來是要尋找和拯救迷失的人。」（十九8～9）讓人勾起了耶穌不久前所講財主與拉撒路的比喻（十六19～31），他們同樣是亞伯拉罕的子孫，但那個置貧窮人於不顧的財主至終會跌入陰間，而這位願意將財富與貧窮人分享的撒該卻能非常高興地與耶穌一起坐席。

一如耶穌向眾人宣稱有罪的女人得赦免般（七36～50），耶穌在耶利哥的宣言同樣是公開向羣眾宣告撒該被上帝接納。而撒該身處的羣體亦必須相應地重新接納這個亞伯拉罕的子孫。

起初撒該很想看看（即尋找）耶穌，至終耶穌說他要尋找和拯救迷失的人。撒該之被尋找，就如第十五章裏那被尋獲的迷羊、錢幣和小兒子。

溫習問題（11.3.） 在頁292。

11.4. 進入耶路撒冷（十九11～44）

從耶利哥轉而向南下，耶穌和一眾已經愈更接近耶路撒冷了，敍事的氣氛和主題，也是愈更緊湊。上帝之子身分的彰顯愈清晰，上帝的救贖和呼喚也更迫切。只是拒絕和迫害的力量也愈強大，將臨的審判也更嚴峻。

11.4.1. 封王的比喻（11～27節）

耶穌在進入耶路撒冷前講的這個比喻，與馬太福音二十五章14至30節極相似。這是另一個例子，説明路加怎樣透過耶穌的講論的編排，突出其敍事的主題和方向：

太二十五14～30	路十九11～27
比喻的處境：入耶路撒冷後的終末講論（二十四～二十五章）	比喻的處境：進入耶路冷前，門徒以為上帝國度馬上要顯現
14 有一個人要出外旅行，他叫僕人來，把產業交給他們。15 他按照他們各人的才幹，一個給了五千塊金幣，一個給了兩千，一個給了一千，然後動身走了。	12……有一個貴族到遠方去，要被冊封為王，然後回來。13 動身以前，他把十個僕人召來，每人給了一個金幣……
	「我不在的時候，你們拿這錢去做生意，看看能賺多少。」14 他本國的人一向恨他，打發代表隨後去說：「我們不要這個人作我們的王。」
19 過了許久，那幾個僕人的主人回來，跟他們結帳。	15 那貴族被冊封為王回來以後，立刻命令那些領過金幣的僕人到他面前來，要知道他們每人做生意賺了多少。
21……「很好，你這又好又可靠的僕人！你在小數目上可靠，我要委託你經管大數目。進來分享你主人的喜樂吧！」	17……「很好，你是個好僕人；你既然在小事上有可靠，我要委派你管理十座城……」

24……「主人，我知道你是個嚴厲的人；沒有栽種的地方，你要收割，沒有撒種的地方，你也要收聚。」	21「我一向怕你，因為你是個嚴厲的人。沒有存放的，你還要提取；沒有栽種的，你還要收割。」
28……『把他的金幣拿過來，給那個有一萬塊金幣的。29因為，那已經有的，要給他更多，讓他豐富有餘；而那沒有的，連他所有的一點點也要奪走。	24……「把他的金幣拿過來，給那個有十個金幣的僕人……26……我告訴你們，那已經有的，要給他更多；那沒有的，連他所有的也要奪來。
30至於這個無用的僕人，把他趕到外面的黑暗裏去；在那裏，他要哀哭，咬牙切齒。」	27至於不要我作他們的王的那些敵人，把他們帶來，在我面前殺掉吧！」

兩個比喻相比之下，重點迥異立見。顯而易見，從比喻的處境以至本身的內容，馬太福音的版本有極濃厚的終末意義。馬太福音的比喻是放在二十四和二十五兩章的終末講論裏，是耶穌在耶路撒冷最後的公開講論，內容以預言耶路撒冷為始，以審判作結。終末論裏的主題如警醒等候、再來、審判、獎賞、懲罰等，見於講論每一角落。就馬太的比喻的內容而言，警醒等候、再來、獎賞和懲治等亦是內容的主線。

路加的比喻卻是耶穌在進入耶路撒冷之前說的。事實上，路加為比喻提供了清晰的背景，就是「大家正在聽這話，耶穌又告訴他們一個比喻。這時候，耶穌已經快到耶路撒冷，**他們以為上帝的主權就要實現**……」（十九11）。事實上，在這個比喻之後，耶穌馬上進入耶路撒冷，羣眾一直對耶穌有一個錯誤的期望，以為他是來作王，代替羅馬政府來管治他們，他們的期望清楚見於他們的呼喊：「願上帝賜福給奉主名來的君王！天上有和平，榮耀歸於至高上帝！」（38節）換言之，這個比喻有呈現和澄清耶穌作為君王這身分的意義。無論是對耶穌周遭的羣眾，抑或對福音書的讀者而言，耶穌君王身分的真正意義是極為重要。

即使在耶穌復活之後，他的使徒仍抱著這錯誤的期望。「使徒們跟耶穌聚集的時候，問耶穌：『主啊，你是不是要在這時候恢復以色列國的主權？』」（參徒一6～11）

路加比喻內的**「一個貴族」**與馬太版本的「一個人」是有頗清晰的對比。當考慮到以上的觀點，路加比喻的內容顯示其重點並不在於警醒等候、再來和獎罰等主題。即使比喻包括以上的意念，也僅是次要和非核心的重點。路加比喻的中心信息，是說明耶穌的身分和他即將在耶路撒冷面對反對的勢力。

路加比喻是以貴族被封為王為中心，那些僕人的角色在此並不是重點；所以，這比喻並沒有一致地處理僕人的問題：有10個僕人受託，卻只有提及3個（15～24節）。從貴族離去至被冊封為王回來之間，比喻裏並沒有提到任何時間上的「張力」，若比較馬太福音，它所提到「過了許久」（二十五19），那警醒等候的意思亦不算濃厚。甚至這貴族在被封為王及查證僕人的工作後，貴族便派忠心的僕人管理他的城邑，卻沒有懲罰那不忠心的僕人，只有將他們所有的奪去而已。可見，這比喻所突顯的張力是存在於貴族和反對他為王的那些**「本國人」**之間（十九14）；這也正是貴族被封為王後所作的行動的高潮。

當眾人以為上帝國度要藉耶穌進耶路撒冷而來臨，耶穌會怎樣處置反對他的人？**「至於不要我作他們的王的那些敵人，把他們帶來，在我面前殺掉吧！」**（27節）這是古代有權位的人得勢後剷除異己常有的行為。在巴勒斯坦的猶太人，對這樣的事蹟絕對不會感到陌生，因為管治他們達大半個世紀左右的希律家族，充滿了比喻裏那「被冊封」、「投訴」、「報復」的片段。

耶穌是怎樣一位君王？是與**希律家族**一樣的強權者？抑或與他們剛剛相反的君王？他即將進入耶路撒冷，在旅途中耶穌一路所預言他「將要被棄絕、受苦」等。但若他所傳揚國度權勢實現，他會是怎樣的一位君王？耶穌要用這比喻說明自己即將得國，還是藉希律家族的歷史對比自己所傳揚和

猶太人約瑟夫在他的作品《猶太古史》和《猶太戰記》中，有不少希律家族的記載。

推動的，並不是這樣的國度和權勢。

11.4.2. 進入耶路撒冷(28～44節)

耶穌進入耶路撒冷所引起的反應，是所有福音書都有記載的歷史事件，卻只有路加的記述才見證了耶穌和耶路撒冷的矛盾和張力。並且眾門徒的歡呼與耶穌降生時天使的讚頌十分相似(38節；參二14)。然而，耶路撒冷權貴的代表法利賽人，卻沒有以應有的態度呼叫奉主名來的君王和上帝之子。他們的冷淡和蔑視，使耶穌所講的比喻中那些不願意貴族被封為王的人呼之欲出。

在進城的途中，耶穌經過橄欖山附近的**伯法其**和**伯大尼**(這兩個城的位置可參附錄的地圖)，也表示他與耶路撒冷只是一個小谷之隔了。馬太福音、馬可福音和路加福音都提到「橄欖山」，固然是因為這山位於耶路撒冷東面的山坡上，是耶穌入城前最後一站。另一可能就是橄欖山讓人想起舊約撒迦利亞先知描寫主在這山顯現(亞十四4～5)。

「伯法其」這名稱的意思是指「未熟無花果的地方」；「伯大尼」這名稱的意思是指「窮人之家／棗子之家」。

耶穌打發門徒到村子取一隻從未有人騎過的小驢(30～31節)，路加記載其中的細節(31～34節)，可能是顯示耶穌已早有安排，但更可能是顯示**耶穌預知及知道人心中思念的能力**，他也應驗舊約的預言。這在耶穌進城時就清楚了。耶穌騎驢進入耶路撒冷(35節)，既呼應舊約先知撒迦利亞的講論(亞九9～10)，也表示小驢子上這位君王，並不是那些騎在戰馬背上，標示著權勢和能力的王者。而眾門徒就這位「和平君王」來到的歡呼，竟與耶穌誕生時天使的唱頌接近。

在耶穌的職事裏常可見他預知的能力(五4、5、20、22，六8，七39～40，八46，九46～47，十一17，十四3，十四25)。最重要的就是他知道自己將要受難。

雖然像其他福音書般寫著耶穌是騎著驢，但路加的記載與其他福音書是有分別。其他福音書記載耶穌是騎著驢進入城，並且受到羣眾熱烈歡迎（太二十一1～9；可十一1～10），但路加只描述他「靠近耶路撒冷」，並只有「眾門徒」而不是羣眾在歡呼，可見耶穌此刻只受門徒的擁戴，而不是受羣眾的擁戴。路加如此表達一方面顯示門徒以為耶穌真的進入耶路撒冷作王，再次突顯門徒對耶穌的誤解；另方面亦顯示路加指出耶穌入城的目的，他不是要被擁戴，而是要踏上受苦之路。

「你遭殃了！你以搶劫使自己的家致富。你在高處築巢想逃避災難。但你的詭計使你的家蒙羞。你毀滅了許多國家，自己招來毀滅。連牆上的石頭也呼喊攻擊你，棟樑也一同響應。」（哈二9～11）

此外，路加亦記載了一段其他福音書沒有出現的情節，就是法利賽人的投訴：**「人羣中有幾個法利賽人對耶穌說：『老師，命令你的門徒安靜吧！』」**（39節），這反映了這樣一個場合不但不能使法利賽人信服，反而挑起了後此間的對立。耶穌的回應與哈巴谷先知的責備迦勒底人的預言竟有相似之處（**哈二11**），也與施洗者約翰所宣講有共通的地方：**「我告訴你們，上帝能夠拿這些石頭為亞伯拉罕造出子孫來！」**（三8）耶穌和法利賽人的對話突出了自公開職事以來一直已有的張力，亦是路加記載這事件的目的，表示了這些宗教領袖一直以來不但沒有友善的對待耶穌，反而每事挑剔。

當耶穌進入耶路撒冷之後，他與祭司長、經學教師、長老和撒都該人之間的張力不但沒有下降，反而更趨白熱化。這一切都清楚説明耶路撒冷的領袖並不歡迎這位君王，同時亦印證了路加福音在開始時對耶穌職事所預言，已完全應驗在耶穌身上（一68～79，二34～35）。

敍述到此處，耶穌仍未正式進入耶路撒冷，只是十分接近這城，耶穌眼見這城在他面前，便為它哀哭。耶穌在他向耶路撒冷旅途邁進時，曾為這城發出慨歎（十三34～35），這也是舊約的先知傳統（尼一3～4；詩一三七1；耶九1～2，十三17；哀一1～2）。耶路撒冷不接納上帝藉祂兒子對他們的眷顧，耶穌是和平之君，從他的宣講和職事中可以彰顯回轉和悔改的信息和契機(參十三1～5)，但耶路撒冷卻對此盲目。耶穌所指的當然不是一座城，而是指城裏的人，就是那些硬心的猶太宗教領袖和人民。最諷刺的是這位君王至終死在他的子民手上，並且要接受最殘酷的刑罰。不過，耶路撒冷的盲目和對上帝的拒絕，也會成為他們即將來要面對災難的原因。耶穌在進城前就羅馬人圍攻耶路撒冷的景況，將會在耶路撒冷裏進一步講說。

溫習問題(11.4.) 在頁293。

釋經短註

① 路加福音十六章這個比喻的意義一直都是學者所感到困惑的。單從《和合本》的分題「不義的管家」和《現修》的分題「機警管家」，讀者馬上可以意識兩個截然不同的解釋方向。「不義的管家」似乎是經文表面最自然的讀法，但卻成另一個難題：為何主人會讚賞這個「不義」的管家？其中最大的困難是為何耶穌會以他作為一個教導的「榜樣」？甚至耶穌鼓勵門徒要以「不義的錢財(《現修》譯「今世的錢財」)交朋友，到了錢財無用的時候，他們可以接你們到永存的帳幕裏去」？」(《和合本》)要是按這樣的講法，耶穌豈非教導人作「不義」的事？不錯，「機警的管家」無疑是解決了以上的問題，但卻似乎與經文的表面描述不太相符。因為「不義」的確是這詞匯希臘文的意思(希臘文 “*adikia*” 是指「不義、不公正、行惡、犯罪」)，而在路加的作品裏，這個詞彙從來沒有「聰明」、「機警」的意思，《現修》譯作「作惡、不義、罪、不誠實」，惟獨在十六章9節譯作「今世」(參十三27，十六8、9、10、11，十八6；徒一18，八23)。迄今還沒有任何一個講法可以完全說服所有學者。事實上，無論比喻中的管家是減了自己的佣金，抑或減了主人不應收取的利息，又或是以不誠實的手段，每一個講法都有需要解決的某些問題，同時亦反映出其立足點不足之處。也許讀者應該承認無法完全掌握這個比喻的意思。然而，這個比喻在路加福音裏的意義卻是清楚不過的。無論是上述哪一個解釋，它同樣指向一個主題：「要為將來預備」。至於如何為將來預備，必須由經文所涉及的上下文和耶穌的職事和教導整體決定，而不是單由一個詞彙來斷定。顯然，智慧地使用物資幫助別人絕對沒有違背耶穌的生命和教導，但運用不當手段獲取和積聚財富絕對不是門徒所為。

溫習問題(11.1.)

1. 十六章1至8節那「為未來預備的管家」這比喻如何説明作耶穌的門徒要警醒預備將來？
2. 十六章9節所謂「結交朋友」是指甚麼意思？這些朋友如何使請客的人被接到「永久的家鄉」裏？
3. 試比較十六章1至8節及19至31節，兩個比喻中為未來預備的的管家和不懂得為未來預備的財主之間的分別。耶穌較稱讚哪一個？何解？
4. 在十六章19至31節「不懂得為未來預備的財主」這比喻中，財主與亞伯拉罕的對話帶出了甚麼主題？
5. 從這一章的兩個比喻裏，耶穌教導門徒對錢財應該有甚麼看法？

溫習問題(11.2.)

1. 耶穌在十七章1至10節裏講了多少訓喻?這些訓喻與門徒的羣體生活原則有何關連?
2. 十七章11至19節所記載耶穌的醫治與五章12至14節所記載的醫治有何異同?從11至19節所記載那醫治的事件中,從得醫治的撒馬利亞人身上如何展現信心與讚美的關係?
3. 十七章20至21節裏,耶穌如何回應法利賽人的提問?
4. 在十七章22至36節裏,耶穌如何借挪亞和羅得的日子來解釋終末的講論?
5. 從十八章1至8節的比喻中,如何看見路加用了「以小證大」這論證方式來解釋一個真理?

溫習問題(11.3.)

1. 法利賽人與稅棍的禱告有何分別？這個比喻如何表達那「轉逆」的主題？
2. 從十八章15至17節，耶穌如何藉著祝福嬰兒來教導門徒關於接受上帝主權的信息？
3. 十八章18至29節，路加所記載猶太人領袖的問道與其他福音書所記載的有何明顯的分別？耶穌所說「定要在今世得到更多，並且在來世享受永恆的生命」這總結的話，如何同時提醒那個猶太人領袖和他的門徒彼得？
4. 試比較十八章35至43節所載失明的乞丐與15至17節載耶穌祝福嬰兒這兩段經文的異同。
5. 十九章1至10節所記載稅務長撒該，以及十八章18至25節猶太人領袖來見耶穌的動機有何不同？耶穌對他們的回應如何？他們有怎樣的結局？

溫習問題（11.4.）

1. 十九章11至27節耶穌講比喻時的所在地與馬太福音所記載的有何不同？這不同之處如何反映他們記載的目的？
2. 在十九章28至40節路加記述耶穌進入耶路撒冷這路途上，有哪兩個情節是其他福音書沒有出現的？
3. 耶穌為耶路撒冷哀哭（41～44節）這事件如何帶有舊約先知的傳統？
4. 整體而言，從這一章（十六1～十九44）耶穌的講論和職事裏，能否找出哪些人能進入上帝國度？為甚麼？
5. 試從十六章1至十九章44節舉例説明門徒應有的品格氣質。

第三部分

從耶路撒冷至萬邦

（十九45至二十四53）

第四篇

旅途目的地：耶路撒冷

（十九45至二十四53）

路加福音從耶路撒冷開始，已翹望以耶路撒冷為終結，並以此作另一個開始。自從在加利利的職事，耶穌已經決意朝耶路撒冷去完成他的使命，推動上帝救贖的工作。接著第十九章末之後的內容，耶穌已經來到耶路撒冷。先前在敍述裏醞釀的衝突和危機，都在耶路撒冷達至高峯。

耶穌在耶路撒冷的講論和職事將會十分清楚地彰顯他的身分和使命，同時亦披露與他息息相關的耶路撒冷所要面對的危難和轉機。

第十二章

在耶路撒冷教訓人

（十九45至二十一38）

- 進入聖殿：潔淨、教導
- 連串的爭論
- 上帝之子其他的教導

經文

潔淨聖殿

19 45耶穌一進聖殿，就趕出做買賣的人，46對他們說：「聖經上
記著上帝的話說：『我的聖殿要作禱告的殿』，你們卻把它變
成賊窩了！」

47耶穌每天在聖殿裏教導人。祭司長、經學教師，和民間的領袖
要殺害他，48只是不知道怎樣下手；因為人民都喜歡聽他，注意他
所說的每一句話。

耶穌的權柄

20 1有一天，耶穌在聖殿裏教導人，宣講福音。有祭司長、經學
教師，和長老來見他，2問他：「你憑著甚麼權柄做這些事情？
是誰給你這權呢？請告訴我們！」

3耶穌回答他們：「讓我先問你們一句話，告訴我，4約翰施洗的
權是從上帝還是從人那裏來的呢？」

5他們開始爭辯起來，說：「我們該怎樣回答呢？如果我們說『從
上帝那裏來的』，他會說：『那麼，你們為甚麼不相信約翰呢？』6如
果我們說『從人那裏來的』，羣眾會拿石頭打我們，因為他們都相信
約翰是個先知。」7於是他們回答：「我們不知道是從甚麼地方來的。」

8耶穌就對他們說：「那麼，我也不告訴你們，我憑著甚麼權柄
做這些事。」

壞佃戶的比喻

9接著，耶穌向他們講這個比喻：「有一個人開墾了一個葡萄園，
把它租給佃户，自己遠行，在外住了一段時間。10收葡萄的季節
到了，他打發一個奴僕去向佃户收他應得的份額。可是他們把那
奴僕毆打一頓，叫他空手回去。11園主再派另一個奴僕去；他們
照樣毆打他，侮辱他，又叫他空手回去。12第三次園主又派一個

奴僕去；佃戶又打傷他，把他趕出園外。13葡萄園主說：『我該怎
麼辦呢？我要差派我所疼愛的兒子去，也許他們會尊敬他。』14可
是佃戶一看見園主的兒子，彼此說：『這個人是園主的繼承人；
我們殺掉他，他的產業就歸我們了！』15因此，他們把他推到葡萄
園外去，殺了。

「這樣，葡萄園的主人要怎樣對付那些佃戶呢？16他一定要來殺
滅他們，把葡萄園轉租給別人。」

羣眾聽了這話，都說：「絕不可以有這樣的事！」

17耶穌注目看他們，問說：「聖經上說：

泥水匠所丟棄的這塊石頭
已成為最重要的基石。

這話是甚麼意思呢？18誰跌在那塊石頭上，誰就粉身碎骨；那塊
石頭掉在誰的身上，也要把誰砸爛。」

納稅給凱撒的問題

19經學教師和祭司長知道耶穌的比喻是指著他們說的，就想當
場逮捕耶穌；但是又怕羣眾，20只好再等機會。他們收買了一些
人，假裝善意，向耶穌提出問題，想抓住他的話柄，好把他送
交給總督懲辦。21這些探子對耶穌說：「老師，我們知道你所講
所教的都合情合理，也曉得你不看情面，總是忠實地把上帝的
道教導人。22請告訴我們，向羅馬皇帝凱撒納稅是不是違背我們
的法律呢？」

23耶穌看穿了他們的詭計，對他們說：24「拿一個銀幣給我看！這
上面的像和名號是誰的？」

他們回答：「是凱撒的。」

25耶穌對他們說：「那麼，把凱撒的東西給凱撒，把上帝的東西
給上帝。」

26他們無法當著民眾從耶穌所說的話抓到甚麼把柄；耶穌的對答
使他們十分驚訝，就都閉口無言。

復活的問題

27有些否認有復活這回事的撒都該人來見耶穌，28問他：「老師，
摩西為我們立法：『如果一個人死了，留下妻子，但是沒有孩子，
他的弟弟必須娶寡嫂為妻，替哥哥傳宗接代。』29從前有兄弟七人：
老大結了婚，沒有孩子就死了。30老二就娶了寡嫂，31以後老三也娶
了她，一直到老七都娶過她，也都沒有孩子，就死了。32最後那女
人也死了。33請問在復活的日子，她要算是哪一個人的妻子呢？因
為兄弟七個人都娶過她。」

34耶穌回答他們說：「今世的男女有娶有嫁；35但是那些配得從
死裏復活，並且活在來世的人，也不娶也不嫁。36他們和天使一
樣是不會死的。他們是上帝的兒女，因為他們從死裏復活。37摩
西已經證實有死人復活這回事，他在荊棘燃燒的記載上說了：主
是『亞伯拉罕的上帝，以撒的上帝，雅各的上帝。』38這意思是說
上帝是活人的上帝，不是死人的上帝。因為在上帝眼中，人都是
活著的。」

39有些經學教師說：「老師，你說得好！」40從此，他們再也不敢
向耶穌提出問題。

有關基督的問題

41可是耶穌對他們說：「人怎麼能說基督是大衛的子孫呢？42大衛
在詩篇上自己說過：

主對我主說：
你坐在我的右邊，
43等我使你的仇敵屈服在你腳下。
44大衛既然稱他為『主』，基督又怎麼會是大衛的子孫呢？」

耶穌譴責經學教師

45羣眾傾聽著的時候，耶穌對他的門徒說：46「要防備那些經學教
師。他們喜歡穿著長袍招搖過市，喜歡人家在公共場所向他們致敬

問安，又愛會堂裏的特別座位和宴會上的首座。[47]他們吞沒了寡婦
的家產，然後表演長篇的禱告。他們一定受到更嚴厲的懲罰！」

寡婦的奉獻

21 [1]耶穌抬頭觀看，看見一些有錢人把他們的捐款投進聖殿的奉
獻箱裏。[2]他又看見一個窮寡婦投了兩個小銅板。[3]於是他說：
「我實在告訴你們，這個窮寡婦所奉獻的比其他的人都多。[4]因為別
人是從他們的財富中捐出有餘的；可是她已經很窮，卻把自己全部
的生活費用都獻上了。」

預言聖殿的毀滅

[5]有人在談論聖殿，說它是怎樣用精美的石頭和還願的禮物裝飾
成的。耶穌說：[6]「你們看見這一切嗎？日子將到，那時候，沒有一
塊石頭會留在另一塊上面，每一塊都要被拆下來。」

災難和迫害

[7]他們就問：「老師，幾時會發生這事呢？這一切發生的時候會
有甚麼預兆呢？」

[8]耶穌說：「你們要當心，不要受愚弄；因為有許多人要假冒我
的名來，說：『我就是基督！』又說：『時機已經成熟了！』可是不
要跟從他們。[9]當你們聽見戰爭和叛亂的消息時，不用害怕。這些
事必然會先發生；但是這並不是說歷史的終局快到了。」

[10]耶穌接著說：「一個民族要跟另一個民族爭戰，一個國家要攻
打另一個國家。[11]到處會有嚴重的地震、饑荒，和瘟疫，又有可怕
的奇蹟異象在空中出現。[12]可是在這些事發生以前，你們要被逮捕
並遭受迫害；人要把你們交給會堂審問，又使你們坐牢。為我的緣
故，你們要被帶到君王和統治者面前。[13]這就是你們為福音作見證
的機會了。[14]所以，你們要拿定主意，不必事先考慮怎樣為自己申
訴；[15]因為我要賜給你們口才和智慧，使你們的敵人對你們所說的

話無法反對辯駁。[16]甚至你們的父母、兄弟、親戚、朋友也要出賣
你們；你們當中有些人且要被他們治死。[17]因我的緣故，大家要憎
恨你們。[18]可是你們連一根頭髮也不至於失掉。[19]你們要堅忍才能夠
保全自己的性命。」

預言耶路撒冷的毀滅

[20]「當你們看見耶路撒冷被敵軍圍困時，你們就知道它快要被毀
滅了。[21]那時候，住在猶太的，要逃到山上去；住在城裏的，要出
來；住在鄉下的，不要進城。[22]因為這是『懲罰的日子』，要使聖經
上的話都得應驗。[23]在那些日子裏，孕婦和哺育嬰兒的母親就苦了！
嚴重的災難將臨到這地方，上帝的義憤要降在這人民身上。[24]他們
要死在刀劍下，或被俘虜到各國去。異教徒要踐踏耶路撒冷，直到
他們的期限滿了。」

人子的來臨

[25]「那時候，太陽、月亮、星星都要顯出異象。地上的國家都要
因海洋的怒嘯而驚惶失措。[26]人人在等待著那將要臨到世上的事，
恐懼戰慄以至於昏厥，因為太空的一切系統都要搖動。[27]那時候，
人子要出現，充滿著大能力和榮耀駕雲降臨。[28]這些事發生的時候，
你們要昂首挺胸，因為你們得救的日子就到了！」

無花果樹的教訓

[29]耶穌又對他們講一個比喻：「你們看看無花果樹和其他的各種
樹。[30]它們一長出新葉，你們就知道夏天快到了。[31]同樣，你們看見
這一切的現象就知道上帝的主權快要實現了。

[32]「你們要記住：這一代的人還沒有都去世以前，這一切事就要
發生。[33]天地要消失，我的話卻永不消失。」

必須警醒

34「你們自己要警醒！不要讓酒肉和生活上的憂慮麻痹你們的心
靈，恐怕那日子要忽然臨到你們。因為那日子35像羅網一樣，要臨
到全世界所有的人身上。36你們要警醒，不斷地禱告，使你們有力
量忍受一切要發生的事，得以站在人子面前。」

37耶穌白天都在聖殿裏教導人，晚上出城，在橄欖山過夜；38羣
眾一早就上聖殿，要聽耶穌講道。

從這福音書的內容可發現耶路撒冷並不是一個無關宏旨的地方。耶穌的出生和孩童時期就與這城和聖殿有密切的關係。自第九章在加利利開始他的職事（九51～十九44），耶穌早已指出他上耶路撒冷的心意和意義，亦曾多次表白耶路撒冷將要面對的災難，以及他對耶路撒冷的情懷。經歷自北到南的旅程，耶穌和一眾門徒終於到達了耶路撒冷，他所預言的一切將要在這裏發生，其中包括他的身分和職事也在此得以顯現。他在這裏所面對的迫害更形激烈，並且他要在這裏踏進他人生另一個階段——受死，他的跟從者亦要從這裏開始和延續他的使命。

12.1. 進入聖殿：潔淨、教導（十九45～48）

若將路加福音內耶穌潔淨聖殿這事件對比其他福音書的記載，不難發現路加的記述沒有其他福音書般尖銳（太二十一12～13；可十一15～17；約二13～17）。

上帝之子進入聖殿的意義

在路加的敘述裏，耶穌旅途的目的地是耶路撒冷，但更準確的講法是，耶穌旅途的目的地是耶路撒冷的聖殿。正如孩童耶穌曾言，聖殿是他「父親的家」（二49），所以其中相關的亦是「父親的事」。路加記載耶穌進入耶路撒冷後要去的第一個地方是聖殿，猶如一個人到達自己家鄉後，定必立刻回家；所以他去聖殿是自然不過的事。這樣的記述解釋了往後的講論和爭議，全都在耶路撒冷聖殿範圍裏發生的原因，這也說明了耶穌「取回」聖殿背後的意思。

為此，路加對耶穌「潔淨聖殿」的記述可以説是輕描淡寫，聖經只用了一句短語「**就趕出做買賣的人**」(十九45；原文只用了4個字來表達)，就交代了耶穌趕走在聖殿作買賣的人。路加只指出管理聖殿的領袖放棄了聖殿應有的禱告和崇拜的功能，反將之變成商業和貿易買賣的場所。路加沒有詳細講述這些買賣的內容，但「**賊窩**」(46節)一詞足以説明其中的不義不公。同樣，路加沒有詳述耶穌怎樣趕出這些作買賣的人(參太二十一12；可十一15～16；約二14～16)，他只報道耶穌將變質的聖殿轉回應有功能：「**每天在聖殿裏教導人**」(十九47)。雖然路加的記述比較溫和，但耶路撒冷的宗教及民間領袖對耶穌已經起了殺機。只是耶穌的教導吸引羣眾，使曾經為買賣和吆喝之聲所充斥的聖殿，得以重新聆聽到上帝的聲音。

在馬太和馬可的記述裏，耶穌在最後一次入耶路撒冷時，也曾在橄欖山宣講他的道(參太二十四3～二十五46；可十三3～37)。

在路加福音裏，當耶穌入了耶路撒冷之後，他所有的教導都只在聖殿裏而沒有在**橄欖山**進行，這説明了對路加而言，耶路撒冷的聖殿委實是個重要的主題。尤有甚者，他不僅私底下教導門徒，亦有公開在殿裏教導所有人。他的聽眾包括了門徒、羣眾和耶路撒冷的權貴(祭司長、經學教師、長老)。

12.2. 連串的爭論(二十1～44)

12.2.1.「權柄」的爭論(1～8節)

耶穌在耶路撒冷的工作是「**教導**」和「**宣講福音**」(1節)，這正是他自職事開始一直以來的工作。他在任何地方宣講都會有人反對他：他的同鄉(參四28)、經學教師和法利賽人(參六7)、羣眾(十一14)、會堂的主管(十三14)等，但現今他在耶路撒冷所面對著的對手與其他的不同，他們都是滿有權柄的祭司長、經學教師和民間的長老。

這些權貴人向耶穌發出了兩個問題，就是「你憑著甚麼權柄做這些事情？」，以及「是誰給你這權呢？」（二十2）。這兩個問題都是與「權柄」有關。從上文下理看，「這些事情」應指潔淨聖殿和佔據了聖殿宣講。對於那些領袖而言，耶穌是佔據聖殿，但對耶穌而言，他是回家而已，正因這兩件事便引起了他們殺害耶穌的動機。而這個問題的背後潛藏兩難。若耶穌說他的權柄是從人來的，則其權柄無疑是沒有根據的，因為從人的制度來看，耶穌不屬於任何階級如祭司、經學教師等。若沒有這些階級地位，耶穌何來有人的權柄呢？他所作所行的也就違背了當時的權威人士及社會制度。但若耶穌以上帝為其權柄的來源，他則落入褻瀆的罪名當中。耶路撒冷的領袖提出的問題，可以說是個引君入甕的陷阱，無論耶穌選擇哪一個答案，他都會落在他們的網羅裏。

眾祭司長料不到**耶穌反客為主**，以提問作回答：「約翰施洗的權是從上帝還是從人那裏來的呢？」（3節）這倒反過來使耶路撒冷的領袖們面對兩難之處境。就施洗者約翰的工作，權貴之士和百姓的分野早見於七章29至30節。領袖們心裏知道，他們若回答說約翰施洗的權柄來自上帝，那麼百姓羣眾必不齒他們拒絕施洗者約翰的教導（參七30），但如果他們說約翰施洗的權柄來自人，結果必惹來百姓的憤怒，「因為他們都相信約翰是個先知」（6節）。耶穌的詰問，倒迫使祭司長等人落在自己設下的圈套，無論他們選擇那一個答案，他們都不能免於窘促。

耶穌有極出色的辯才，往往能反客為主，使攻擊者受窘。「有一個法律教師前來試探耶穌，說：『老師，我該做甚麼才能得到永恆的生命？』」耶穌反客為主地問：「法律書上說的是甚麼？你是怎樣解釋的呢？」（十26；另參二十24）

祭司等人的回答，採取的第三個選擇：「我們不知道是從甚麼地方來的。」（7節）這個回答免了他們可能面對的窘態，卻為他們尊貴的身分帶來了羞辱，同時亦顯露了他們的假冒為善。在心知肚明的情況下他們説「不知道」，無疑是偽善的例子。耶穌的回答一方面顯示他的職事呼應施洗者約翰的工作，同時亦藉著以下的比喻進一步説明他的身分和權柄。

12.2.2. 佃戶比喻(9～18節)

在路加福音書裏，耶穌使用比喻的原因都與上下文有密切的關係，二十章9至18節的「佃戶比喻」亦不例外。從「**接著，耶穌向他們講這個比喻**」(9節)顯而易見，這個比喻之講述與這比喻之前及之後的幾個爭論有關(1～43節)，而比喻的對象，也就是那些質疑耶穌權柄(十九45～48)、並設計殺害他的猶太人領袖。雖然在二十章1至8節裏耶穌沒有直接回答領袖的質問，但卻用比喻説明自己的身分和權柄。與此同時，比喻內的元素亦與路加整體的敍述呼應，清楚解説耶穌即將面對的苦難，並且引申耶穌受苦帶來的果效。所以，這個比喻至少有3個層面要處理：批評猶太領袖、昭示和預言耶穌的身分和職事、預言以色列將來的苦難並福音傳至外邦。

「園主遠行」這地主不在，將田地租給人這制度，在中東可以追溯至約公元前300年。學者曾經搜集並研究無數當時期的契約，從當時的信件或契約可見，租賃制度頗為常見。

故事開始之時，是一個要**遠行的人**將自己的葡萄園租給佃戶。從敍事的背景和脈絡看，這個比喻無疑是指涉猶太領袖對耶穌職事的反應和後果。事實上，以葡萄園喻作猶太人或以色列是舊約聖經常有的主題(詩八十8；賽五1～2，二十七2～3；耶二21；結十五章；何十1)。根據路加的敍述，收葡萄季節所指的就是上帝審判，以及眷顧的時候，祂向子民所期望的「果子」，就是有與悔改的心相稱的行為作見證的果子(參三8，六43～45)。然而佃戶的回應卻是毆打園主的僕人，並拒絕交出果子，叫他們**「空手回去」**(二十10～11)。最後，這些佃戶甚至為要搶奪葡萄園而將園主差去的**「疼愛的兒子」**殺掉(13～14節)，以為這樣就可以佔有葡萄園。比喻結束時，耶穌強調園主**「一定要來殺滅他們【指佃户】，把葡萄園轉租給別人」**(16節)。這個警告喚起的是舊約先知宣講主或主的日子將到的信息，上帝會將毀壞帶到以色列人或祂敵人當中(賽十三6、9；珥一15)。事實上，主再回來之時將會為葡萄園帶來悲痛，正如先知所說：「葡萄園裏只聽到哀哭的聲音。這些事一定會發生，因為我要懲罰你們。」(摩五17)當然，這個嚴厲的審判歸咎於佃戶接二連三地羞辱園主的代表甚至他的兒子。若與以色列人的宗教傳統對照，這個比喻正是描繪以色列人(即猶太人的領袖)如何悖逆並對抗上帝的主權，儘管祂一再向以色列人伸出恩手。他們(指佃戶)不僅抗拒園主的主權，並且計劃從主人手中奪走葡萄園。他們拒絕佃戶的角色，並且殺害他的代表，這與耶穌早前宣講先知受害的傳統，並自己將受苦的預言呼應(十一45～54，十三31～35)。

耶穌是上帝(指園主)所「揀選」和**「所疼愛的兒子」**(二十13)，這是福音書早已披露的事實(參二49，三22，九35)。但路加將這個比喻放在耶路撒冷職事的開端，藉此解釋耶穌的職事並介紹導致他死亡的原因。這個比喻對了解耶穌生命中最後一週的事件，提供了重要的提示。

佃戶這比喻對你有何反省？你會否像佃戶般拒絕耶穌？能否從這比喻看見上帝的恩典？

連同早前就耶路撒冷的歎息(十三31～35，十九41～44)，**「他一定要來殺滅他們」**這句話象徵而清晰地預言耶路撒冷聖殿的被毀，並將看守葡萄園的責任由猶太人的領袖轉移至教會的領袖，所以**「把葡萄園轉租給別人」**(二十16)。耶穌宣稱葡萄園的主人必定回來，並且除滅所有佃戶，然後將園子交給別人；在接著的篇幅裏，耶穌進一步警告說羅馬軍隊將會圍困並除滅耶路撒冷(二十一20～37)。若以此比喻為背景，讀者自會明白耶路撒冷之被毀就是因為上帝對那抗拒園主的僕人又殺死園主的兒子的佃戶的審判。這個比喻只是一個縮影，戲劇化地突出以色列子民之貪婪和暴戾，他們的悖逆至終就是拒絕上帝的僕人和殺害上帝的兒子，因著他們的拒絕而引致耶路撒冷被毀，同時亦造就了福音轉給外邦人的機會。

耶穌最後引用詩篇一百一十八篇22節來結束他的比喻，這清楚説明上帝之子受害並不是一個無奈和慘淡的終局，而是證明上帝的救贖奇工是出人意料之外的。承繼上帝基業的真正意義在於上帝與以色列人的約，而不是巧取豪奪，更不是人的貪婪和武力可以奪取的。

對初代教會而言，無疑以色列人祖宗以撒是上帝的約之兒子，亦是亞伯拉罕的愛子和承繼者；以色列本身就是上帝的愛子(賽四十二1；耶三十一20)。但從耶穌職事的角度看，上帝子民的身分必須從基督耶穌所成就的事去建立(參羅四13～25，八14～17；加三15～18，四7)。耶穌要承繼大衛的王位，將上帝賜予的應許，除了與那些接受耶穌的以色列人分享，也與外邦人分享。所以，一個人若要得上帝的基業，必須透過相信愛子是**「最重要的基石」**(二十17)才可；相反地，若以為靠迫害、篡奪而可以得逞的話，至終只招致滅亡，正如耶穌所説：**「誰跌在那塊石頭上，誰就粉身碎骨；那塊石頭掉在誰的身上，也要把誰砸爛。」**(18節)

12.2.3. 納稅之論(19～26節)

試細讀保羅在羅馬書十三章1至7節就基督徒和政權的關係的教導，並將之比較耶穌的講論。

耶穌的講論並不隱晦，連經學教師和祭司長都知道耶穌的比喻是要指責他們，所以他們就指使一些人來對付耶穌。這不僅説明了猶太領袖的頑梗和悖逆，更反映了這比喻激化了他們拒絕耶穌的行動。為了可以合法地逮捕耶穌，經學教師和祭司長將窺問從宗教上的轉至政治上的陷阱。他們所發出的問題：**「向羅馬皇帝凱撒納稅是不是違背我們的法律呢？」**(22節)與前一個問題的形式一樣(參2節)，祭司長等人的問題務要將耶穌陷於必敗的處境中。無論耶穌答「是」抑或「不是」，都會落在網羅裏，所帶出的結果分別只在於觸動羅馬人的政治神經，抑或傷害猶太人的民族和宗教情操。如果耶穌承認要向凱撒納稅，那就是確認羅馬人的主權，這對於以神權為中心的猶太人而言，無疑是嚴重的傷害，也削弱耶穌在眾人心中的期望。但如果耶穌否定納稅給凱撒，則是變相地向羅馬的政權挑戰，他便成了一個反羅馬帝國的一個叛徒，應受羅馬政府處分。

耶穌在此再一次顯示他的辯才、智慧、權柄和能力。耶穌向他們取了一個「**銀幣**」，以這錢幣來解答他們的問題。耶穌的回答，不僅是消解了一個政治的難題，他還可以將這問題轉化，引帶出更深層面的問題。表面看來，耶穌是說把凱撒的東西歸凱撒、上帝的東西歸上帝，這彷彿是要提出二元的生活觀念：屬世和屬靈二分。然而，他說凱撒的東西歸凱撒，是確認羅馬政權的合法性，但他最後的一句**「上帝的東西歸上帝」**(25節)，表示他説明在凱撒之上實在有一個更高的準則。耶穌要這些猶太領袖面對他們宗教傳統裏的信念，上帝是創造天地的主宰，若此，沒有人、物或組織不在其主權和審判之下。所以，猶太人在地上雖歸屬羅馬，但他們實質上理應是上帝國度的子民，而屬上帝的物不只是一個銀幣(稅項)，而是他們整個人，甚至是整個民族。由此看來，人效忠的對象只有一個：上帝。即使上帝子民要在世上盡上公民應負的責任，但不表示他們必須為了向任何政權表示絕對的忠誠，而違背上帝。在耶穌出生的記述

「銀幣」的希臘文是“denarion”。在耶穌時代，一個銀幣大概相等於一個僱工一天的工價(參太二十二)，亦是猶太人每年上繳給凱撒的聖殿稅的數日。

你認為耶穌在這裏是倡議屬靈屬世二分的生活嗎？為甚麼？

裏，路加同樣將耶穌的降生與凱撒相提並論，這突出耶穌才是帶來真正和平和救主。

猶太人向羅馬人繳稅

在耶穌公開傳道的時候，猶太人已經被迫向羅馬人繳稅有超過半個世紀之久了。自從公元前63年羅馬將軍龐培(Pompey)入耶路撒冷城，欽點大祭司、安頓守軍，猶太人已經再淪亡國之民了。臣服於羅馬政權之下，猶太人自然要履行附屬國(或殖民地)的義務——繳稅。猶太人之要向羅馬上繳(人頭)稅項，雖說是附屬國的義務，但並不是甘心之舉。事實上，根據猶太史學家約瑟夫的記載，羅馬人在公元6年徵稅之舉，曾經觸發了一場小型的猶太人起義運動，這是因為羅馬人收稅不僅是加重生活的擔子，更是對敬虔猶太人的一個侮優。羅馬人收的稅項必須是羅馬人鑄造的錢幣，正面雕有凱撒的像，背面則刻上：「凱撒提比留，神聖奧古斯都、大祭司之子」(參約瑟夫《猶太戰記》253～255)。

• 這是曾經流行於新約時期的羅馬錢幣。錢幣的正面(左面)是奧古斯都(統治期：公元前31～公元14年)的頭像，並刻有IMP CAESAR(意即「最高統治者・凱撒」)；銀幣的背面(右面)刻有AVGVSTVS，是「奧古斯都」的名字。

12.2.4. 復活的爭論(27～40節)

在祭司長和經學教師之後，撒都該人向耶穌提出詰問。撒都該人就像其他領袖一樣，希望在辯論中駁倒耶穌，使他失去他的名聲和權柄。撒都該人自己的一套思維，提出不信的理，刁難耶穌有關復活的信念。

撒都該人

「撒都該」意即「義者」，這可能是他們的自稱。他們主要是由祭司階層人士所組成的一個宗派，而且是世襲的。他們的排他性非常強，生活富足並貴族化。在信仰上，他們極之保守，只接受希伯來聖經〔舊約〕前5卷書的權威性；他們不相信天使、魔鬼及復活之事，也不認同法利賽人所遵守的口傳律法。他們原與法利賽人不和，但後來聯手對付耶穌。（引自黃錫木著《聖經鳥瞰——基礎篇》，頁106～107）

根據舊約聖經（申二十五5～10），人若死後無嗣，則其弟有責任與寡嫂同房，生子以延續兄長的血脈，所生的兒子歸屬兄長名下。這樣的條例，是遠古時代「延續香燈」的保證，是為死去的人補償的工作。所以，撒都該人提出的例子：「一個女人為延續血脈而先後與7個兄弟成婚」（參二十29～31）並非全不可能的情況。但這個例子背後的所要難倒耶穌的問題是：**「請問在復活的日子，她要算是哪一個人的妻子呢？因為兄弟七個人都娶過她。」**（33節）而發出這問題的人是**「否認有復活這回事的撒都該人」**（27節）。

無疑，從人的理性思維出發，復活的確是難以想像的事情。在這樣的計算之下，那女人（妻子）與7個兄弟（丈夫）之間的關係，也是無法理清的了。但耶穌卻提出復活的生命並不是由人的計算和理性所能解釋和提供的，耶穌所說**「那些配得從死裏復活，並且活在來世的人」**（35節），已表明復活的生命是上帝所賜予的。這不能死亡、不嫁不娶、上帝兒女的生命，並非是撒都該人或任何人間的思維和計算所能掌握、解釋和處理的。

馬太及馬可福音同時記載「復活的爭論」（太二十二23～33；可十二18～27），但路加是惟一用「配得」來表示這個生命，這個詞彙以「被動語態」表述，是說明這生命得以復活完全是上帝的工作。

然而，耶穌的回答直指撒都該人信仰系統裏的缺陷。其一，他們以人的計算和理性推論上帝和祂的工作；其二，撒都該人所信的經書(出三6、15)，其內容是建立在上帝使人活著的信仰基礎上，但他們卻忽略了這個真理。耶路撒冷領袖的計謀再一次無功而還。

12.2.5. 上帝之子提出的挑戰(41～44節)

在祭司長、經學教師、撒都該人連番的詰問卻又徒勞無功之後，耶穌反以一個聖經釋義的問題挑戰他們。耶穌以詩篇(詩一一〇1)，考問耶路撒冷的領袖關於大衛和彌賽亞(基督)之間的位分和關係的問題：如果大衛是基督的先祖，何解大衛要稱基督為主？

按猶太人的傳統，基督之為大衛的子孫，是許多人的盼望，這也是敍事一開始就帶出的一個主題。但路加福音更要指出，耶穌作為上帝的受膏者(即基督)，他不僅是大衛的子孫，更是上帝之子。路加的家譜強調耶穌不單是猶太人的君王，而是全地的救主(三23～38)，所以耶穌既是大衛的子孫，也是大衛的主，他是超越大衛。他所承繼的不是大衛在地上暫時的王位，而是永遠作王(一32～33)。耶穌不僅是大衛的子孫，他將要從死裏復活，清楚説明他是上帝之子，是將會坐在上帝的右邊審判仇敵的主(參徒二25～34)！

耶穌所説自己的身分，是從福音書一開始就逐漸揭示，並且隨著耶穌接近和進入耶路撒冷這藍圖愈見清晰，只是頑梗和盲目的領袖卻不明白，難怪他們對耶穌的提問沒有任何回應。

溫習問題(12.1.～12.2.) 在頁327。

12.3. 上帝之子其他的教導(二十45～二十一38)

在以上耶穌與猶太宗教領袖及官長一連串爭論的記載裏，路加的報道清楚説明這班人沒有指控耶穌的真實把柄。由這段落開始，路加將耶穌的講論由敵人轉移至門徒及羣眾(二十45)。

12.3.1. 責備與稱許(二十45～二十一4)

在這段落裏耶穌再一次提醒門徒。從門徒不解耶穌的宣講和熱中於相互間的比較和爭競，耶穌要提醒他們免入猶太領袖的錯誤當中。當然，耶穌講論的對象應該也包括那「聆聽的羣眾」。

你還記起十八章11至12節中法利賽人的禱告嗎？他們以甚麼為榮？你有沒有曾經不自覺地落到法利賽人這地步？

猶太宗教領袖和官長只能夠成為耶穌警剔門徒的鑒戒。耶穌於上文已有對權貴人士的指斥(參9.3.1.「對法利賽人和法律教師的指斥」)。在十六章，耶穌再次指出法利賽人貪財和沒有真正守上帝律法，因為他們不明白律法內中的精意，而只按字面行(十六14～18)。在耶路撒冷連串的爭論後，耶穌對猶太領袖的指斥就更明顯了。耶穌説「**吞沒了寡婦的家產，然後表演長篇的禱告**」(二十47)這話，除了重複先前的講論內容，更突出法利賽人的虛偽；所以，他們將要面臨更嚴厲的審判。

在古代，寡婦是社會中最脆弱的一羣。她們沒有受丈夫或子女保護，又極容易成為受欺壓的對象。因此，剝削她們的人是何等可恥。

路加敍述的技巧再一次藉耶穌評述兩個人的奉獻顯出。在段落之前耶穌還在指斥領袖吞併窮寡婦的家產。接著，耶穌就以一個窮寡婦引申另一個教導了。如果先前的講論裏猶太領袖是反面的例子，這個奉獻的窮寡婦就是正面的榜樣。耶穌不是否定其他人的奉獻，而是肯定這個窮

「銅板」希臘文"lepton"是羅馬時代幣值最少的一個錢幣，它的幣值少於美金一角。

寡婦的奉獻。路加沒有具體描述那些有錢人放了多少錢在錢箱內，只說這寡婦放了**「兩個小銅板」**在這箱內，他這樣的記述是作了一個很大的對比。而且因為寡婦放的少，故此錢箱所發出的聲音自然會很響亮，耶穌就特別注意這事情，他借用寡婦所獻的，來闡明上帝所看重的奉獻不是以人的標準來衡量的。

聖殿收奉獻的器皿

聖殿收奉獻的器皿是一個放在聖殿內的箱子，它形狀像一個倒置的漏斗，上寬下窄。它是由金屬所造成，所以當人將錢幣投入奉獻箱的時候，必定會造成聲響，錢幣愈多聲音愈響。有錢人和窮寡婦奉獻的差異造成聲音的對比是明顯不過。但耶穌的判斷與一般人的感覺剛好相反。聖殿所收得的捐獻，除了用作聖殿內所需的經常費之外，也用來幫助那些貧窮的寡婦及孤兒。若是如此的話，寡婦所奉獻，就顯得更有意義。

上帝的眼光，與世人的有何分別？試從政治上、復活的議題上和奉獻的事上，尋找上帝的心意與人的標準不同的地方，並試分析不同的原因。

再一次，路加的逆轉主題實足發人深省。正如早前一個法利賽人和稅棍在禱告，耶穌宣告在上帝眼中，那稅棍比法利賽人更為有義。耶穌在此宣告那投入兩個小銅板的窮寡婦，比那投入捐款的有錢人奉獻得更得多。路加再次藉著耶穌的講論，提醒上帝的價值和量度，與世人的眼光不一樣。

12.3.2. 預言聖殿、耶路撒冷，以及整個世界的將來(二十一5～36)

二十一章5至36節開始了耶穌在耶路撒冷的「終末講論」。耶穌是借著一個人在談論聖殿的華美而延申講述耶路撒冷及整個世界將來的終局。路加在這段落轉了他寫作的手法。他不是一個議題接著一個議題的記述，而是以平衡結構式(parallel structure；ABA'B')來表達當代信徒可見的事(即耶路撒冷及耶穌受苦的日子)，以及將來的遠景(世界的終局)這兩個議題：

談論議題	經文	轉折句
將來的遠景(將臨的危難)	7～11節	可是在這些事發生以前……(11節)
可見的事(門徒被逼迫、耶路撒冷被毀)	12～24節	直到他們的期限滿了。那時候……(24～25節)
將來的遠景(世界的終局)	25～28節	耶穌又對他們講……(29節)
可見的事(耶穌的將來)	29～33節	

• 希律聖殿的模型

12.3.2.1. 預言的引發點(5～6節)

一如上文所提「僕人與金幣的比喻」(十九11～27)、「佃戶的比喻」

(二十9～16)，以及哀慟耶路撒冷將要面對的災禍(十三34～35，十九41～44)，耶穌在二十一章的講論，其中第一部分(二十一12～24)明顯是以聖殿和耶路撒冷的命運為目的。而整個講論則由二十一章5至7節的對話及問題所引發的。

耶穌時期的聖殿是由大希律在公元前20年開始擴建的，其建造的細節和華美，可參考公元1世紀的猶太史家約瑟夫記載的《猶太戰記》1.401, 5.184～227；《猶太古史》15.380～425。另參《奔走風塵的僕人——馬可福音析讀》頁250～251。

承接著先前的講論，耶穌所預言的就是耶路撒冷將面對因為羅馬人的攻擊而帶來的災難，其中最象徵性的莫如**聖殿**被毀。耶穌就聖殿被毀而作的預言，自然引起羣眾的提問，也引出耶穌的講論。

從上下文看，耶穌所講論的**「這事」**是相對於耶路撒冷所要面對的事情來説的；羣眾所關心的「時候」和「預兆」，都應該呼應耶穌所説的**「日子將到，那時候，沒有一塊石頭會留在另一塊上面，每一塊都要被拆下來」**(6節)。因此，耶穌往後所作的預言，就是指猶太全地(特別是耶路撒冷)將要面對的戰禍並因之而來信仰的衝擊。

12.3.2.2. 不要受愚弄(7～11節)

耶穌預言聖殿終局之後，自當引起羣眾的好奇及議論，很想知道耶穌所講的事情何時發生。耶穌就藉此進一步預言事情發生時相關的景象(8～11節)，以及耶路撒冷的將來(12～24節)，不但如此，面對將臨的危機，耶穌向門徒的忠告是**「當心，不要受愚弄。」**(8節)耶穌提醒門徒不要跟從那些自稱**「我是基督」**、又或者宣告**「時機已成熟」**的領袖(8節)。事實上，戰爭(十九44)、叛亂的消息，甚至奇異景象並不表示終局已臨，耶穌的跟從者不必因為這些戰亂而誤信那些錯謬的言論和假冒的領袖。

究竟那些自稱為基督的人所散布的消息目的何在？他們宣稱的

在旅途上法利賽人和門徒先後問耶穌有關終末臨到的時間(參11.2.3.「終末的講論」),耶穌在此以另一種方式表示「問及終末來臨的時間」並不是一個正確的問題。

時機成熟又有甚麼含意?是加入反抗羅馬政權的叛國運動?抑或是以武力佔據耶路撒冷和聖殿,驅趕以至取代猶太人?抑或是羅馬將領之間的內戰?單從耶穌的講論實在無法完全肯定「**一個民族要跟另一個民族爭戰,一個國家要攻打另一個國家**」(10節)的意思,但可以肯定的是,無論是哪個意思,耶穌都否定以武力達致或促成上帝國度的降臨。與此同時,在猶太人的宗教傳統裏,「主的日子」的來臨、審判和彰顯上帝國度必定與災難與異象相連(賽二十九6;結三十八19;亞十四5),所以,「**到處會有嚴重的地震、饑荒,和瘟疫,又有可怕的奇蹟異象在空中出現**」(二十一11)正說明上帝國度的彰顯。對於冀盼上帝國度的子民而言,應該從另一個角度面對這個日子的臨到,他們要確定自己所等候的不是災難的來臨,而是因著上帝國度的來臨所帶來的上帝的榮耀與更新。

12.3.2.3. 堅忍面對的危機(12～19節)

在12節開始時,耶穌說「在這些事發生以前」,可見這節經文之後所論到的景況明顯是與11節及之前的不同。在路加福音而言,這段的內容是預言,但在使徒行傳和初代基督教會的發展,卻是鐵一般的事實,它與十七章22至37節有不少相似之處。正如上帝應許之成就,上帝之子受封為王之途徑是受苦之路,他的跟從者亦然。所以,耶穌要鼓勵他的跟從者以堅忍面對逼迫,並以此為作見證的機會:「**……為我的緣故,你們要被帶到君王和統治者面前。這就是你們為福音作見證的機會了。**」(12～13節)

除了面對外在的逼迫之外,路加亦提到耶穌的跟從者同樣會面對來自親人的迫害(16～17節)。跟從耶穌的人與他們家庭的張力一直都

在你事奉的日子裏，你經歷過與家人之間的張力嗎？你如何平衡這關係？你有沒有經歷來自親人無理的阻擾？你如何面對？

是存在的(參八19～21，九59～62，十二51～53，十四26)，如果在平常的日子信仰尚且帶來衝突，那在緊張的日子豈不會加倍的困難嗎？

這些講論固然是一個警告，但從另一角度看，這不啻是提醒，也是對耶穌的跟從者帶來安慰。無論將來如何困難，對未來的瞥見的態度不應只為了使個人的好奇心得滿足，而是確認這些艱苦的道路始終都是由掌管歷史的上帝所主宰和帶領，所以未來的憧憬不是浪漫而飄渺的輕煙，而是實在的挑戰。值得注意的是，在這混亂而黑暗的日子裏，還有耶穌及聖靈與跟從者同在，使他們可以靠著聖靈所賜的口才和智慧去面對困境(18節，參十二11～12；約十四15～20，十六4～15)。

耶穌的門徒有上帝完全的保守，甚至連**「一根頭髮也不至於失掉」**(18節)。當然，耶穌言論不能單從字面了解，這句話的重點是，一切都在上帝掌握和計劃之內。事實上，使徒行傳就記載了約翰的兄弟雅各被希律所殺(徒十二2)。正如教父特土良(Tertullian)曾言：「殉道者的血是教會的種籽」。按12至16節的內容，耶穌一直都是談論他的跟從者如何在困境中仍被保守，也是鼓勵他們要堅忍持守信仰，這是19節的意思，同時亦呼應耶穌在旅途中的講論**「那為了我喪失生命的，反要得到生命」**(九24)。耶穌藉著向門徒提出上帝的保守，堅固他的跟從者，讓他們有膽量面對逼迫。

12.3.2.4. 耶路撒冷被毀的日子(20～24節)

在這段講論裏，**「耶路撒冷被敵軍圍困」**(20節)清楚説明耶路撒冷將要毀在敵人——羅馬人——的手上。這講論與耶穌在他邁向耶路撒冷的旅途上曾一而再的慨歎耶路撒冷的頑梗和悖逆互相呼應(十三

34～35，十九41～44），也使上一段經文裏耶穌就將來的預言（二十一5～19），將所指的聖殿和耶路撒冷的未來更形清楚。路加所記述的講論，一方面勾起舊約聖經裏有關猶太全地及耶路撒冷被擊打的言論（耶二十4～6，二十一7；何九7；亞十二3），同時似乎亦見證羅馬人攻陷耶路撒冷的景況（參十九43）。

在這些預言中，耶穌有提醒人如何逃過敵人。於那些住在城裏的人而言，逃離那城是最好的忠告，因為「**他們【指羅馬人】要徹底消滅你和你城牆裏面的人民**」（十九44），而那些住在城外的人來說，逃到山上和遠離城市自然是最好的逃難途線（二十一21），因為，對猶太信仰的傳統而言，若家國經歷災難，這並不純粹是政治和軍事上的衰萎，而是信仰和生命腐敗的呈現。所以，敵人的圍困是上帝子民頑逆的結果。顯然易見，這是「**懲罰的日子**」（22節），是「**上帝的義憤**」（23節）降臨在他們身上的彰顯。一如遠古的時候被擄，猶太人亦將會被擄至各國，任憑外邦人踐踏他們一度引以為榮的聖城。誠然，耶路撒冷至終經歷的浩劫，果真應驗了舊約聖經（耶七14～26、30～34，十六1～9，十七27，十九10～15；彌三12；番一4～13），同時亦直接說明了耶穌預言的力量和權柄。

約瑟夫同樣認為聖殿之被毀是來自上帝的懲罰（參《猶太戰記》6.110, 6.250）。

雖然災難和困迫是如此沉重，耶穌所說的「**直到他們【指外邦人】的期限滿了**」（二十一24）究竟是指耶路撒冷至終可以得贖，抑或是外邦人將會被審判？經文沒有具體的指示，但耶穌的預言講論，卻清楚指出事件的一切發展仍在上帝的掌管之下，而且是有終結的。若此，無論逼在眼前的景況如何暗淡，耶穌的講論仍然為所有愁苦和恐懼的人給予盼望。

12.3.2.5. 宇宙的災難(25～28節)

從耶穌有關終末的講論反思近年流行的「末世」講論的熱潮，你有甚麼看法？

在25節開始，耶穌接著說「**那時候**」，若參照24節「**直到他們【指外邦人】的期限滿了**」這最後的句子，便知道耶穌所講論耶路撒冷這城的災難已完結，接著是另一個層面的講論，這講論是關乎整個宇宙。從地上的圍困、刀劍的傷害、建築物的拆毀，轉至天上星宿的變化，災難的慘烈和範圍顯然是遠超過耶路撒冷的情況。耶穌講論中的異象，與舊約先知的描述相似(賽十三10，三十四4；結三十二7～8；珥二10、30～31)，這充分表明他的講論是終末式講論，讓讀者知道他的講論是符合舊約所預言的，並且認定這一切全都在上帝掌握和帶領之下。

將來的審判明顯並不只限於猶太人，也屬全地的，因為耶穌不僅是猶太人的王，也是全地的主。而審判者就是「**充滿著大能力和榮耀駕雲降臨**」(27節)的人子。耶穌自言的人子，其根源可以追溯至舊約但以理書中的人子(七13)。值得注意的是，人子的降臨並不僅是審判，同時也是掌王權，是實現上帝國度的終極表現。

對一般人而言，這樣的事件當然造成「**恐懼戰慄以至於昏厥**」(二十一26)，但對屬於上帝的子民來說，人子的將臨並不是可怖的事件，反而是將在苦難中上帝的子民釋放和救拔的日子。無怪乎耶穌訓喻他的跟從者要堅忍、昂首挺胸迎接這日子的來臨：「**得救的日子到了**」(28節)！

12.3.2.6. 上帝之子預言自己的將來(29～33節)

在29節開始，路加以「**耶穌又對他們講⋯⋯**」這樣的表達，表示耶穌所講以上的話告一段落，他要轉另一個話題。引發耶穌發出針對聖殿和耶路撒冷將來的講論的，是始於門徒問耶穌：「**老師，幾時發生這事呢？**」(7節)耶穌的比喻，正是就這個問題(耶路撒冷被毀；5～

6節）而說的。耶穌以樹木長出新葉表示夏天將至（31節），從而喻指上帝主權來臨是有迹可循的。

信徒往往只會看見災難才記起主的再來，然後又警醒一會，但災難過後又故態復萌。因這情況出現太多而耶穌還未回來，久而久之人就變得麻木。你屬於這類信徒嗎？勿忘記主再來是在人說平安之時。你認為應以甚麼心態面對主再來？

耶穌所指即將發生的事，可能包括了耶路撒冷被毀和人子回來宇宙驚變的事件，但如果參照耶穌早前在加利利向門徒提說「**站在這裏的人，有的在死以前會看見上帝主權的實現**」（九27）這話，耶穌在第32節「**這一代的人還沒有都去世以前，這一切事就要發生**」所說門徒中間有人在未死以前會看見上帝的主權實現，那麼耶穌所說的上帝主權快要實現，最有可能是指自己即將面對的苦難，所以31節所指「上帝的主權」主要是指耶穌即將受難而言，而不是指他再回來的日子。無論如何，耶穌所說的，應該是對其身旁的門徒和古代讀者而言，因為耶穌的言論顯示，耶路撒冷被圍困的日子並不太遠，就是與他同時的人也可以見證的。事實上，耶穌的預言是正確的，因為耶路撒冷果真於公元1世紀66至70年被羅馬人圍困，至終被攻陷摧毀。

12.3.2.7. 總結講論（34～36節）

最後，耶穌在34至36節作了一個總結，他再次提醒跟從他的人，面對將臨的災難日子，警醒、禱告、和堅忍是必然的態度。「**警醒**」是耶穌對門徒提醒（十二1，十七3，二十46）。耶穌在這裏的講論與回應法利賽人提問有關上帝主權何時彰顯極為相似（參十七20～37），挪亞、羅得、所多瑪的例子說明「**讓酒肉和生活上的憂慮麻痹你們的心靈**」的生命，將會無法站立在人子面前。另一方面，正如耶穌一直的教導和生命的示範，堅忍、警醒和禱告的生命，是跟從者得以成長和開花結果的土壤和養分，並且是迎接人子的準備。

耶穌多次提醒門徒要警醒，可見這是十分重要的事。但現今的人生活在壓力之中，是需要方法抒解的。你如何區分麻目於享樂生活和享受生活，叫自己從中得抒解生活壓力？

12.3.3. 上帝之子繼續教訓人(二十一37～38)

路加以短短的兩節經文表達耶穌在耶路撒冷的生活習慣。他白天在聖殿教訓人，群眾「一早就上聖殿，要聽耶穌講道」(38節)，可見耶穌大清早已在聖殿教訓人。他晚上去了橄欖山過夜，路加這樣的表達重點並不在於陳述耶穌晚上睡在山上曠野之地，而是表述他夜間去禱告(參二十二39～53；另參六12)，這也是耶穌的習慣，否則當猶大帶著羅馬兵丁捉拿耶穌時，他不必問耶穌，便知道他的蹤迹。

溫習問題(12.3.) 在頁328。

溫習問題(12.1.～12.2.)

1. 路加没有詳述耶穌怎樣趕出聖殿裏作買賣的人。你認為意義何在？路加記述耶穌進入聖殿有何目的？(參十九45～48)
2. 在二十章1至8節記載那些宗教領袖問了耶穌哪兩個問題？耶穌如何對答扭轉局勢？
3. 「佃戶比喻」要處理哪3個層面的問題？佃戶比喻哪些人？最後耶穌如何引用舊約聖經總結這比喻？(參二十9～18)
4. 從「納税之論」的記述中如何再次看見耶穌的辯才？「上帝的東西歸上帝」這話是甚麼意思？(參二十19～26)
5. 從「復活的爭論」的內容可否列出撒都該人信仰中的缺陷？(參二十27～40)

溫習問題(12.3.)

1. 從二十一章1至4節裏寡婦的奉獻如何看出上帝與人對奉獻的看法是有所不同?
2. 甚麼事情引起耶穌發出二十一章5至36節的講論?這段經文結構有何特色?耶穌怎樣預言耶路撒冷被毀的日子(20～24節)?
3. 在二十一章7至11節,耶穌如何勸誡門徒不要受愚弄?耶穌所指「時機成熟」是甚麼意思?
4. 耶穌如何講論門徒將要面對的逼迫?他怎樣鼓勵他們?(參二十一12～19)
5. 耶穌怎樣預言將來的世界(參8～11、25～28節),以及自己的將來(參29～33節)?

第十三章

在耶路撒冷受死、復活

（二十二1至二十四53）

- 上帝之子受苦
- 上帝之子復活
- 上帝之子升天

經文

殺害耶穌的陰謀

22 [1]除酵節(又叫逾越節)的節期快到了。[2]祭司長和經學教師因懼怕羣眾,就想法子祕密地殺害耶穌。

猶大同意出賣耶穌

[3]那時候,撒但進入加略人猶大的心。(猶大是耶穌十二使徒之一。)

[4]猶大去跟祭司長以及聖殿的警衛官商量,要怎樣把耶穌交給他們。[5]他們很高興,又答應給他錢。[6]猶大同意了,開始找機會,要在羣眾不注意的時候把耶穌交給他們。

預備逾越節的晚餐

[7]除酵節期內,該宰逾越節羔羊的日子到了。[8]耶穌差派彼得和約翰出去,吩咐他們說:「你們去為我們預備逾越節的晚餐。」

[9]他們就問:「你要我們在甚麼地方預備呢?」

[10]耶穌說:「你們進城,會遇見一個人,拿著一瓶水,你們就跟著他,到他進去的那座房子,[11]問那家的主人說:『老師問,他和門徒吃逾越節晚餐的那間客房在哪裏?』[12]他會帶你們去看樓上一間佈置好了的大房間;你們就在那裏預備。」

[13]他們去了,所遇見的正和耶穌所說的一樣,他們就預備逾越節的晚餐。

主的晚餐

[14]晚餐的時間到了,耶穌坐席;使徒跟他同坐。[15]他對他們說:「我一直盼望在受難以前和你們一起吃這逾越節的晚餐。[16]我告訴你們,非等到這晚餐在上帝的國度裏有了真正的意義,我絕不再吃它。」

17於是耶穌拿起杯，向上帝感謝了，說：「你們拿這杯，分著喝。
18我告訴你們，從今以後，非等到上帝的國度來臨，我絕不再喝這酒。」

19然後他拿起餅，向上帝感謝了，擘開，分給他們，說：「這是
我的身體，是為你們捨的。你們這樣做來記念我。」20飯後，他照樣
拿起杯來，說：「這杯是上帝的新約，是用我為你們流出的血設立
的①。

21「你們看，那出賣我的人在這裏和我同桌！22人子固然要照上帝
所安排的受死，可是那出賣他的人有禍了！」

23他們彼此追問：「要幹這事的人到底是誰呢？」

門徒爭論誰最偉大

24門徒們有了爭論，究竟他們當中誰算是最偉大的。25耶穌對他
們說：「世上的君王有管轄人民的權力，而統治者被尊稱為救星；
26但是你們不應該這樣。你們當中那最大的，反而應該像年幼的；
作領袖的，應該像僕人。27那坐著吃喝的大，還是那伺候他的大呢？
當然是那坐著的大。然而，我在你們當中是伺候人的。

28「我在磨煉中，你們始終跟我在一起。29我現在要把我父親所賜
給我的王權也賜給你們。30你們要在我的國度裏跟我同桌吃喝，並
且要坐在寶座上審判以色列的十二支族。」

耶穌預言彼得不認他

31耶穌又說：「西門，西門！撒但已得到准許來試探你們，要像
農夫篩麥子一樣來篩你們。32但是我已經為你祈求，使你不至於失
掉信心。你再回轉歸我以後，就要激勵你的弟兄們。」

33彼得說：「主啊，我願意跟你一起坐牢，一起死！」

34耶穌說：「彼得，我告訴你：今天雞叫以前，你會三次說你不
認得我。」

---

① 有些古卷沒有19節「是為你們……來紀念我」這段話和20節。

錢包、旅行袋、刀

35耶穌又對他們說：「從前我差遣你們出去，叫你們不帶錢包，不帶旅行袋或鞋子，你們缺少了甚麼沒有？」

他們回答：「沒有。」

36耶穌說：「但現在那有錢包或旅行袋的，要帶著；沒有刀的，要賣掉衣服去買一把。37我告訴你們，聖經所說『他被列在罪犯中』那句話必須在我身上實現。其實，有關於我的一切記載已經在應驗了。」

38門徒說：「主啊，你看，這裏有兩把刀。」

耶穌說：「夠了！」

耶穌在橄欖山上禱告

39耶穌出城，照常往橄欖山；門徒們跟著他去。40到了那地方，耶穌對他們說：「你們要禱告，免得陷於誘惑。」

41於是耶穌離開他們，在約扔一塊石子的距離，跪下禱告，42說：「父親哪，若是你願意，就把這苦杯移去；然而，不要照我的意思，而是要成全你的旨意。」[43有一個天使從天上向他顯現，加強他的力量。44在極度傷痛中，耶穌更懇切地禱告，他的汗珠像大滴的血滴落在地上②。]

45禱告後，耶穌起來，回到門徒們那裏，發現他們因憂傷過度沉睡了。46他對他們說：「你們為甚麼睡著呢？起來，禱告吧，免得陷於誘惑。」

耶穌被捕

47耶穌還在說話的時候，有一羣人來了。十二使徒之一的猶大帶著他們，他上前去要親耶穌。

48耶穌對他說：「猶大，你用親吻來出賣人子嗎？」

49跟耶穌在一起的門徒看見這情形，就說：「主啊，我們可以用

---

② 有些古卷沒有43～44節。

刀砍嗎？」50其中一個人揮刀向大祭司的奴僕砍去，削掉了他的右耳。
51耶穌說：「別再動武！」就伸手摸那個人的耳朵，治好了他。
52於是，耶穌對那些來抓他的祭司長、聖殿警衛官，和長老說：
「你們帶著刀棒出來抓我，把我當作暴徒嗎？53我天天和你們在聖殿
裏，你們並沒有下手；但現在是你們橫行的時刻，黑暗掌權了。」

彼得不認耶穌

54這時候，他們抓住耶穌，把他帶到大祭司的府邸去；彼得遠遠
地跟著。55他們在院子裏生了火，大家圍著火坐著，彼得也混在他
們中間。56有一個婢女看見彼得坐著烤火，就盯著他看，說：「這個
人跟他是一夥的！」
57彼得否認說：「你這個女人，我不認識他！」
58過了不久，又有人注意到他，說：「你也是他們一夥的！」
彼得說：「你這個人，我不是！」
59大約再過了一個鐘頭，另一個人一口咬定說：「毫無疑問，這
個人跟他是一夥的，因為他也是加利利人！」
60可是彼得說：「你這個人，我不懂得你在說些甚麼！」
他的話還沒有說完，雞叫了。61主轉過身來，注目看彼得；彼得
記起主說過的話：「今天在雞叫以前，你會三次說你不認識我。」62彼
得就出去，痛哭起來。

耶穌受戲弄侮辱

63看守耶穌的人戲弄他，毆打他。64他們蒙著他的眼睛，問他：
「猜猜看，是誰打你？」65他們又說了許多侮辱他的話。

在議會受審

66天亮的時候，猶太人的長老、祭司長，和經學教師都聚集在一
起，又把耶穌帶到他們的議會裏。67他們問他：「告訴我們，你是不
是基督？」

他回答：「即使我告訴你們，你們也不會相信我；[68]如果我問你們甚麼問題，你們也不會回答。[69]但是從今以後，人子要坐在全能上帝的右邊。」

[70]他們都說：「這樣，你是上帝的兒子了？」

耶穌回答：「你們說我是！」

[71]於是他們說：「我們再也不需要甚麼證據了！我們已經聽見他親口說的話了！」

在彼拉多面前受審

23 [1]成羣的人都起來，把耶穌押到彼拉多面前，[2]在那裏控告他說：「我們發現這個人煽動我們的同胞，反對我們向皇上納稅，又自稱是基督，是王。」

[3]彼拉多問耶穌：「你是猶太人的王嗎？」

耶穌回答：「這是你說的。」

[4]於是彼拉多向祭司長和羣眾說：「我查不出這個人有甚麼罪狀。」

[5]但是他們越發堅持說：「他藉著傳教，在猶太全境煽動民眾，從加利利開始，現在到這裏來了。」

在希律面前

[6]彼拉多一聽見這話就問：「這個人是加利利人嗎？」[7]他一知道耶穌是從希律的轄區來的，就把他送到希律那裏。(那時希律也在耶路撒冷。)[8]希律看見耶穌，非常高興；因為他聽見了關於耶穌的事，早就想要見他，希望看耶穌顯個神蹟。[9]因此，他問耶穌好些問題，可是耶穌一句話都不回答。[10]祭司長和經學教師上前，大力控告他。[11]希律和他的兵士戲弄他，侮辱他。他們替他披上一件華麗的長袍，送他回彼拉多那裏。[12]就在這一天，希律和彼拉多成了朋友；這以前兩個人是冤家。

被判死刑

13彼拉多召集了祭司長、民間的領袖，和民眾，14對他們說：「你
們把這個人押到我這裏來，控告他煽動人民；我在你們面前審問他，
卻查不出他犯過你們所控告的任何罪狀。15連希律也查不出他有罪，
把他送回這裏來。可見他沒有甚麼該死的行為。16我要叫人鞭打他，
然後把他釋放了。」③

17-18羣眾卻齊聲喊叫：「殺掉他！釋放巴拉巴給我們！」（19巴拉巴
曾在城裏作亂，並且殺過人，因此被下在監獄裏。）

20彼拉多想要釋放耶穌，就再勸解羣眾。21可是他們更大聲呼喊：
「把他釘十字架！把他釘十字架！」

22彼拉多第三次對他們說：「他究竟犯了甚麼罪呢？我查不出他
有該死的罪狀。我要叫人鞭打他，把他釋放了。」

23羣眾繼續大聲喊叫，堅持把耶穌釘十字架；他們的呼喊終於得
勝。24於是彼拉多照著他們的要求宣判。25他把那個作亂殺人、囚在
獄中的兇手釋放了，又把耶穌交給他們，任憑他們處置。

耶穌被釘十字架

26兵士把耶穌帶走，途中遇見一個從鄉下進城的古利奈人，名叫西
門。他們抓住他，把十字架擱在他肩上，叫他背著，跟在耶穌後面走。

27一大羣人跟隨著耶穌，其中有些婦女為他悲傷哀哭。28耶穌轉
過身來，對她們說：「耶路撒冷的女子啊，別為我哭，要為你們自
己和你們的兒女哭！29因為日子就要到了，人要說：『未生育、未懷
過胎、未哺育嬰兒的，多麼幸運哪！』30那時候，人要對大山說：『倒
在我們身上吧！』要對小山說：『遮蓋我們吧！』31因為，要是他們
對青綠的樹木做了這樣的事，對枯乾的樹木又將怎樣呢？」

32他們同時帶來兩個囚犯，要跟耶穌一起處死。33他們到一個地
方，叫「髑髏岡」，在那裏把耶穌釘在十字架上，同時又釘了兩個囚

③ 有些古卷加17節「每逢逾越節，彼拉多都照例為他們釋放一個囚犯。」

犯，一個在他右邊，一個在他左邊。[34耶穌說：「父親哪，赦免他們，因為他們不曉得自己在做甚麼④。」]

他們抽籤分了耶穌的衣服。35民眾站著觀看，猶太的領袖卻嗤笑他，說：「他救了別人，要是他真的是上帝所揀選的基督，讓他救救自己吧！」

36兵士也同樣譏笑他。他們上前，拿酸酒給他，37說：「你若是猶太人的王，救救你自己吧！」

38在他上面有牌子寫著：「這是猶太人的王。」

39兩個跟他同釘的囚犯，有一個開口侮辱他說：「你不是基督嗎？救救你自己，也救救我們吧！」

40另外一個卻責備那囚犯說：「你同樣受刑，你就不怕上帝嗎？
41我們受刑是活該；我們所受的不正是我們該得的報應嗎？但是這人並沒有做過一件壞事。」42於是他對耶穌說：「耶穌啊，你作王臨到的時候，求你記得我！」

43耶穌對他說：「我告訴你，今天你要跟我一起在樂園裏。」

耶穌的死

44-45約在中午的時候，日光消失了，黑暗籠罩大地，直到下午三點鐘；懸掛在聖殿裏的幔子裂成兩半。46耶穌大聲呼喊：「父親哪，我把自己的靈魂交在你手裏！」說了這話，他就斷了氣。

47那軍官看見這事的經過，就頌讚上帝說：「這個人真是義人！」

48圍觀這景象的民眾看見了這一切，都悲傷地捶著胸膛回去。
49所有跟耶穌熟悉的人，和從加利利跟隨他來的婦女，都站在遠處看這些事的經過。

耶穌的安葬

50-51有一個從猶太地區亞利馬太城來的人，名叫約瑟。這人良善

④ 有些古卷沒有括弧內的字。

正直，一向盼望上帝主權的實現。他雖然是議會的議員，卻沒有附
和別人的計謀和行為。52他到彼拉多面前要求耶穌的身體，53然後去
把身體取下來，用麻紗包好，安放在一個從巖石鑿成的墓穴裏—這
墓穴還沒有葬過人。54那天是預備日，安息日就要到了。

55那些從加利利跟隨耶穌來的婦女和約瑟一起去，看見了墓穴，
也看見了耶穌的身體怎樣被安放在裏面。56她們就回去，為他的身
體預備香料和香油膏。

她們遵照法律的規定，在安息日休息。

耶穌復活

24 1星期天，天剛亮的時候，那些婦女帶著所預備的香料到墳地
去。2她們發現石頭已經從墓門前給滾開了，3就走進墓穴，卻
沒有看見主耶穌的身體。4正在疑慮不定的時候，忽然有兩個衣服
發光的人站在她們旁邊；5她們非常驚駭，伏在地上。那兩個人對
她們說：「你們為甚麼在死人中找活人呢？6他不在這裏；他已經復
活了。要記得他在加利利時向你們說過的話；他說：7『人子必須被
交在罪人手中，釘在十字架上，在第三天復活。』」

8她們這才記起耶穌的話，9就從墳地回去，把所遇見的一切事向
十一使徒和其他的人報告。10向使徒報告這一切的婦女包括抹大拉
的馬利亞、約亞娜、雅各的母親馬利亞，和跟她們一起的婦女。11可
是使徒以為這些婦女胡說八道，沒有相信她們的話。12彼得卻起來，
跑到墳地去，俯身探視墓穴，只看見那塊麻紗，沒有別的。於是他
回去，對所發生的事非常驚奇⑤。

以馬忤斯路上

13同一天，門徒中有兩個人要到一個村子去。這村子名叫以馬
忤斯，離耶路撒冷約十一公里。14他們沿路談論所發生的一切事。

---

⑤ 有些古卷沒有這一節。

15正談論的時候，耶穌親自走近他們，同他們一起走；16他們看見他，卻不認得他。17耶穌問他們：「你們一邊走，一邊談論些甚麼呢？」

他們就站住，滿面愁容。18其中一個名叫革流巴的，問耶穌：「難道你是耶路撒冷旅客中惟一不知道這幾天在那邊發生了甚麼事的人嗎？」

19耶穌說：「甚麼事呢？」

他們回答：「是拿撒勒人耶穌的事啊！他是個先知，在上帝和眾人面前，說話做事都有力量；20我們的祭司長和首領竟把他解去，判了死刑，釘在十字架上。21我們原來盼望他就是要來拯救以色列的那一位！不但如此，這事發生已經三天了。22我們當中有幾個婦女很使我們驚奇，她們一早到墓穴那裏去，23沒有看到他的身體。她們回來報告說，她們看見了天使，而天使告訴她們耶穌活著。24我們當中有人到墓穴去看，發現一切都跟婦女們所說的一樣，可是沒有看見他。」

25於是耶穌對他們說：「你們可真蠢哪！對先知所說的話你們為甚麼會覺得那樣的難信呢？26基督不是必須經歷這一切才進入榮耀嗎？」27於是，他根據摩西和先知所寫的，開始向他們解釋聖經上關於自己的一切記載。

28他們走近了所要去的村子，耶穌似乎還要繼續趕路，29他們卻挽留他說：「太陽已經下山，天就黑了，請和我們住下吧！」耶穌就進去，要與他們住下。30當他們坐下來吃飯的時候，耶穌拿起餅，向上帝感謝了，然後擘開餅，遞給他們。31他們的眼睛忽然開了，這才認出他來；但是耶穌忽然不見了。32他們彼此說：「他在路上向我們說話，給我們解釋聖經的時候，我們的心不是像火一樣地燃燒著嗎？」

33他們立刻動身，回耶路撒冷去。在那裏，他們看見十一使徒和另外一些人聚集在一起，34正在說：「主真的復活了；他已經顯現給西門看了！」

35那兩個人也把路上所遇見的，和他們怎樣在主擘開餅的時候認出他來的經過，告訴了大家。

耶穌向門徒顯現

36他們正在講這些事，忽然，主親自站在他們當中，對他們說：
「願你們平安⑥！」

37他們驚惶戰慄，以為見到了幽靈。38耶穌對他們說：「你們為
甚麼煩擾呢？為甚麼心裏疑惑呢？39看看我的手和腳！是我，不是
別人！摸一摸我，你們就知道；幽靈沒有肉沒有骨，你們看，我
是有的。」

40他這樣說著，把手和腳給他們看⑦。41他們還不敢相信，卻是
驚喜交集。他問他們：「你們這裏有甚麼吃的沒有？」42他們就拿一
片烤魚給他。43他接過來，在他們面前吃了。

44然後耶穌對他們說：「這一切事就是從前我和你們在一起的時
候告訴過你們的：摩西的法律、先知的書，和詩篇所敍述關於我的
每一件事必須實現。」

45於是他開啟他們的心智，使他們明白聖經的話，46又對他們說：
「聖經記載：基督要受害，第三天從死裏復活。47你們要奉他的名，
把悔改和赦罪的信息傳開，從耶路撒冷遍及萬國。48你們就是這些
事的見證人。49我要親自把我父親所應許的賜給你們；你們要在城
裏等候，直到那從上面來的能力臨到你們。」

耶穌被接升天

50接著，耶穌領他們出城，到伯大尼去。在那裏，他舉手給他
們祝福。51他在祝福他們的時候離開了他們，被接到天上去了⑧。
52他們就敬拜他，懷著極喜樂的心回耶路撒冷，53時常在聖殿裏頌
讚上帝。

---

⑥ 有些古卷沒有「對他們說：『願你們平安！』」。

⑦ 有些古卷沒有這一節。

⑧ 有些古卷沒有「被接到天上去了」。

13.1. 上帝之子受苦(二十二1～二十三56)

耶穌整個受苦的事件發生在逾越節期間，其中包括耶穌的臨別講論、被捉拿及受死。在整個受苦的記載裏，耶穌經歷了黑暗的權勢的攻擊：門徒的出賣(猶大)和背信(彼得)、猶太領袖的誣告與拷打、希律安提帕和彼拉多的查問、羣眾的棄絕、兵丁和囚犯的嘲笑。但至終上帝卻是藉著耶穌的死達成了救贖。耶穌的死極致地表述和成就了上帝的恩情和赦宥，耶穌的復活清楚地說明一切都在耶穌掌握之下，他的受苦既是必然的事，也是　切舊約預言的成就。

猶太人的曆法和節期

猶太人與中國人的曆法相近，是根據月亮、而非太陽的運轉而訂定的，所以是用陰曆制訂的。若放在陽曆的曆制裏，猶太節期每年的日子都不一樣。猶太人的新年慶典訂於提斯利月，這主要是配合農作物收成的時節。

月分名稱	對照陽曆
提斯利(*Tishri*)	九、十月
馬西班(*Marchesvan*)	十、十一月
基斯流(*Kislev*)	十一、十二月
提別(*Tebeth*)	十二、一月
細罷特(*Shebat*)	一、二月
亞達(*Adar*)	二、三月
尼散(*Nisan*)	三、四月
以珥(*Iyyar*)	四、五月
西灣(*Sivan*)	五、六月
搭模斯(*Tammuz*)	六、七月
埃波(*Ab*)	七、八月
以祿(*Elul*)	八、九月

13.1.1. 上帝之子與使徒共聚最後一刻(二十二1～46)

耶穌要與使徒們告別是因為他要成就他曾經預言過要受苦難的日子現已臨到，而他被出賣的時間亦來到。在離開他的門徒之前，他亦不忘教訓他們，以及做他所慣常的事——禱告。

13.1.1.1. 被出賣(1～6節)

本來除酵節的第一天是接著逾越節之後的一天，即尼散月第十五天(參利二十三5～6)，但到了新約時期，這兩個節期已合併在一起計算，所以「除酵節(又叫逾越節)」(二十二1；參可十四12)。

耶穌是在除酵節之前被出賣的。除酵節是為期一週的節期。根據舊約聖經的記載(出十二；利二十三5～6；民九1～5，二十八16～17；申十六1～8)，以色列人在尼散月十四日開始除酵並於下午宰殺羊羔。當天晚上是逾越節，與近親摯友聚在一起同吃逾越節晚餐，以紀念以色列人逃離埃及的日子。由逾越節當天晚上開始計算連續7天被定為**除酵節**，它之所以稱為「除酵節」(利二十三6)是由於過節期間只可食用沒有發過酵的麵包。

耶穌受難及復活日子的計算

猶太人曆法計算與羅馬人曆法計算的不同，現代讀者經常因為不明白兩者的差異而混淆耶穌受難與復活的日子。猶太人以每天黃昏6時至第二天黃昏6時計算為之一日，與羅馬人不同，以下的計算法是基於符類福音記載而作的對比：

猶太人的計算法	羅馬人的計算法
逾越節前一天宰羊羔	星期四下午
逾越節當天晚上吃逾越節晚餐	星期四晚上
逾越節當日(安息日前一天)耶穌受審	星期五早上

安息日之前耶穌離世（仍是逾越節當日）	星期五黃昏前
猶太人守安息日	星期五黃昏至星期六黃昏
安息日之後一天早上復活	星期日早上

若按羅馬曆法計算，耶穌不可能是死後第三天復活，但若按猶太曆法計算，耶穌是在第三天復活，因為耶穌是在逾越節當天離世：

逾越節	第一天
安息日	第二天
安息日之後一天	第三天

耶穌早在加利利的職事裏就預言自己會被祭司長和經學教師棄絕、凌辱和迫害（九21～22，十八31～33，二十9～15）。自十九章耶穌進入耶穌撒冷開始，祭司長和經學教師已經萌生殺害耶穌的計謀（十九47）。耶穌天天在殿裏教訓人，祭司長等權貴幾次的詰問，都未能難倒耶穌，反而耶穌的回應使得他們無言以對（二十19、26、39～40）。雖然耶穌多次駁倒祭司長和經學教師，但不能阻攔他們的惡念；他們只是礙於百姓（十九48，二十二2），其實在等待更合適的時機下手。

當然，**「想法子殺害耶穌」**（二十二2）的還不僅是祭司長和經學教師，還有那個死心不息的撒但，牠早在耶穌傳道之先試探他，在無法得逞的情況下牠只好**「暫時離開耶穌」**（四13）。耶穌和撒但無論在曠野、甚至在公開職事中，即使互相對峙，耶穌都無疑一再克勝牠（四1～13，十17～18，十一20～22，十三16），但撒但的工作並沒有停止（二十二31）。

然而，耶穌所面對的挑戰，除了祭司長等權貴和撒但外，還有那些不能全然明白耶穌身分和職事的門徒和羣眾／百姓（十八34），如今「尋找機會」的還加入了加略人猶大。路加並沒有描述加略人猶大出賣

除了馬可福音之外，馬太福音和約翰福音都以「貪財」作猶大出賣耶穌的主因（參太二十六14～16；約十二4～6）。

耶穌的動機，但**金錢固然是其中一個原因**（二十二5），只是路加並沒詳細交代，也許在路加的敍述裏，沒有一個人會比其他人強，更能免於試探。猶大出賣耶穌、彼得不認耶穌、門徒離去、百姓喊嚷釘死耶穌，可見無人倖免於被試探及跌倒，所以任何人都需要警醒堅忍才能免於跌倒；然而，每一個人同樣都有悔改回轉的機會。

在路加敍述這個最後部分裏，要剷除耶穌的祭司長、經學教師和貪財的猶大結合，扭轉了表面的局勢，導致耶穌被出賣、被棄絕而至終受苦。但從更深的層面看，在這個表面的扭轉裏卻蘊含更極致的逆轉：耶穌的被棄絕和受死，竟然成就了摩西和先知所講的，也是復活高升的前奏，更是人子得國並坐在全能者右邊必經的苦路，也是上帝國度的彰顯。

13.1.1.2. 與使徒共聚逾越節晚餐（7～23節）

除酵節與逾越節猶如一個錢幣的兩面，是猶太人紀念上帝藉摩西帶領先祖離開埃及為奴之地。逾越節的筵席既有思念上帝古昔救贖其子民之意，同時亦有佇候上帝主權實現的含意。耶穌和門徒晚餐同樣是在這個氛圍裏進行。有關耶穌吩咐彼得和約翰預備逾越筵席的記述，與早前進入耶路撒冷前預備驢駒的記載頗為相似（參11.4.2.「進入耶路撒冷」）。無論是預備驢駒抑或是預備筵席，耶穌都知道有人已經事先作安排，耶穌的吩咐正顯示他的先知預見。另一方面根據路加所記載猶大「要在羣眾不注意的時候把耶穌交給他們」（6節），雖然這看似是猶大的決定，若按耶穌那知道人心中思念的能力已可推斷，實質上耶穌同樣知道自己會在怎樣的情況下被交在敵人手中，耶穌的安排亦可能是刻意的低調，不欲別人知悉他的行蹤。

路加經常將**彼得、約翰及雅各**這3個人相提並論，這反映出他們與耶穌的關係比其他門徒更親密（五5～11，八51，九28、54，十九29），而在預備逾越節晚餐的事上又交給彼得和約翰負責，這更顯明他們兩位在門徒中的地位，這同時亦可能喻指教會未來的領袖仍要作預備和服事的工作（九10～17，十二41～42）。

十九章29節路加似乎沒有交代所提到的「兩個門徒」是誰。他們未必像二十二章8節所指的彼得及約翰，因為九章54節路加只提到約翰及雅各。無論如何，這兩個門徒可能是他們3位其中兩位。

耶穌和門徒所用的餐，不僅是猶太人在逾越節裏紀念上帝救贖以色列人出埃及的筵席，更是反射上帝即將藉著其兒子要達成的普世人救贖的事。上帝之子耶穌帶來的救贖，乃通過其生平那順服的職事、被棄、死亡、復活及高升所達致。逾越節的儀節，委實是紀念上帝在歷史裏帶領以色列人出埃及的救贖工作，但在這個逾越節筵席的晚上，以色列人的出埃及已經由耶穌的「離去」成就甚至取代了（九31；參8.3.2.「上帝之子：受苦的僕人」），而象徵上帝救贖的逾越節羔羊，即將由十字架上的耶穌成就。在這樣的背景下，耶穌以逾越節的餅和酒喻指自己的身體和血。所以，耶穌和門徒所用的筵席，除了逾越節的典故之外，亦有更深一層的意義，就是成為日後歷世歷代的教會作為紀念耶穌的受苦及等候他再回來的一個筵席。

由此看來，這段經文所呈現的既是猶太民族的儀節實踐，也是預表新約羣體的信仰基礎。二十二章15至18節所描述的，正是按照猶太人逾越節規矩所守的餐筵，並引申其意義以表徵上帝之子的死和恩約。就猶太人的宗教傳統說，路加記載耶穌舉杯兩次（這是4卷福音書裏惟一出現的記載），反映猶太人守逾越節時幾次舉杯的習俗。這個餐筵更是預表死亡即將臨到耶穌身上，因為他說：**「這是我的身體，是為你們捨的。」**（19節）他的犧牲同時表述上帝主權的實踐。正如上帝的救贖隨出埃及的事蹟而成就，上帝亦將藉耶穌的「離去」來成就救贖這事(九31)。「**於是耶穌拿起杯……你們拿這杯，分著喝……他拿起餅……擘開，分給他們**」(二十二17～19上)是說明耶穌受苦的意義亦延伸至跟從者的生命裏，意思是他們可以分享他的生命，亦要分擔他的苦難。

而二十二章19至20節則是進一步的清楚闡明耶穌將要受苦難。正如保羅在哥林多前書十一章23至25節所言教會施餐的傳統，正顯示在教會聚集時候，以這個餐筵的形式來紀念並表述耶穌在羣體裏的同在，將教會的存在建立在因耶穌的死所成就的果效裏。換言之，耶穌的死(離去)並不使他的跟從者與之隔絕，反而是透過這個禮儀體會和經驗耶穌的同在。

正如逾越節的筵席表達猶太羣體對上帝主權的盼望，耶穌還提到所立的這個「新約」(20節)，這約亦是表述盼望耶穌再來的跟從者，如何佇候上帝國度來臨的嶄新儀節。但是他們必須相信上帝國度的來臨和成就，將要由耶穌的受死所促成和彰顯的。這個嶄新的儀節，是由上帝子民所組成的羣體來紀念和恪守的。不過上帝的子民是由耶穌的跟從者(十二使徒)所衍生出來而成為羣體的，並不是由於於猶太人(十二支派)的血統世代相傳，而這個羣體是建基在耶穌的血所立的新約之上。

路加以「必須」形容耶穌的職事，這表示所發生的一切都是在上帝的計劃裏，並且會確實地實現出來(二49，四43，九22，十三33，十七25，十九5，二十二37，二十四7、44)。

然而，在這樣一個「**新約**」的羣體裏，卻有將要出賣耶穌的猶大。不過猶大的計謀是在二十二章1至6節就已經被記載。事實上，在這記述之前，耶穌已經多次說明他是「**必須**」走上這條苦路，這是符合上帝的旨意，也是說明耶穌是順服以至於死的上帝之子。不過耶穌的一句：「**人子固然要照上帝所安排的受死，可是那出賣他的人有禍了！**」(22節)說明他的被害雖是在上帝的旨意內，卻不表示出賣、棄絕和釘死耶穌的人可以推卸其責任。

門徒聽見耶穌説話後的反應，並不是像其他福音書所載他們會自問：「主啊，不是我吧？」(參太二十六22～25，可十四19)而是「彼此追問：『要幹這事的人到底是誰呢』」(23節)？看來路加這樣的表達為要衍生出接著的內容，就是他們之間產生了「誰為最大」這爭論。

13.1.1.3. 與使徒最後對話(24～38節)

門徒有關誰為大的爭論，早見於九章46至48節(8.4.2.「議論誰為大」)，似乎耶穌跟從者之間的爭競，一直都存在而且可能是個嚴重的問題。**路加將這事件放置在主餐之後**，目的在於揭露使徒當時仍然對耶穌的生命和職事懵然不知。當耶穌宣布自己要離開之時，他們沒有關注耶穌的事，而卻要問誰最為大——即誰會作領袖帶領他們。耶穌知道他們所想的，所以回答説：「……世上的君王有管轄人民的權力……但是你們不應該這樣……作領袖的，應該像僕人……我在你們當中是伺候人的。」(25～27節)從耶穌的回答反映出他沒有指責使徒，只是再次重申作門徒的根本意義，並以自己作為例子解釋這意義。

4卷福音書裏，只有路加兩次記載門徒爭大的事(參太二十24～28；可十41～45)，而且第二次的爭論是放置在逾越節主的餐之後。作者這樣的鋪排是有其特別的意義。

換言之，耶穌的苦難與門徒身分意義是息息相關的；門徒的身分不是在於他們是否有偉大或有權勢，而是在於他們是否體會和仿效耶穌服事弱小的生命。在世上國度裏，權柄往往是透過管轄而表達，但從路加福音一直強調的逆轉主題所示，在上帝的國度裏，權柄和能力是透過服事而表達的，其中最具體的代表就是上帝之子的服事。耶穌的職事就是門徒的榜樣：

你認為門徒好為首並爭大的現象，反映怎樣的價值觀和國度觀？在我們今日的信仰生活裏有相近的事例嗎？

耶穌的職事	門徒的職事
被封為王(27節)	審判以色列十二支派(30節)
耶穌的權柄是服事(27節)	門徒要服事(26節)
耶穌受苦(28節)	門徒和耶穌一起受苦(28節)

與使徒們對話其間，路加插入一段耶穌對彼得的提醒(31～34節)。雖然撒但在耶穌開始職事的時候未能成功以試探擊敗耶穌，但牠並沒有放棄，只是**「暫時離開耶穌」**(四13)，為要等候更好的機會。耶穌的跟從者既然要分嘗他的苦難，自然免不了要提防撒但的試探和攻擊。雖然耶穌是與彼得個人的對話，但對所有的跟從者而言，這並不僅限於西門彼得。

耶穌的提醒似乎是預見彼得和其他門徒的軟弱和失腳。更重要的是，耶穌並不單只提醒，同時也為他們祈求，使他們不至失掉信心，並且彼此堅固和支持。彼得勇敢的回應：**「主啊，我願意跟你一起坐牢，一起死！」**(33節)不見得不真誠，只是他可能低估了試探的力量，同時高估了自己的能力。他沒有想像過隨後當面對一些小人物的提問，他竟然否定他是耶穌的門徒。

與彼得對話之後，接著的是路加所記述與眾使徒最後的一席話(35～38節)。在加利利的職事裏，耶穌曾囑咐他所差遣出去宣教的門徒不必為生活而憂慮(九1～6，十1～12)，但在這被賣的一夜，耶穌卻將先前的叮囑改弦換轍。耶穌的吩咐似乎是要跟從者預備逃跑或作戰，不過這又明顯與耶穌的教導有歧異(十二4～7，二十一12～19)，但最叫人困擾的是耶穌叫門徒買刀的囑咐(36節)。

大多數的解經家都認為耶穌這裏的吩咐不能按字面了解，而是象徵地表達「時段」的改變。換言之，門徒即將面對的是再沒有耶穌在身旁的危險，所以門徒要知道如何在未來凶險的處境裏保護自己。耶穌所說買一把刀正是這個意思，而非鼓勵門徒用武力解決問題。

以象徵作為理解這個囑咐的關鍵，在於掌握耶穌面對危難的態度。整體而言，耶穌並不嘉許以暴力對抗逼迫。再說，二十二章49至51節的片段清楚說明耶穌並不嘉許暴力的手法。如果耶穌並非要「指示」門徒以武器預備將來的危險，就是要他們覺醒迫在眉睫的危險，因為門徒將要分嚐耶穌的苦難。耶穌接著說自己「**被列在罪犯中**」，他是更具體地說明他的受死應驗了舊約經文，這同時亦應該是「預言」門徒的處境。只是門徒並不明白耶穌的話語，他們的反應只在「**兩把刀**」(38節)，而沒有留意任何關於耶穌受苦之事。

耶穌所說的這句話是引自以賽亞書五十三章12節。《現修》譯作「承擔罪人的命運」，而《和合本》譯作「他也被列在罪犯之中」。

13.1.1.4. 往橄欖山禱告(39～46節)

耶穌「**照常**」往橄欖山去，這是他進入耶路撒冷後的習慣：白天在聖殿宣講，晚上在橄欖山過夜(二十一37～38)。路加福音裏的耶穌是個經常禱告的上帝之子，在轉捩的關頭，耶穌的禱告尤其明顯(參三22，六12，九18、29，十一1，二十三34、46)。

在禱告中耶穌所提過的「**杯**」(42節)在聖經中可以喻作命途或際遇(參太二十20～23)。耶穌的祈求，表示他在上帝的旨意和平常人生命的期盼的張力間拉扯著。換言之，人不會主動去尋找苦痛，所以自然地會祈求「**把這苦杯移去**」，但這並不否定它的存在甚至來臨。從路加的敘事來看，耶穌更是清楚知道他的順服、受苦以至死亡，正是上帝救贖工作成就的途徑。所以，耶穌的禱告是：「**不要照我的意思，而是要成全你的旨意。**」(42節)耶穌禱告的內容昭示出他內心的衝突，而他「**更懇切**」禱告的態度

「汗珠像大滴血落在地上」是形容耶穌汗珠大如血滴，不是說禱告至流血的意思，這是描繪耶穌禱告逼切的程度。

和「**汗珠像大滴的血**」的表現同樣顯示他的掙扎。耶穌以禱告使自己警醒，以免陷入誘惑，逃避那將要來臨的苦難，他同樣提醒他的跟從者應該禱告警醒，免得陷入誘惑。但門徒沉睡的表現鮮明地諷刺彼得不久前信誓旦旦的宣言。

13.1.2. 上帝之子被捉拿（二十二47～二十三25）

13.1.2.1. 被捕（二十二47～65）

十二門徒裏的猶大趁著夜裏帶著「**一羣人**」——其中有祭司長的僕人和聖殿警衛官，以及長老——來拿耶穌（47、52節）。猶大及那些宗教領袖以這樣的隊形去捉拿一個手無寸鐵的人，這反映了耶穌對他們的威脅有多大。他們素常知道凡耶穌出現的地方，總有一羣人跟著他，所以他們不但要夜間捉拿耶穌，還要帶著一羣人來，惟恐被羣眾發現時會產生騷動（參二十19）。在這個情況裏，門徒嘗試以武力面對危機（二十二49），耶穌卻制止他們動武，這清楚説明他們並不了解耶穌的身分和職事，同時亦澄清了不久前耶穌提及買刀的囑咐（36節），並非軍事政治上的表態。耶穌對祭司長等的反問，不僅指出他們的虛假偽善，也表示他們是撒但的同謀。畢竟，這個合適的時機是魔鬼的時候，也是祭司長和長老等尋找的時機。然而，這卻是個黑暗的時刻：「**現在是你們橫行的時刻，黑暗掌權了。**」（53節）從被捕這一刻開始，耶穌將會經歷被棄、羞辱、褫奪、降格、邊緣化。但這些凌辱不單不能使耶穌失分寸，更益發顯出耶穌的身分和順服，他是為此而來的。

被挾拿的耶穌首先面對的是自己學生的棄絕。彼得是門徒的代表，亦是耶穌日後職事的代表，即使在最後晚餐裏，耶穌也要特別以彼得為勸勉眾人的對象。彼得也確實是惟一跟從耶穌到大祭司院子裏的門徒，但在整個故事的片段裏彼得說了3句話：「**我不認識他……我不是……我不懂得你在說些甚麼**」(57、58、60節)。簡言之，這段敍述的主調是「否認」。彼得的否認，迴盪耶穌早前的講說：「**凡在人面前不認我的，人子在上帝的天使面前也不認他。**」(十二9)

然而，無論從他的宣講，抑或他自己職事的內容，耶穌從來沒有否定罪人回轉的可能性。如今在被賣的這一刻，他的「**轉過身來，注目看彼得**」(二十二61)，正要讓彼得可以「**回轉歸我【指耶穌】**」(32節)。耶穌轉身來看彼得，使彼得想起耶穌不久前和他說的「**今天在雞叫以前，你會三次說你不認得我**」(34節)。

值得注意的是，路加福音是4卷福音書裏惟一這樣描寫耶穌與彼得的相望。

耶穌的預言和彼得的否認，是彼得出去痛哭的動力。另一方面，耶穌早前的預言亦包含了一個回轉悔改的邀請：「**你再回轉歸我以後，就要激勵你的弟兄們。**」(32節)悔改回轉的首步，是真誠地面對失敗。初代教會毫不諱言地傳承彼得這個經歷，不啻是歷史事蹟一樁，更是在面對試煉或逼迫時而失腳的人的福音。

你有像彼得般的經歷嗎？你相信耶穌會向你發出像對彼得的邀請(32節)嗎？

彼得的經歷也許使讀者回想和體會耶穌早前的一句話：「**說話冒犯人子的，可以蒙赦免；只是褻瀆聖靈的，不能蒙赦免。**」(十二10)誠然，天父上帝的心意是接納每一個願意回轉的兒女。這個心意在上帝之子耶穌的職事和生命裏完全彰顯。在他面前，回轉悔改的門永遠是敞開的。

門徒否認耶穌這事只是耶穌受苦的序曲，接著而來他要面對更多的羞辱。看守耶穌的人的戲弄和拷打，是要嘲笑這位「先知」(六22～23，十一47～51，十三33～34)，但他們的行徑卻也應驗先知的預言(七29～30)。

13.1.2.2. 在猶太人面前受審(二十二66～71)

耶穌被捉拿後帶到大祭司的官邸受看守的人凌辱，然後被帶到議會裏，聚集在議會中的成員就是自他進入耶路撒冷後便一直對他虎視耽耽的祭司長、猶太人的長老、經學教師(參十九47)。在被出賣以前，這些領袖礙於羣眾而未能捉拿耶穌，如今在議會裏，他們大可不必顧忌羣眾而查問耶穌了。

耶穌時代的猶太議會

學者們對耶穌時期的猶太人議會(《和合本》譯作「公會」)的組成和功能，可以說是眾說紛紜。總括來說，議會是由耶路撒冷的宗教領袖所組成，並按羅馬人所允許的權力管治耶路撒冷，甚至治理分散各地的猶太人的事務，所以他們的權力範圍只限在猶太人。除了污蔑聖殿可構成死罪之外，議會並沒有任何權柄定人死罪，而死罪必須交由羅馬委派的總督(《和合本》譯作「巡撫」)來定斷。所以猶太宗教領袖至終目的不是要把耶穌捉拿，而是想辦法將他帶到羅馬總督那裏定他的死罪(參二十20，二十三17)。

按照羅馬人賦予議會的權柄，耶路撒冷這些領袖不是從污蔑聖殿的方向查問，就是要製造耶穌對羅馬政權構成威脅為藉口。所以，他們查問耶穌：「你是不是基督？」(67節)這話已表示他們是循第二個方向，希望套出陷害耶穌的藉口，然後交給羅馬人辦理(二十20)。

一如他在聖殿與祭司長們辯論時的表現，耶穌並沒有正面回答他們的問題，而是藉反問呈現領袖們的頑梗和剛硬。從路加福音整體看，耶穌是基督這身分，從路加敘事一開始就已經清楚表明，但對於那些拒絕的人，耶穌愈是親自表白，他們會愈不願相信。

祭司長等嘗試將耶穌陷入爭奪權力的角色中，耶穌卻進一步指出真正的權力是來自上帝，同時昭示他並不是一般人所想的基督，而是「人子」，是要坐在全能上帝的右邊的人子。從路加敍述耶穌的職事和宣講，人子之所以坐在全能上帝的右邊，是表述耶穌是那因順服天父上帝的心意，藉死亡、復活、升天的上帝之子而已，這並沒有政治或軍事的含意。但對這些心存陰謀的領袖，耶穌的回答已經足以讓他們進一步將案子帶到羅馬總督彼拉多面前了。

13.1.2.3. 在外邦人面前受審(二十三1～25)

當祭司長等人認為已經搜集了足夠的證據，便將耶穌押到總督彼拉多面前，這應驗耶穌所説「**他將被交在外邦人的手裏**」(十八32)。猶太人的領袖要陰謀得逞，必須使彼拉多相信耶穌是個威脅羅馬政權的猶太極端分子，所以，他們對耶穌的指控與議會的聆訊不盡相同(參二十三2)。事實上，他們所編造的理由，明顯將耶穌刻畫成一個有政治動機的革命者。若按路加的敍述，不難發現祭司長們的推砌其實是誣蔑。在路加福音裏，耶穌既沒有政治野心，也沒有反對猶太人向凱撒納稅。縱使他不否認自己是基督，但也不是祭司長口中所説具政治意圖的王。

作為一個羅馬總督，彼拉多最關心的就是羅馬政府的管治和利益，只要威脅到這個底線，自然觸動彼拉多的神經。彼拉多問耶穌：「**你是猶太人的王嗎？**」正顯示他所關注的事。無論耶穌的回答背後意義如何，彼拉多的反應仍是「**我查不出這個人有甚麼罪狀**」(3～4節)，説明他並不相信祭司長等人的控訴。從彼拉多的宣稱，再一次確認耶穌的清白無辜。另一方面，猶太領袖的堅持，加倍説明他們的頑梗和悖逆。

彼拉多宣稱耶穌沒有罪是重要的。耶穌並不是因作亂而受罰，這説明了基督信仰並不構成羅馬政治上的威脅。這點澄清對基督教後來的傳播極為重要，也應該是路加寫給提阿非羅大人的其中一個原因。

彼拉多既不太相信祭司長等人的指控，也不願意牽涉在猶太人之間的鬥爭裏，所以，當彼拉多知道耶穌來自加利利，加上希律安提帕也剛好在耶路撒冷，他就樂意將這個燙芋頭交給希律。對希律而言，耶穌並不一定是個燙芋頭，因為希律早已想見耶穌(參九7～9)，這一切確實都在上帝掌管之下。所以，彼拉多將耶穌送到希律那裏，對彼拉多而言這是表示釋放友善的表態；然而，從路加敘事的開始，希律並不是渴慕真理，而是個殺害先知的人(三19～20，九9，十三31)。他之所以想見耶穌，除了好奇心以外，再也沒有絲毫其他的動機，從耶穌的沉默，已說明這一點。希律無法得償所願，也加入了戲弄羞辱耶穌的夥兒。

祭司長和經學教師仍然鍥而不捨地控告耶穌，只是希律將耶穌送返彼拉多處，正好說明他也找不到證據支持猶太領袖的指控，更諷刺的是，希律和彼拉多原來是不和的，現因為耶穌倒成了朋友。

彼拉多3次宣告耶穌是清白無辜，而且對羅馬政權並沒有構成任何威脅(二十三14、20、22)，這是路加所強調的；與此同時，猶太領袖們堅持指控耶穌就更顯得盲目。讓人感到意外的，倒是在反對耶穌的人中，除了祭司長、經學教師等領袖外，還有一度歡迎和支持耶穌的羣眾。路加沒有解釋為何羣眾會改變他們的意向，但從他們要求釋放曾經作亂並殺人的巴拉巴，可見羣眾寧願選擇一個訴諸暴力的人，也不惜除掉耶穌。究竟是否經由祭司長們和經學教師的游説，使羣眾被民族情緒所充昏了頭腦？他們是否一方面抗拒彼拉多的判斷，另一方面又將復國的期望寄托在一個曾經作亂的人巴拉巴身上？諷刺的是，正如在審理耶穌的過程上彼拉多與希律無故地成了朋友，羣眾也在這事上亦無故地與祭司長們結盟。

羣眾的選擇説明他們既棄絕了上帝之子，也表示他們將民族復興的盼望**訴諸暴力**的形式，這個形式的選擇無可避免地至終會將猶太人推向與羅馬人爭戰的邊緣上。這將應驗耶穌曾經就耶路撒冷而發的預言（參12.3.2.「預言聖殿、耶路撒冷，以及整個世界的將來」）。

從這個角度看，耶穌早前囑咐門徒買刀（二十二36）的原因應該不是訴諸武力，不是要門徒對抗羅馬人。

彼拉多並不是個君子，也不是個執著真理公義的人，他只是個徹底的實用主義者。在猶太領袖和羣眾都叫嚷的情況下，他沒有理由為一個他不認識的人而為自己和羅馬的管治製造麻煩。儘管他應該知道耶穌並沒有犯他們所指控的罪，他仍然將耶穌交給他們，任憑他們處理。

彼拉多和希律已經先後多次宣稱耶穌無罪，儘管他被帶赴刑場，他的死並不是因觸犯法律，然而，耶穌即將面對的苦難，同樣不會叫人相信是無奈的偶然或遭遇。路加在早前的敍述裏，一再説耶穌「**必須**」受害。換言之，耶穌的死是上帝旨意的成就，是上帝之子的身分和職事的説明。

13.1.3. 上帝之子的死（二十三26～56）

13.1.3.1. 受刑（26～43節）

在無可奈何的情況下，羅馬總督終於判決耶穌接受一個極殘忍的刑罰——被釘在十字架上，而且要即時行刑。耶穌要背負他的十架行上刑場。在途中出現一位古利奈人西門，路加沒有交代太多關於這人的事，但因為他要為耶穌背負十架，就顯出耶穌可能因多次受毆打、戲弄、鞭打（二十二63，二十三11、16），身體變得極為軟弱。

此外，途中還有一班婦女為耶穌悲傷哀哭。這段記敍只出現於路加福音，路加對婦女的重視再次在此顯露出來。她們的哀慟和咷哭既表達對耶穌職事的肯定，也突顯了猶太領袖謀害耶穌的悖逆。羣眾跟從著，與先前起哄要釘死耶穌的情況形成了諷刺的對比。無疑羣眾是善變的(參十九47～48，二十19，二十一38，二十二2)，但回轉仍然是可能的。

耶穌引用了舊約聖經來說明他的講論(29節引自以賽亞書五十四章1節；30節則引自何西阿書十章8節)。

耶穌對正在哀哭的婦女們的**一番話**，說明他並未對自己的遭遇產生任何埋怨和苦毒，反而憂慮同胞即將面對的變化和災難。耶穌所說的與他早前預言耶路冷將遇見的災難呼應。耶穌將自己的苦難與耶路撒冷的災難作出對比，固然是說明其中存在微妙的關連。從歷史的角度看，耶穌的死源於猶太領袖的計謀，也是羣眾的選擇。無論是計謀抑或是選擇，都說明猶太人拒絕了耶穌的職事和信息，他們寧願採納以巴拉巴為象徵代表的動亂分子，這正是耶路撒冷日後遭遇戰爭的伏線。耶穌的洞見，是理解他言論的鑰匙。無論「青綠的樹木」與「枯乾的樹木」(31節)的對比是喻指耶穌的遭遇和耶路撒冷的遭遇，抑或是指春天(逾越節是早春的時節)和冬天(枯乾的季節)，都是指出耶路撒冷將要遭遇極大的苦難。

羅馬人辛尼加(Seneca)曾經在他作品中描寫釘十字架幾種不同的方法。

耶穌被帶到「髑髏岡」釘十字架，與他一起受刑的還有兩個囚犯。在古代，釘十字架是頗為普遍的刑罰，但**釘的形式**卻似乎多過一種。一般而言，受刑者都是非羅馬公民的重犯；從施刑者的角度，十字架酷刑是定義耶穌罪犯的身分，是說明他罪行的結果。耶穌的十字架上面掛著一個牌子，上面寫著他的「罪行」：這是猶太人的王(38節)，但同釘的兩個犯人的罪行卻沒有記載，雖然如此，這兩個人必定是重罪的囚犯。從路加的敘述裏，耶穌早就預言「他被列在罪犯中」(二十二37)。若此，耶穌的受刑既不是事敗被擒，也不是無可奈何顛連無告了。儘管耶穌受苦刑，這也是他所預見、接受和順服的一步。

十字架上的耶穌所說的話，充分印證了上述的觀察。**「父親哪，赦免他們，因為他們不曉得自己在做甚麼。」**(二十三34)耶穌所代求的**「他們」**是誰呢？是當下釘他和譏笑他的兵丁(36～37節)，還是一直在謀害耶穌而至終得逞的猶太領袖(5、10、13節；參二十二1～6、52、66)，甚至加入騷動的百姓(18節)？無論耶穌所說的**「他們」**是誰，耶穌仍以他們所作的是出於無知(參徒三17，十三27)。

試反省你個人的境況。你能不能赦免得罪你的人，並且在最痛苦的時刻還為他禱告？

就在這樣苦痛和羞辱的時候，耶穌仍認為苦待他的人是出於「無知」，仍堅持上帝是他的**「父親」**(46節)。如果不是一種完全的契合相通和信任，絕不能有這樣的生命。看來上帝之子對天父上帝旨意的順服，並不是無可奈可又略帶不甘心的苦澀或自我矮化。順服不是消極地否定自我，而是相信上帝的能力和工作將會在苦難中開出救贖和恩典之途，而不因人的愚頑悖逆而轉移。為此，耶穌在極度苦痛和羞辱中仍然能為人的愚昧而禱告。耶穌的禱告總結了他在路加整個敘事中的信息和職事：相信上帝的赦免和救贖，人總有回轉的可能。正因為這樣，耶穌在十字架上雖然受苦痛，但仍然能為迫害他的人代求，耶穌向門徒展示的寬恕和赦免，就不僅是口頭上的教導而是從整個生命活現出來的(參五20～24，六27～29，七47～49，十七3～4)。

耶穌在路加福音裏稱上帝為「父」的經文(十21～22，十一2，十二30～32，二十二42)。

耶穌的禱告與十字架下的譏笑所造成的對比，益發突出路加的信息。兵士為爭奪耶穌的衣服而抽籤，這行動似乎是侮辱耶穌，以為他是落在無奈和無能之中，但他們怎曉得他們的所作的，竟然正應驗聖經所記(詩二十二18)。即使在最差劣的環境裏，上帝還是在人所不能想像的計算和方式工作。

你怎樣理解順服？若耶穌真的忍不住譏笑而行一個神蹟救自己脫離痛苦，這會引來甚麼後果？猶太領袖會因此而相信他嗎？這樣的行徑是否等如被試探所勝？耶穌的生命可給你帶來亮光？

猶太領袖嗤笑：「要是他真的是上帝所揀選的基督，讓他救救自己吧！」(二十三35)兵士的譏笑：「你若是猶太人的王，救救你自己吧！」(36～37節)，以及一個囚犯的侮辱：「你不是基督嗎？救救你自己，也救救我們吧！」(39節)他們無不否定耶穌是上帝之子，只是要嘲笑這位被釘的耶穌怎會是救主、基督、猶太人的王。耶穌在十字架上所忍受的，正將他一直以來的教導活現。他一直要求他的跟從者背上十字架，否定自己的生命，並強調只有這樣才可以得到生命(九18～27)。在十字架上的耶穌清楚活出他所講說的。事實上，正是因為他的受苦才帶來了所有人的生命，所以，他在十字架上不僅沒有影響他的身分，更是確認他是透過受苦展現上帝國度降臨和主權的上帝之子。拿酸酒給耶穌的兵士也許以為是以此進一步奚落他，他絕對不知道他的羞辱卻是應驗聖經的講論(詩六十九21)。

在耶穌受審以至被釘的過程裏，這個囚犯是繼彼拉多和希律安提帕後，第三個宣稱耶穌是沒有罪的(參二十三1～22)。

然而，並不是所有人都參與這譏笑耶穌的行列，其中還有一些群眾靜默地「站著觀看」(二十三35上)；另外還有與耶穌同釘在十字架的**其中一個囚犯**也沒有和應另一個囚犯的嘲諷，反而瞥見了無辜的(即「義者」，因為他「沒有做過一件壞事」；41節)耶穌受刑背後的救贖意義：「耶穌啊，你作王臨到的時候，求你記得我！」(42節)相比之下，這個囚犯的見識不僅要比與猶太領袖們的高，也更接近上帝的國度。他所倚仗的就是耶穌的「記念」，而不是自己的能力或計算。事實上，耶穌應許他：「今天你要跟我一起在樂園裏。」(43節)

樂園、永生、新天新地？

「樂園」一詞的希臘文“*paradeisos*”原本意思為「花園」。《七十士譯本》以這詞來翻譯希伯來文所指一個花園或森林（參民二十四6；尼二8），以及「伊甸園」（直譯為「伊甸的花園」；參創二8），亦有譯作「主的花園」（賽五十一3）。這詞起初的用法絕無終末的意味，但後來因猶太人的作品（尤其天啟文體類）將這詞來指涉隱密樂園，後這詞發展成用來指義人靈魂居住的地方（參11.2.3.「不懂得為未來預備的財主」）。「樂園」這詞漸漸更發展成用作與上帝相遇的福樂之地。

試將那為自己的能力和計算而沾沾自喜的「無知財主」（十二16～21）、稅棍的禱告（十八13），和這個囚犯互作比較。

許多人讀到這裏，不免會問：「樂園是怎樣的呢？它與永生和新天新地是否一樣呢？」除了路加福音之外，「樂園」一詞在新約保羅的哥林多書信（林後十二3）和啟示錄（二7）也曾出現過，但作者並沒有對這地方有太多的描述。舊約的偽經《以諾二書》（2 *Enoch* 32.3）和《利未遺訓》（*Testament of Levi* 18.10）形容「樂園」是屬天的樂土，其中鳥語花香，碩果豐盈，但更重要的是指與上帝同在的地方。從這個角度看，樂園與永生和新天新地確有相似之處，但從另一角度看，新約中有關永生和新天新地的信念，有一個「未然」的層面，即是必須等候主回來才得以完全成就，而樂園是死後立刻可以去的地方（參二十三43），所以兩者之間仍有些分別。

從新約中有限的報道顯示，有關樂園具體的樣子、地方和出現的時間，都不是我們所能夠或需要完全掌握的，但樂園所代表的中心思想卻是清楚不過：與上帝同行。這一個信念，比任何的資料都重要。

13.1.3.2. 上帝之子離世（44～56節）

整體而言，路加看耶穌的受苦至終無疑會導向上帝的救贖。然而，這並不表示邪惡的勢力可以被忽視，耶穌受難的高峯就在於他要戰勝這邪惡勢力，從而奪回人的生命及真正自由。這角力終於臨到了，大概到中午時分，日光突然消失，**「黑暗籠罩大地」**（44～45節）。這黑

在耶穌釘十架的整個敘述中，路加從沒有提過門徒。你認為他們去了哪裏？試想當耶穌最痛苦之時，連他身邊最親的人也不在，他的心情會如何？你有此經歷嗎？你相信耶穌體會你的心情嗎？

「幔子裂成兩半」的「裂成」這個動詞的希臘文"eschisthe"是以被動語態表示。這已表明幔子不是因為有任何自然變化而突然裂開，它是被撕裂的，這當然是上帝做成的。

暗可能是指突然而來的自然現象（如天象或沙塵的變化），但更重要的是路加喻指的應該是撒但的權勢和力量（參二十二53）。事實上猶太人的宗教傳統裏，日頭變黑與「主的日子」及其引申的審判是緊密相連的（參賽十三9～10，五十2～3；耶四28；哀三1～2；珥二2、10、31，三13～15；摩五18、20，八9；番一15）。就是外邦的讀者，也體會路加的描寫背後的意義，這異常的變化説明這位被釘的人絕對不是猶太宗教領袖眼中的罪犯。

路加進一步描繪**「懸掛在聖殿裏的幔子裂成兩半」**（二十三45），其寓意可謂是非常深遠。在路加鋪陳的次序裏，幔子的裂開與耶穌的呼喊禱告相互呼應：幔子被分裂成兩半，是上帝的作為，這除了説明上帝與人之間的隔閡打破了，也表明上帝要為耶穌曾針對聖殿的責難講論（十九45～46，二十一5～6）而辯護，顯明他的講論是真確的，這顯明耶穌的身分確實是上帝之子。耶穌所説**「父親哪，我把自己的靈魂交在你手裏！」**（二十三46）路加可能表達耶穌在此極度苦痛的一刻。這最後一句話只出現於路加福音。路加記下這句説話，是要讓讀者感受到耶穌與上帝之間的親密關係（他真是上帝之子）的同時，也深深體會耶穌的一切的職事包括受死，都是順服於上帝心意的。這位上帝之子現在正與上帝面對面相遇——聖殿裏的至聖所（即上帝的居所）的幔子裂開了。他將自己的靈魂交托給上帝，這一刻他終於成就及應驗了舊約所預言的救贖工作（詩三十一5）。

這個段落裏還有值得注意的事，是那些對耶穌死亡有所回應的人。縱使兵士曾譏笑耶穌，但如今其中一個軍官卻頌讚上帝**「這個人真是義人！」**（二十三47）儘管猶太領袖的陰謀得逞，但圍觀的羣眾卻**「悲傷**

地捶著胸膛」(48節)。這些羣眾固然可能在哀慟耶穌的死而捶胸，但亦可能像那個「捶著胸膛」、為自己的罪而懊悔而哀求**「上帝啊，可憐我這個罪人！」**的稅棍(十八13)。無論是軍官抑或是百姓，他們的反應或許未必是對耶穌身分完全地體會，但他們肯定對釘死耶穌一事感到懊悔和痛心。藉著這些見證，路加讓他的讀者體會這位被釘的耶穌是一位**義者**、無罪的人。

這就成了使徒行傳中一個主題：耶穌之被上帝叫他從死裏復活，正是說明耶穌是個「義者」(參徒三14～16，七52)。

除了上述的人，路加還報道了跟耶穌熟悉的一些人和婦女，她們目睹耶穌受死的一切事，這將會成為日後為耶穌作見證的重要人物。畢竟，黑暗的權勢並沒有終極的勝利。

在古時候，一個人死後埋葬的事通常由其家人負責(九59)。若沒有至親家人的就由與死者關係最接近的人(如學生，參可六29)。

一直以來，耶路撒冷的領袖們是拒絕耶穌的一羣，然而，耶路撒冷城中的領袖們亦有例外的義人，其中一個就是亞利馬太的約瑟，他親自**負責耶穌安葬的事**。一如耶穌在出生時，耶路撒冷城有西面和安娜，如今在耶路撒冷城外，亦有亞利馬太的約瑟，這人同時出現於4卷福音書，而且作者對他都有非常正面的評價，可見他的行為表現相當受重視(參太二十七57～61；可十五42～47；約十九38～42)。路加並沒有清楚報道他與耶穌的關係，但作為一個真摰盼望上帝主權實現的人，約瑟沒有認同其他猶太領袖的計謀和行為(二十三50～51)。路加的記述不無意義，無論是猶太人、基督徒抑或外邦人，都應該認識猶太領袖中，其實不乏真誠正直的義人。

約瑟為耶穌所作的事，遠超過當時情理所預計的。耶穌是受十架酷刑的重犯，在一般人眼中，是卑賤不過的犯人。約瑟將耶穌的身體包裹和安葬在墳穴裏，是為表達對他的尊崇和欣賞(亞利馬太會不會是耶穌的門徒？)，也是他**對安息日法律的恪守**，因為屍體不能留在十架上直至安息日，這抵觸了安息日的條例。然而，也許因為快到日落(安息日即將來到)的關係，耶

按猶太人的律法，在安息日作安葬事宜是觸犯安息條例的。參《米示拿》之〈論安息日〉23.5。

穌的身後事要速速辦妥，故此他的身體沒有得到完善的處理，所以膏抹耶穌身體的這事，只能等待安息日之後才可做。當然，這一切就應留待耶穌的跟從者去行了。

溫習問題(13.1.) 在頁368。

13.2. 上帝之子復活(二十四1～49)

13.2.1. 復活(1～12節)

礙於安息日的來臨，婦女們未能在耶穌死後馬上完成所有儀節(二十三53)。安息日過後(即星期天)婦女們**「帶著所預備的香料到墳地去」**(二十四1)膏抹耶穌身體的計劃，就是順理成章的安排，只是她們沒有看見所期望的身體，倒是遇見兩個衣服放光的人。他們告訴這班婦女知耶穌已經復活，並且提醒她們要記起耶穌在世時曾經作過受害、死亡和復活的預言(九18～22、44，十八31～33)。婦女自墳墓回去後，便將所經歷的一切報告給11個使徒和其他的人知道。路加沒有記載有多少個婦女一同進入墓裏見證耶穌復活的事(二十四11、10)，但卻特別提及其中3位，就是**抹大拉的馬利亞、約亞娜、雅各的母親馬利亞**，她們可能是那些跟從耶穌的婦女的代表，所以她們的名字容易被人記起。門徒聽到婦女們的消息，並沒有當成一回事，儘管這幾個婦女是從前曾經跟從過耶穌的門徒(參八1～3)。

按路加的記載，抹大拉的馬利亞曾被7個鬼所困擾(八2)，約亞娜是希律一個手下的妻子(八3)，雅各的母親馬利亞就是使徒雅各的母親馬利亞。她們3個都是耶穌的門徒，經常跟著耶穌出入，甚至到十字架下(參太二十七56)。

在遠古的社會裏，婦女並沒有像男人一樣的地位。這不僅是說她們沒有權利，又或者活動空間受到一定的限制，就是她們所說的話和所作的見證，是沒有力量、不合法的，被看為是「**胡說八道**」(二十四11)。只是彼得仍然因為婦女們的話去了墳墓，他沒有看見使者，也沒有看見耶穌，但卻看見空墳墓和麻紗。這足以讓他驚奇思考，究竟這是甚麼一回事。

婦女們的「見證」和彼得的查證也許能提供一些資料或佐證，但這一切並不能改變甚麼。路加接著縷述的一個插曲，清楚說明了這一點。

13.2.2. 從耶路撒冷往以馬忤斯的路上(13～35節)

路加並沒有交代兩個門往以馬忤斯去的原因，但卻提到是從耶路撒冷出發。從路加整體的敍述來看，耶路撒冷一直都是極為重要的主題。耶穌出生和孩童時期固然與耶路撒冷有密切的關係，就是耶穌的公開職事亦以耶路撒冷為終結。所以，這兩個門徒離開耶路撒冷往以馬忤斯去，應該不是雀躍和興奮的一回事。如果單從耶路撒冷這主題作判定顯得武斷的話，這兩個門徒「滿面愁容」(17節)似乎也提供足夠的説明。而最能清楚顯明他們的處境，自然是他們與復活的耶穌對話的內容(19～24節)。然而，在開始與耶穌對話的時候，他們並未能認出復活的主，但「**他們沿路談論所發生的一切事**」(14節)，可能已表示他們對一直以來所發生的事還是不明所以。

他們之所以不明白會否是因為他們看不見走近的耶穌(16節)？若是的話，究竟甚麼原因又導致這兩個門徒**認不出復活的耶穌**？是他們的眼睛被蒙蔽了嗎？若果真如此，是誰將他們的眼睛遮蔽，抑或還是耶穌復活的身體與他先前的不一樣的，以至他們無法認出他來？路加沒有說清楚他們未能認出耶穌的原因。無論如何，復活的主與他們展開了有關「拿

「他們看見他，卻不認得他」(16節)在《和合本》的譯法是「只是他們的眼睛迷糊了，不認識他。」而「迷糊」一詞在原文是以被動語態表達，路加沒有解釋他們究竟被甚麼所蒙蔽著。

撒勒人耶穌」對話（19～27節）。

述說耶穌的生平容易嗎？研讀聖經的意思容易嗎？但這一切是否已經與你產生了生命上的關係？

這兩個門徒縷述有關耶穌的資料幾乎是完全正確，從耶穌的身分和職事所顯示的能力，他為猶太領袖所害，甚至復活的消息，都是清楚無誤地交代一切。然而，這一切知識無法建立他們的信心，也不能使他們認出這位復活的主。根據耶穌的回應，他們的「盲點」正在於未能洞察耶穌的死與其達致的救贖工作的關連，而這個洞見是建立在先知的話語——舊約聖經——上的。對於這兩個門徒和其他人而言，耶穌的死就是一切的終結，是個無奈的完結。但耶穌卻指出「**基督必須經歷這一切【受苦】**」（26節），正如天使向婦女說明「**人子必須被交在罪人手中，釘在十字架上，在第三天復活。**」（7節）這個「**必須**」說明了苦害和死亡並不是事情的終結，而是另一個開始，這一切都在上帝的工作和救贖的計劃之內。所以，耶穌的受害並不是慘淡的收場，而是上帝旨意的成就。這個洞見其實並不陌生，在耶穌的職事裏就曾經多次向門徒預言他「**必須**」受害（參13.1.1.2.「與使徒共聚逾越節晚餐」）。如今，耶穌再根據猶太人的聖經，從頭到尾地向他們講述一次。

在路加福音裏，「認出」一詞原文與以下經文用字相同：「知道」（一4）、曉得（一22）、「看穿」（五22）、「聽說」（七37）、「知道」（二十三7）、「認得」（二十四16）。

耶穌的講解明顯把他們從頭腦的知識提升到心靈的體會裏（32節）。在進餐的時候，他們的眼睛忽然「**【被】開了**」（「開了」一詞原文是用被動語態）。雖然路加沒有解釋這兩個門徒為何眼睛被蒙蔽，但卻表達是耶穌開了他們的眼睛，他們終於認出耶穌來了。他們之所以能「**認出**」，似乎與他們所進的餐有密切的關係：「**耶穌拿起餅，向上帝感謝了，然後擘開餅，遞給他們**」（30節）。耶穌的行動可能讓他們瞥見耶穌當日餵飽數千人的情景（九10～17），更可能是使他們回想數日之前在耶路撒冷進食逾越節晚餐的情形（二十二14～23）。

為甚麼這兩個門徒不能辨認出主來？

這個剎那的片段，將他們的心靈全然改變，既足以讓他們認出耶穌，並且能深化、甚至更新他們的知識和經驗：「**他在路上向我們說話，給我們解釋聖經的時候，我們的心不是像火一樣地燃燒著嗎？**」(二十四32；參25～27節)結果他們完全扭轉原本的計劃，因為「**他們立刻動身，回耶路撒冷去。**」(33節)耶路撒冷的使徒和門徒同樣都是聚集在一起，雖然路加沒有詳細交代這羣人有沒有經歷到兩個門徒所經歷的，但他們聚集的時候，是在談論主復活的事，並講述他如何向彼得顯現。

13.2.3. 再從耶路撒冷開始(36～49節)

聚集在耶路撒冷的門徒正在談論耶穌復活之時，耶穌突然向他們顯現。門徒的反應卻是「驚惶戰慄」，即使耶穌向他們展示手和腳(的釘痕)，他們仍是不敢相信，直至耶穌吃他們的烤魚，然後再向他們說話，他們才相信這人就是耶穌。路加這樣詳細的表述(而只有路加才有這記述)，完全將門徒的矛盾及恐懼揭示出來。他們豈不是已聽過空墳墓的事？他們豈不是已聽過以馬忤斯路上的事(甚或這兩個門徒也在他們中間)或有其他路加沒有記載的事？結果他們仍是恐懼，當然這可能是人自然的反應，但是或多或少這也顯出他們的小信。

耶穌完全明白他們的處境及狀況，他並沒有怪責他們，反而盡所能讓他們認出自己來，他這樣行目的是要他們知道他確確實實的復活了。他們所經驗的，並不是情緒上的思念，也不是不朽的精神，更不是靈媒召喚的鬼魂。耶穌是切切實實地死在十字架上，卻又是真真確確地從死裏復活的。

路加的記述，固然見證了門徒對耶穌復活的自然反應，這對福音在外邦世界中傳播也不無重要性。事實上，福音在傳播過程中不免遇到疑問：基督信仰所說的復活，會否就是在外邦世界裏希臘人所講的不朽精神，或諾斯底主義所言的虛擬或幻影，甚至是靈媒的一種召喚？路加清楚地說明，耶穌的復活是確切、惟一和獨特的。門徒所經驗的，並不是日有所思、夜有所夢，更不是幻影。

46節《現修》「聖經記載」這詞《呂振中譯本》譯作「有這樣的記著說」，這是因為原文並沒有主語。《現修》加上「聖經記載」與《和合本》加上「經上所寫」是要使文意更清楚之故。當然，我們也不能排除其它文獻有相似的記述（如路加在第一章所說的已經流傳的記載）。

然而，路加更要說明，感官的體會和經驗並不足夠，門徒還需要有正確的識見和了解。復活的主向門徒顯現，並不止於展示他的「手和腳【的傷痕】」（值得注意的是路加的記述並不是止於43節），而是要進一步說明從摩西、先知和詩篇所示，他「要」（**46節**；《和合本》譯作「必」）受苦和復活，這是路加所記載耶穌復活後第三次向門徒講解應該怎樣理解他的受死和復活的事（參6～7、25～27節）。

然而，耶穌的復活和顯現還不僅是要將安慰帶給憂傷和害怕的門徒，而是建立他們成為上帝子民的羣體，一個負有使命的新以色列民。門徒的聚集不應只是相互慰藉和支持，也是向外的見證：「你們就是這些事的見證人。」（48節）只是門徒的見證不是基於自己的理解和意志，而是建立於體會耶穌身分和職事的啟示，也是由於上帝藉著耶穌所賜予門徒生活和使命的力量。換言之，他的跟從者若真正理解耶穌的身分和職事，必然認同和肩負他的使命和任務：「你們要奉他的名，把悔改和赦罪的信息傳開，從耶路撒冷遍及萬國。」（17節）

13.3. 上帝之子升天（二十四50～53）

路加最後的結束語是描述耶穌門徒的表現。他們之前還在恐懼和疑惑中，因為他們失去了他們的老師，一個可尊敬的領袖，但如今他們真正認識到耶穌不僅是他們的老師，也是上帝之子，所以即使耶穌升天離開了他們，他們也不會因此而難過，反而「懷著極樂的心回耶路撒冷，時常在聖殿裏頌讚上帝。」（52～53節）若再參照路加的使徒行傳，便知他們還充滿信心，不懼死亡，完全按著耶穌的教導來過他們作為門徒的生活。

路加故事不僅是層次有序的敘述，同時也具起承轉合、待勢而發的力量。路加的記載止於耶穌的**升天**，他沒有詳盡地交代耶穌如何升天，以及門徒一眾在耶路撒冷等候應許的聖靈，從而得力完成使命，這既是完美的結束，也為路加的下一部作品使徒行傳，提供了穩固的基礎。

路加福音記載耶穌是在伯大尼升上天，但使徒行傳記載耶穌是在橄欖山上升天（徒一12）。這只是用字上的分別，因為伯大尼這城是位於橄欖山東南面的山坡上。

誠然，在路加的縷述裏，耶路撒冷並不是終結，而是新的開始。像提阿非羅等的外邦讀者，一定知道或聽過有關耶路撒冷被圍、聖殿被毀、猶太人被趕逐的事迹。基督信仰應該怎樣與這些傳統和事迹相連？路加的敘述卻説明，因為上帝之子耶穌的工作，在人看來是暗淡失敗的耶路撒冷和聖殿卻成了福音的開始。耶穌的工作職事，清楚顯示上帝工作的延續性、計劃和次序。從猶太信仰一直至到外邦，上帝的恩情和救贖藉著上帝之子耶穌顯露無遺。這是提阿非羅和所有讀者應該要知道的確據。

溫習問題（13.2.～13.3.） 在頁369。

溫習問題(13.1.)

1. 耶穌與門徒共聚逾越節晚餐背後的真正意義何在?(參二十二14～23)
2. 路加看猶大出賣主(二十二3～6)及彼得不認主(二十二31～34)這事情,背後是有誰來主使或疏擺?耶穌如何勸誡他們倆?猶大及彼得的反應有何不同?
3. 為何門徒之間會引起「誰為最大」的爭論?耶穌如何疏解他們?(參二十二24～30)
4. 耶穌被捕之後到過多少個地方受審問?猶太領袖、彼拉多,以及希律等人審問耶穌之後,認為他的罪狀是甚麼?(二十二54～二十三25)
5. 在整個釘十字架的故事裏,兵士、軍官、羣眾,以及與耶穌同釘的囚犯對耶穌的反應如何?從釘十字架這事上如何顯出耶穌是上帝之子?(二十三26～43)

溫習問題(13.2.～13.3.)

1. 婦女們聽到耶穌復活的消息後，反應如何？門徒對婦女們的報道有何反應？(參二十四1～12)
2. 耶穌如何開解往以馬忤斯路上的門徒？(二十四13～35)
3. 路加在二十四章36至49節記載當耶穌向門徒顯現時，他們的表現如何？耶穌怎樣解決他們的疑惑？
4. 在二十四章52節記載門徒「懷著極樂的心回耶路撒冷」。試分析他們為何有這麼大的轉變？
5. 路加怎樣表達耶路撒冷和聖殿不是終結而是開始？(參二十四50～53)

附錄

路加福音的耶穌在傳道時所到過或提及過的地方

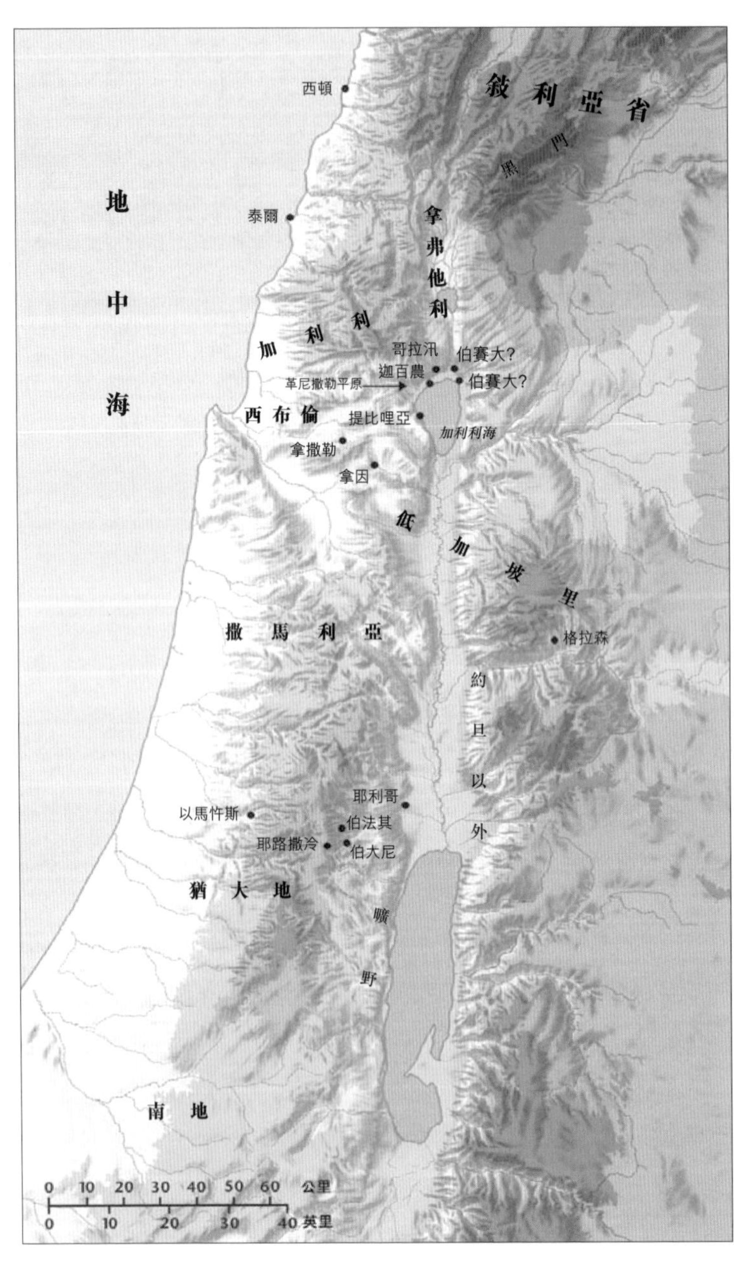

路加福音與其他福音書平行經文比較

此列表是將凡與路加福音有關連的其他福音書的經文以平行方式列出，作為讀者研讀此書的參考資料。列表內所引用的段落碼出自本書的分段標題碼；同樣，段落標題也是引自本書。至於其他福音書的平行經文的排列，則參照：黃錫木編著，《四福音與經外平行經文合參》，香港：國際聖經協會，2000年。

第一篇：上帝之子的降生和預備(1.1～4.13)

段落		路加	馬太	馬可	約翰
2.1.	引言	1.1~4			
2.2.1.	不育的要高歌：施洗者約翰的誕生	1.5~80			
2.2.2.	上帝的眷顧：耶穌的降生	2.1~52			
3.1.1.	約翰的角色：上帝之子的先鋒	3.1~6	3.1~3	1.2~6	1.19~23
3.1.2.	約翰的信息：具體和真實的救恩	3.7~20	3.7~10	1.7~8	1.24~28
			3.11~12	6.17~18	
			14.3~4		
3.2.1.	上帝宣告：「你是我親愛的兒子，我喜愛你」	3.21~22	3.13~17	1.9~11	1.29~34
3.2.2.	上帝之子的家譜：「耶穌……亞當是上帝的兒子。」	3.23~38	1.1~17		
3.2.3.	上帝之子面對的試探：「既然你是上帝的兒子。」	4.1~13	4.1~11	1.12~13	

第二篇：上帝之子在加利利的職事(4.14～9.50)

段落		路加	馬太	馬可	約翰
4.1.	上帝之子：先知式的彌賽亞	4.14~30	4.12	1.14上	4.3
			13.53~58	6.1~5	
4.2.	上帝之子：彰顯上帝的臨在	4.31~44	8.14~17	1.21~39	
			4.23		
5.1.	呼召門徒	5.1~11			
5.2.1.	醫治麻瘋病人	5.12~16	8.1~4	1.40~45	
5.2.2.1.	醫治癱瘓病人	5.17~26	9.1~8	2.1~12	5.8~9上
5.2.2.2.	呼召稅棍利未	5.27~32	9.9~13	2.13~17	
5.2.2.3.	新舊難合	5.33~39	9.14~17	2.18~22	
5.2.2.4.	安息日兩個爭論	6.1~11	12.1~8	2.23~28	

段落		路加	馬太	馬可	約翰
			12.9~14	3.1~6	
5.3.	選召十二使徒	6.12~16	10.1~4	3.13~19	
6.1.	上帝之子進入人羣之中	6.17~19	4.24~25	3.7~11	
6.2.	上帝國度的應許和挑戰	6.20~26	5.3~12		
6.3.	上帝國度的子民和質素	6.27~49	5.38~48	4.24~25	
			7.1~5		
			7.15~27		
			12.35		
7.1.1.	醫好羅馬軍官的僕人	7.1~10	8.5~13		4.46下~54
7.1.2.	使寡婦的獨生子復活	7.11~17			
7.1.3.	約翰的疑問	7.18~28	11.2~11		
7.1.4.	智慧之子	7.29~35	11.16~19		
7.1.5.	法利賽人家裏的女人	7.36~50			
7.2.1.	上帝之子的女門徒	8.1~3			
7.2.2.	給跟從者的比喻	8.4~18	13.1~23	4.1~25	
			5.15		
			10.26		
			7.2		
			13.12		
7.2.3.	上帝國度的兄弟姊妹	8.19~21	12.46~50	3.31~35	
7.2.4.	上帝之子平息風浪：門徒的理解和信心	8.22~25	8.23~27	4.35~41	
7.2.5.	格拉森人：沒有撇下一切的跟從者	8.26~39	8.28~34	5.1~20	
7.2.6.	兩個得醫治的故事	8.40~56	9.18~26	5.21~43	
8.1.1.	差派十二使徒	9.1~6	10.1	6.7~13	
			7~11, 14		
8.1.2.	希律的疑竇	9.7~9	14.1~2	6.14~16	
8.2.	上帝國度的筵席	9.10~17	14.13~21	6.32~44	6.1~15
8.3.1.	上帝之子：彌賽亞	9.18~27	16.13~28	8.27~9.1	6.67~69
					12.25
8.3.2.	上帝之子：受苦的僕人	9.28~36	17.1~8	9.2~8	
8.4.1.	不信與不能	9.37~45	17.14~19	9.14~20	
			17.22~23	9.25, 28	
				9.31~32	

段落		路加	馬太	馬可	約翰
8.4.2.	議論誰為大	9.46~48	18.1~5	9.33~37	
8.4.3.	壟斷的心態	9.49~50		9.38~40	

第三篇：邁向耶路撒冷之旅(9.51～19.44)

段落		路加	馬太	馬可	約翰
9.1.1.	決心朝耶路撒冷去	9.51~56	19.1~2	10.1	
9.1.2.	作「門徒」的代價和挑戰	9.57~62	8.18~22		
9.1.3.	七十(二)人的宣教	10.1~24	9.37~38		13.20
			10.7~16		
			11.20~24		
			10.40		
			11.25~27		
			13.16~17		
9.1.4.	誰明天父心？「好撒馬利亞人的故事」	10.25~37	22.35~40	12.28~34	
9.1.5.	馬大和馬利亞	10.38~42			
9.2.1.	上帝之子的禱告	11.1~13	6.9~13		
			7.7~11		
9.2.2.	上帝國度的來臨	11.14~28	12.22~30	3.22~27	
			12.43~45		
9.2.3.	上帝國度的徵兆：約拿的神蹟	11.29~32	12.38~42	8.11~12	
9.2.4.	照亮生命的光	11.33~36	5.15	4.21	
			6.22~23		
9.3.1.	對法利賽人和法律教師的指斥	11.37~44,	15.1~9	7.1~9	
		11.45~54	23.4~36		
9.3.2.	面對危機的講論	12.1~12			
			10.26~33	8.14~15	
			12.31~32	3.28~30	
			10.19	13.11	
9.3.3.	錢財帶來的逼迫和恐懼	12.13~34	6.25~34		
			6.19~21		
10.1.1.	等候的僕人	12.35~48	24.43~51		
10.1.2.	上帝之子的職事	12.49~53	10.34~36		
10.1.3.	上帝之子帶來的契機	12.54~59	16.2~3		
			5.25~26		

段落		路加	馬太	馬可	約翰
10.2.1.	審判、契機、悔改	13.1~9			
10.2.2.	上帝國度的彰顯：安息日治病	13.10~17			
10.2.3.	上帝國度的彰顯：由微小隱藏開始	13.18~21	13.31~33	4.30~32	
10.2.4.	誰在上帝的國度裏？	13.22~30	7.13~14 7.22~23 8.11~12 19.30	10.31	
10.2.5.	耶路撒冷、耶路撒冷	13.31~35	23.37~39		
10.3.1.	上帝國度的筵席	14.1~24 14.25~35	22.1~10 10.37~38 5.13	9.49~50	
10.3.2.	上帝的心	15.1~32	18.12~14		
11.1.1.	為未來預備的管家	16.1~8			
11.1.2.	怎樣預備	16.9~18	6.24 11.12~13 5.18 19.9	10.11~12	
11.1.3.	不懂得為未來預備的財主	16.19~31			
11.2.1.	對門徒的4個訓喻	17.1~10	18.6~7 18.15 17.19~21	9.42 9.28~29	
11.2.2.	為甚麼只有這個外邦人？	17.11~19			
11.2.3.	終末的講論	17.20~37	24.23 24.26~27 24.37~39 24.17~18 10.39 24.40~41 24.28	13.19~23 13.14~16	12.25
11.2.4.	堅持、恆忍的禱告	18.1~8			
11.3.1.	上帝眼中的義人	18.9~14			
11.3.2.	嬰孩、領袖、上帝之子	18.15~34	19.13~14 19.16~22	10.13~16 10.17~22	

段落		路加	馬太	馬可	約翰
			19.23~30	10.23~31	
			20.17~19	10.32~34	
11.3.3.	稅務長撒該	19.1~10			
11.4.1.	封王的比喻	19.11~27	25.14~30	13.34	
11.4.2.	進入耶路撒冷	19.28~44	21.1~9	11.1~10	

第四篇：旅途目的地：耶路撒冷(19.45～24.53)

段落		路加	馬太	馬可	約翰
12.1.	進入聖殿：潔淨、教導	19.45~48	21.12~13	11.15~19	
12.2.1.	「權柄」的爭論	20.1~8	21.23~27	11.27~33	
12.2.2.	佃戶比喻	20.9~18	21.33~44	12.1~11	
			21.45	12.12	
12.2.3.	納稅之論	20.19~26	22.15~22	12.13~17	
12.2.4.	復活的爭論	20.27~40	22.23~33	12.18~27	
12.2.5.	上帝之子提出的挑戰	20.41~44	22.41~45	12.35~37	
12.3.1.	責備與稱許	20.45~21.4	23.1~2	12.37~39	
			23.5~6	12.41~44	
12.3.2.	預言聖殿、耶路撒冷，以及整個世界的將來	21.5~36	24.1~22	13.1~20	
			10.17~22	13.24~32	
			24.29~36		
12.3.3	上帝之子繼續教訓人	21.37~38			
13.1.1.1.	被出賣	22.1~6	26.1~5	14.1~2	
			26.14~16	14.10~11	
13.1.1.2.	與使徒共聚逾越節晚餐	22.7~23	26.17~20	14.12~17	
			26.23~29	14.20~25	
13.1.1.3.	與使徒最後對話	22.24~38	20.24~28	10.41~45	
			19.28	14.29~31	
			26.33~35		
13.1.1.4.	往橄欖山禱告	22.39~46	26.36~46	14.32~42	12.27
13.1.2.1.	被捕	22.47~65	26.47~58	14.43~54	18.2~12
			26.69~75	14.65~72	18.13~18
13.1.2.2.	在猶太人面前受審	22.66~71	26.59~66	14.55~66	
13.1.2.3.	在外邦人面前受審	23.1~25	27.2	15.1~2	19.16
			27.11	15.12~14	

段落		路加	馬太	馬可	約翰
			27.21~23	15.15	
			27.26		
13.1.3.	上帝之子的死	23.26~56	27.31~36	15.20~26	19.17~19
			27.39~43	15.29~40	19.24~25
			27.45	15.42~47	19.29~30
			27.48		19.38~42
			27.55~61		
13.2.1.	復活	24.1~12	28.1~8	16.1~8	20.1~13
13.2.2.	從耶路撒冷往以馬忤斯的路上	24.13~35		16.12~13	
13.2.3.	再從耶路撒冷開始	24.36~49		16.15	20.19~20
13.3.	上帝之子升天	24.50~53		16.19	

聖經通識叢書

兼顧學術研究的精確和執著，
並教會信徒生活上的的實踐。

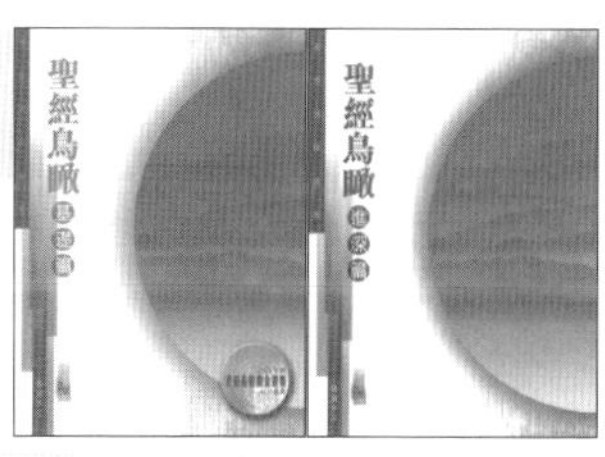

聖經鳥瞰

為您精簡而全面地展現聖經的本體與其來龍去脈

基礎篇 黃錫木 著／HK$93

進深篇 黃錫木 著／HK$68

聖經書卷要領

助您宏觀同類的聖經書卷

舊約先知書要領 黃嘉樑、梁國權、雷建華 著／HK$98

耶穌生平與福音書要領 孫寶玲、黃錫木 著／HK$98

使徒行傳與保羅書信要領 張達民、黃錫木 著／HK$98

希伯來書、大公書信與啟示錄要領 張略、黃錫木 著／HK$78

聖經書卷析讀

助您進深分析個別聖經書卷的內容和信息

在曠野中與上帝同行——民數記析讀 黃嘉樑 著／HK$168

建立新世代——申命記析讀（卷上） 賴建國 著／HK$138

建立新世代——申命記析讀（卷下） 賴建國 著／HK$138

剛強壯膽回應上帝的應許——約書亞記析讀 黃嘉樑 著／HK$163

背約沉淪的循環軌迹——士師記析讀 吳獻章 著／HK$138

以敬以虔活在當下——傳道書析讀 吳慧芬 著／HK$138

愛的審判與生命的應許——耶利米書析讀 熊潤榮 著／HK$148

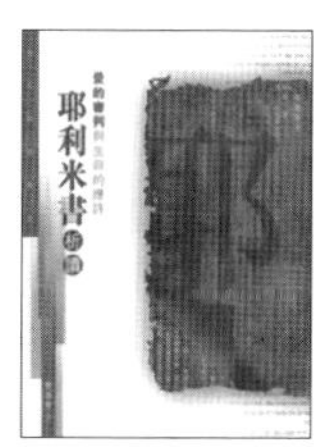

與人同在的彌賽亞君王——馬太福音析讀(卷上) 黃漢輝 著／HK$128

與人同在的彌賽亞君王——馬太福音析讀(卷下) 黃漢輝 著／HK$128

奔走風塵的僕人——馬可福音析讀 張略、黃錫木 著／HK$118

逆轉人生的上帝之子——路加福音析讀 孫寶玲 著／HK$118

道成為人的耶穌——約翰福音析讀 吳道宗 著／HK$138

風起雲湧的初代教會——使徒行傳析讀 張達民、黃錫木 著／HK$98

情理之間持信道——加拉太書、帖撒羅尼迦前後書析讀
張達民、郭漢成、黃錫木 著／HK$98

同歸於一得基業——以弗所書析讀 郭漢成、劉聰賜 著／HK$128

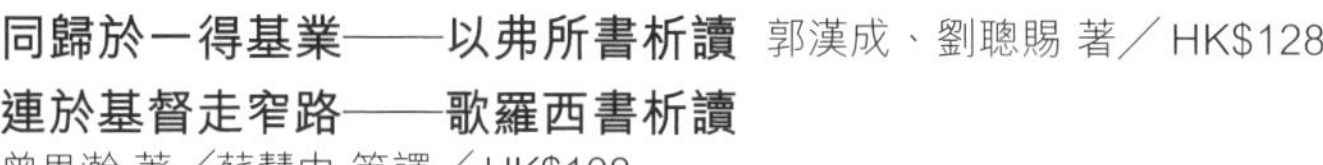

連於基督走窄路——歌羅西書析讀
曾思瀚 著／蘇慧中 等譯／HK$108

僕人領袖的教導與領導——提多書、提摩太前書析讀
曾思瀚 著／曾景恒 譯／HK$138

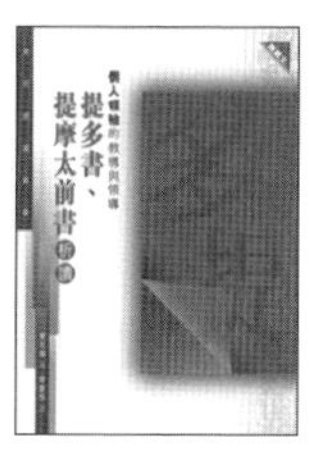

擁抱危機的事奉傳承——提摩太後書析讀 曾思瀚 著／曾景恒 譯／HK$98

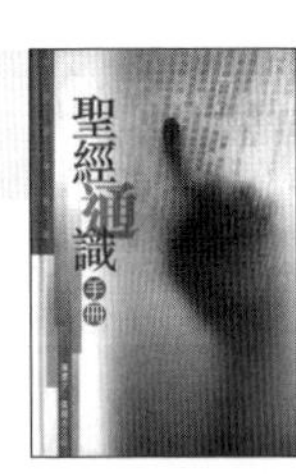
聖經通識
手冊

讀者意見表

緊扣時代 服事教會

以文字傳揚基督真道

衷心多謝你購買本社書籍。本社一直致力以出版事工服事教會，幫助信徒扎根於神的話語，促進靈命增長。為使我們的出版更能滿足你的需要，請填寫下列各項資料，並寄回或傳真予本社。

所購書籍：________________________

本書最吸引你的地方：
□作者 □適切性 □文筆 □設計 □實用性
□其他：________________________

購買本書地點：
□基道書樓 □基督教書店 □非基督教書店

性別：□男 □女 職業：________________

信仰：□基督徒 □非基督徒

年齡：□ 16 歲或以下 □ 17～25 歲 □ 26～35 歲
□ 36～55 歲 □ 56 歲或以上

學歷：□中三或以下 □中五 □預科
□大學 □研究院

□我欲更多了解基道出版社的事工及考慮支持，請寄給我下列資料：
□機構簡介 □新書資料 □基道會員通訊
□《基道文字事工通訊》

姓名：________________ 電話：________________

地址：________________________________

____

傳真：________________ 電子郵件：________________

其他意見：________________________________

____

多謝賜教！

意見表可以傳真（2687-0281）或直接郵寄以下地址：
香港沙田火炭坳背灣街26號富騰工業中心1011室
基道出版社編輯部收